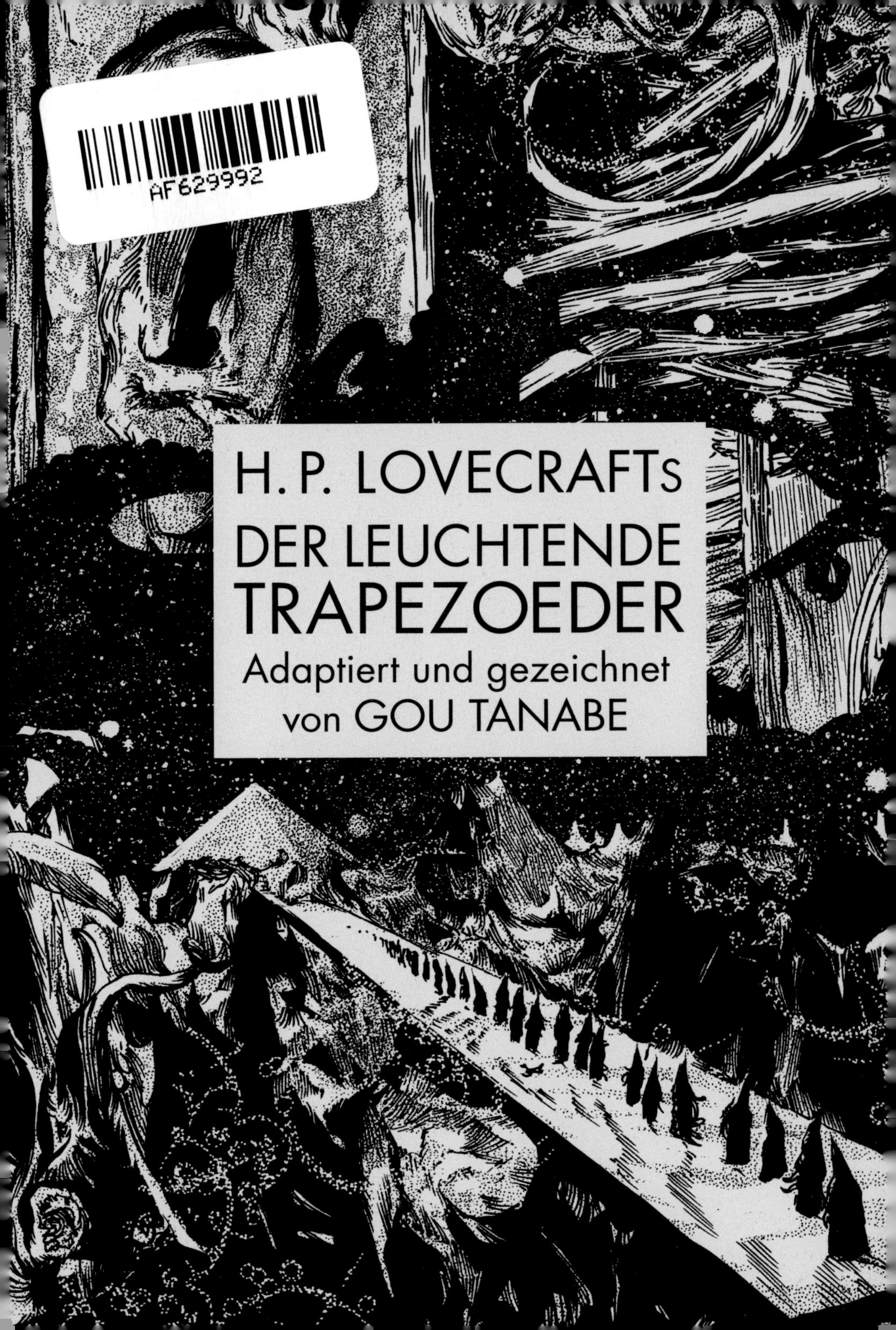

H. P. LOVECRAFTs

DER LEUCHTENDE TRAPEZOEDER

Adaptiert und gezeichnet
von GOU TANABE

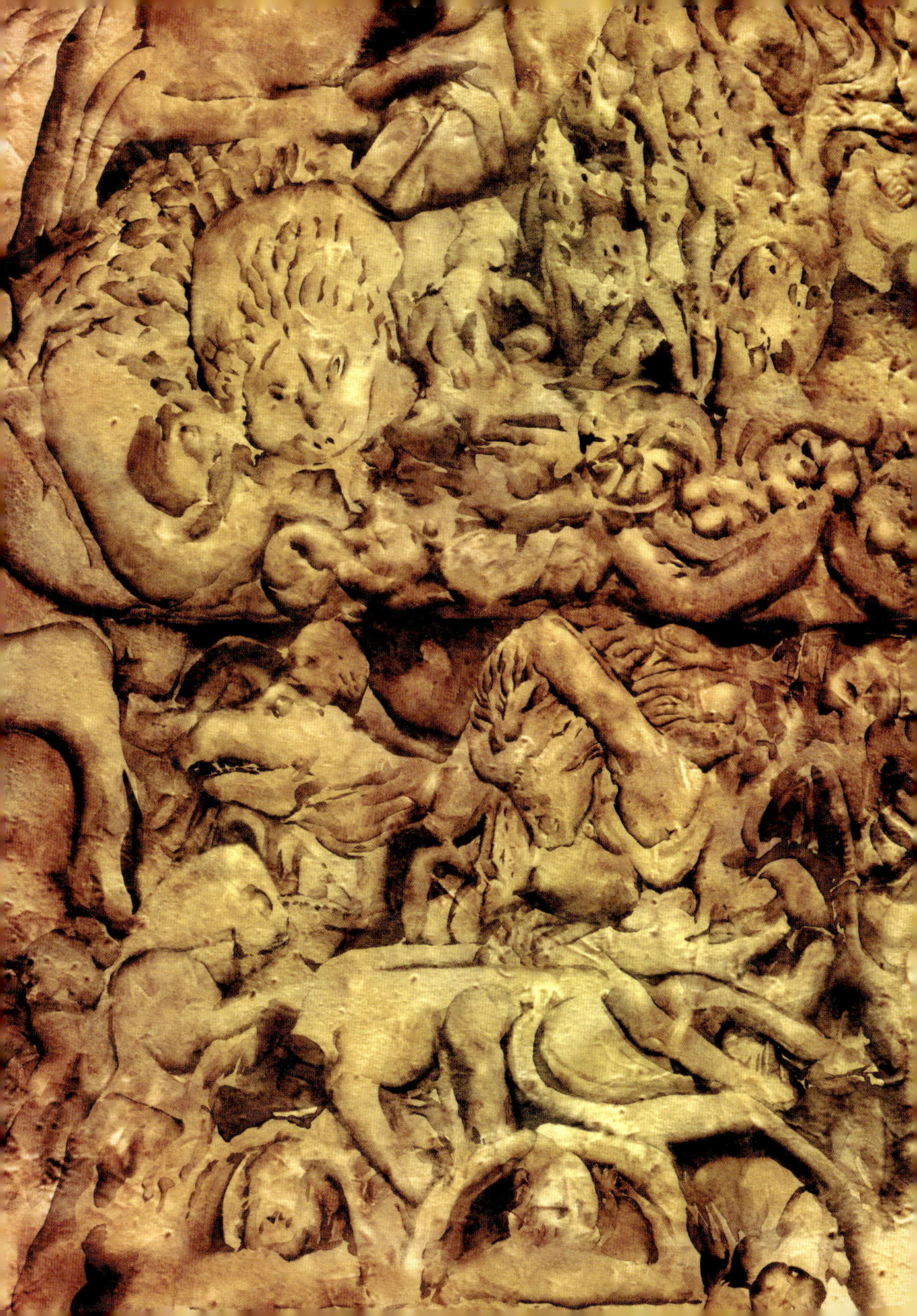

I have seen the dark universe yawning
Where the black planets roll without aim —
Where they roll in their horror unheeded,
Without knowledge or lustre or name.

—— Nemesis

Ich sah das dunkle Universum gähnen,
Wo schwarze Planeten ziellos wandern –
Ohne all die Angst zu sehen
Und ohne Weisheit, Licht und Namen.

— Nemesis
(Rachegöttin der griechischen Mythologie)

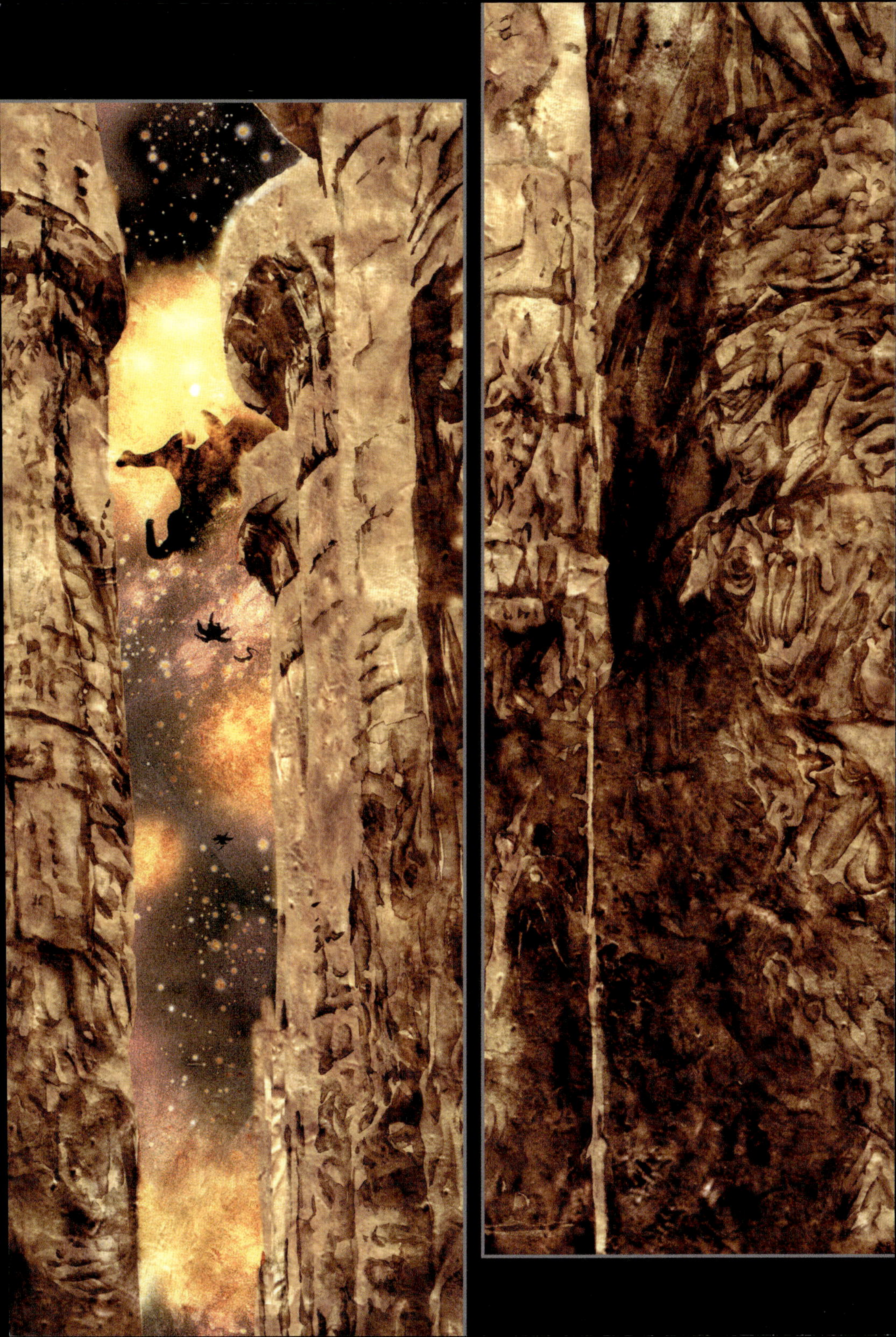

Howard Phillip Lovecraft erwähnt in seinen Werken immer wieder das Necronomicon. Hierbei handelt es sich um eine fiktionale magische Schrift, ein allgemein anerkanntes Dokument des Dämonischen, aus dem Zitate in Romanen, Filmen, Manga und Videospielen ihren Platz finden.

DER LEUCHTENDE TRAPEZOEDER

Meisterwerke von
H. P. Lovecraft

GOU TANABE

INHALT

Nach einer Geschichte von
Howard Phillips Lovecraft

DAGON

H. P. Lovecrafts

DAGON

Geschrieben 1917,
veröffentlicht 1919 in
»The Vagrant«

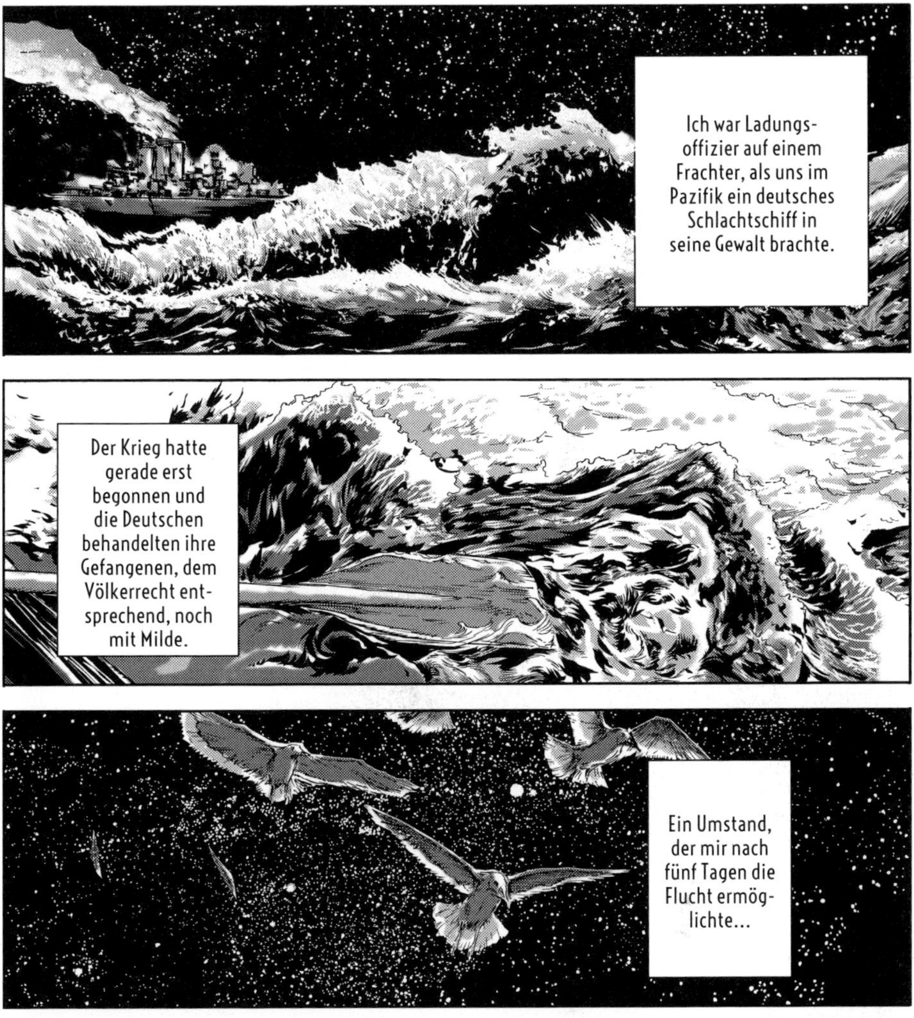
Ich war Ladungsoffizier auf einem Frachter, als uns im Pazifik ein deutsches Schlachtschiff in seine Gewalt brachte.
Der Krieg hatte gerade erst begonnen und die Deutschen behandelten ihre Gefangenen, dem Völkerrecht entsprechend, noch mit Milde.
Ein Umstand, der mir nach fünf Tagen die Flucht ermöglichte…
… mit einem Boot, Wasser und Proviant.

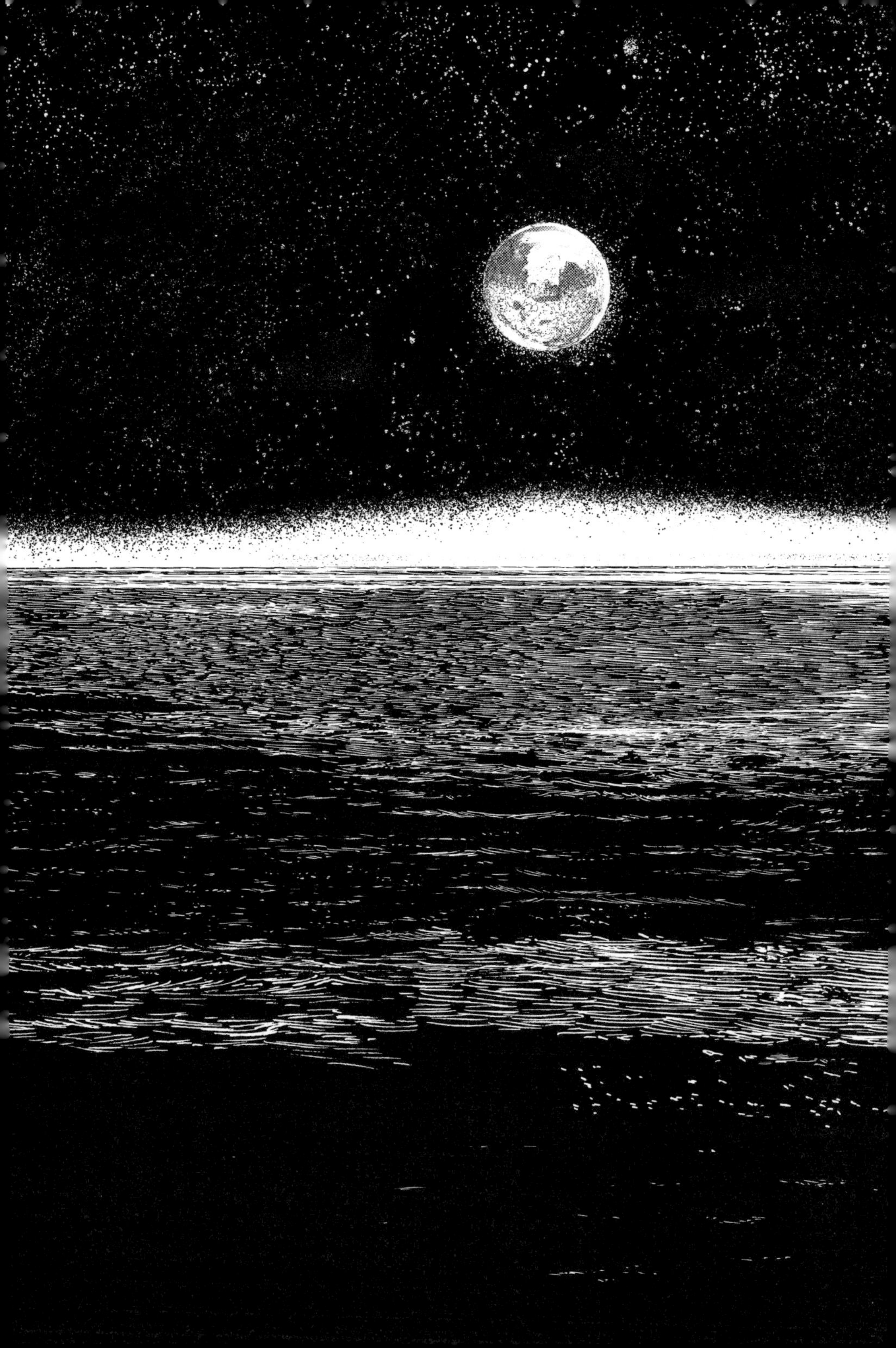

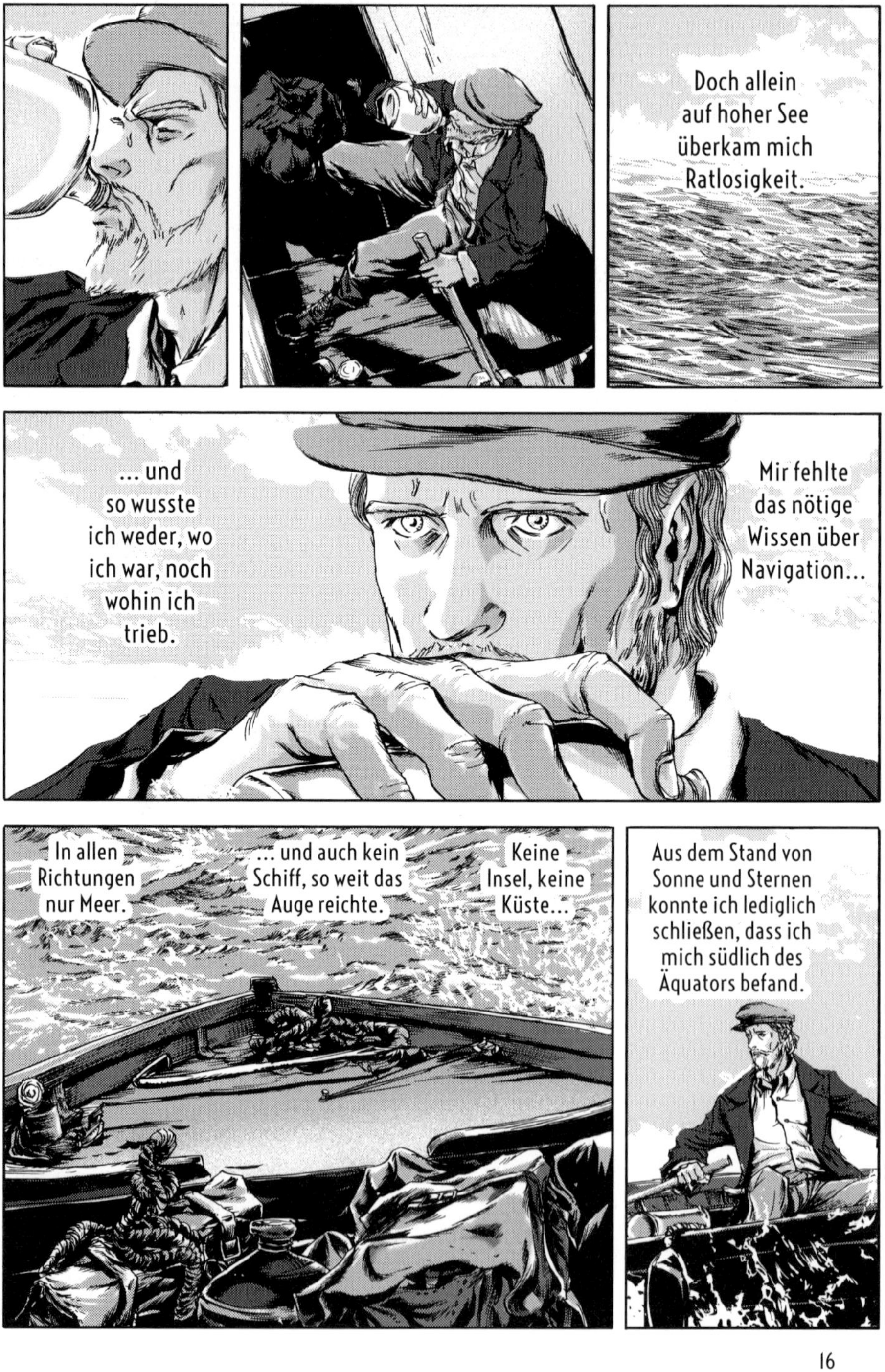
Doch allein auf hoher See überkam mich Ratlosigkeit.
Mir fehlte das nötige Wissen über Navigation...
... und so wusste ich weder, wo ich war, noch wohin ich trieb.
Aus dem Stand von Sonne und Sternen konnte ich lediglich schließen, dass ich mich südlich des Äquators befand.
Keine Insel, keine Küste...
... und auch kein Schiff, so weit das Auge reichte.
In allen Richtungen nur Meer.

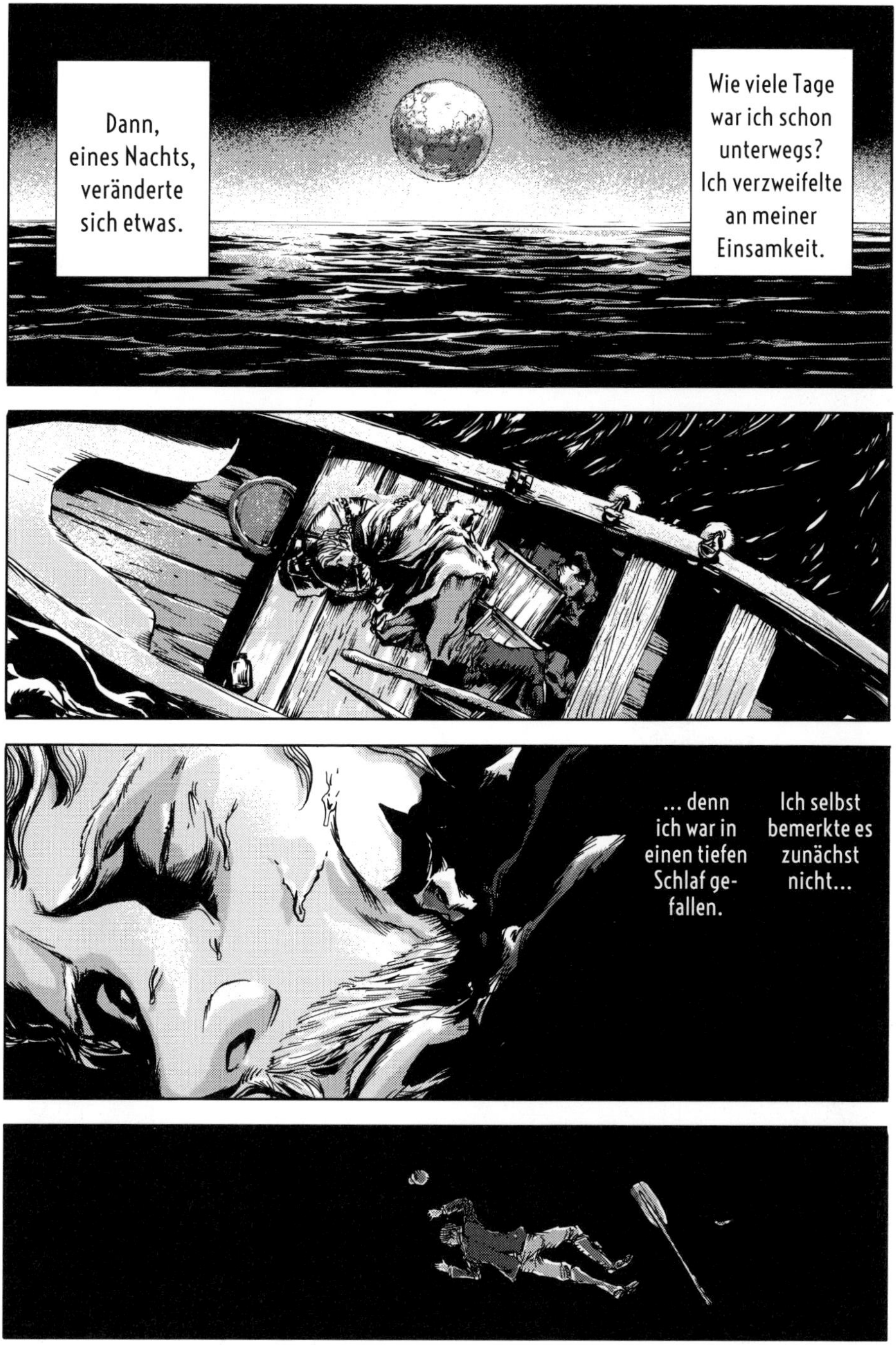
Dann,
eines Nachts,
veränderte
sich etwas.
Wie viele Tage
war ich schon
unterwegs?
Ich verzweifelte
an meiner
Einsamkeit.
Ich selbst
bemerkte es
zunächst
nicht...
... denn
ich war in
einen tiefen
Schlaf ge-
fallen.

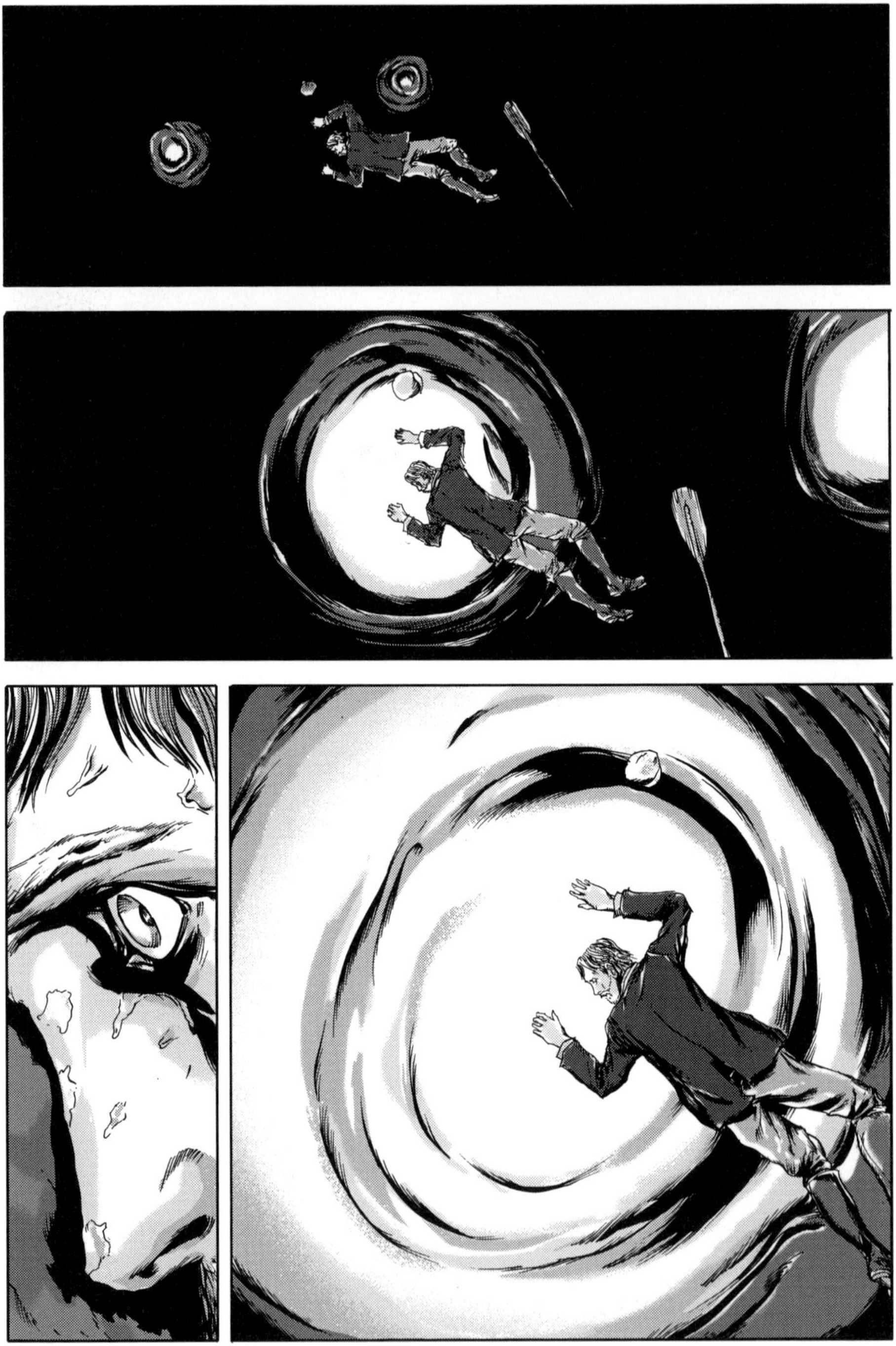

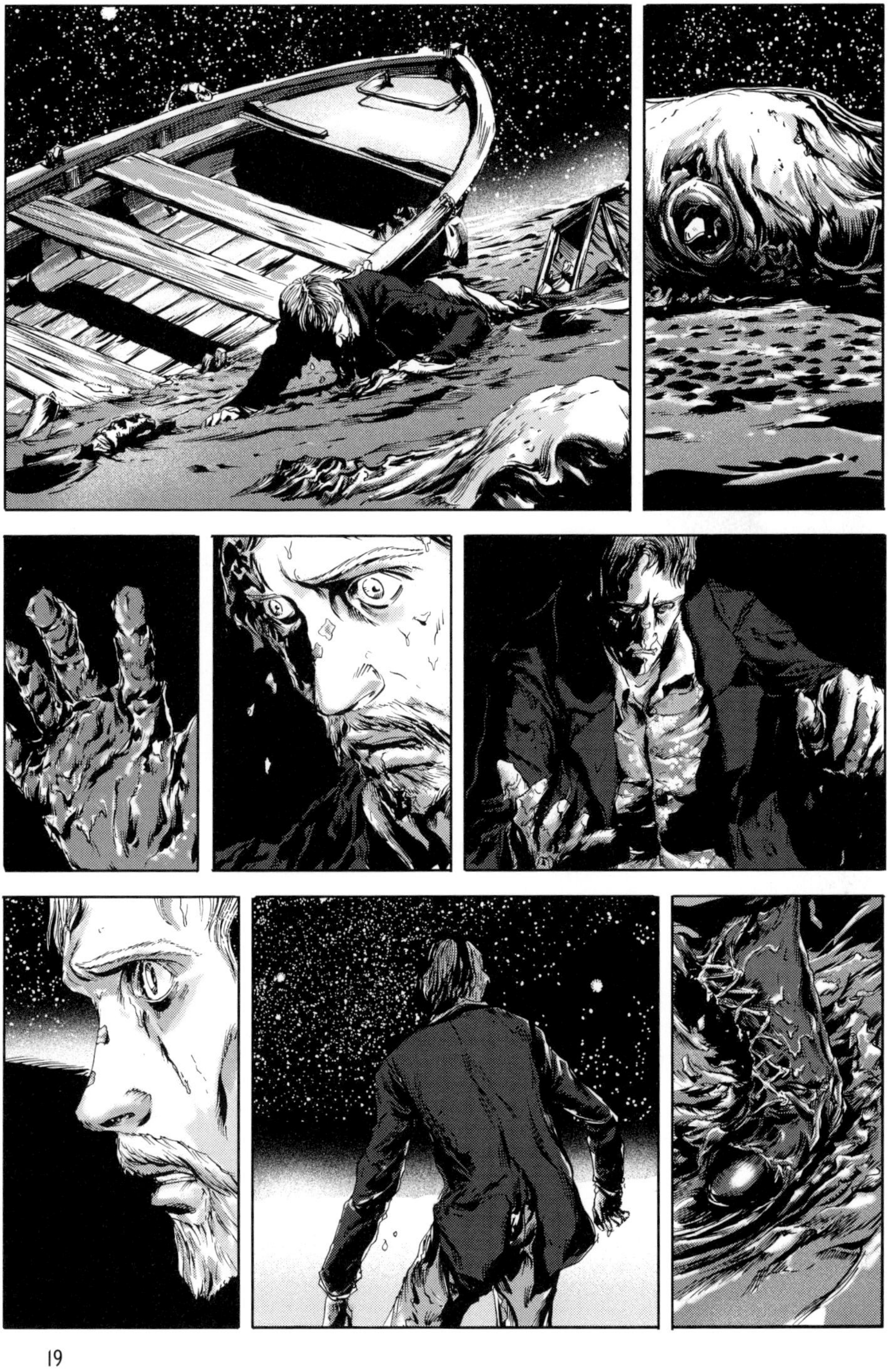

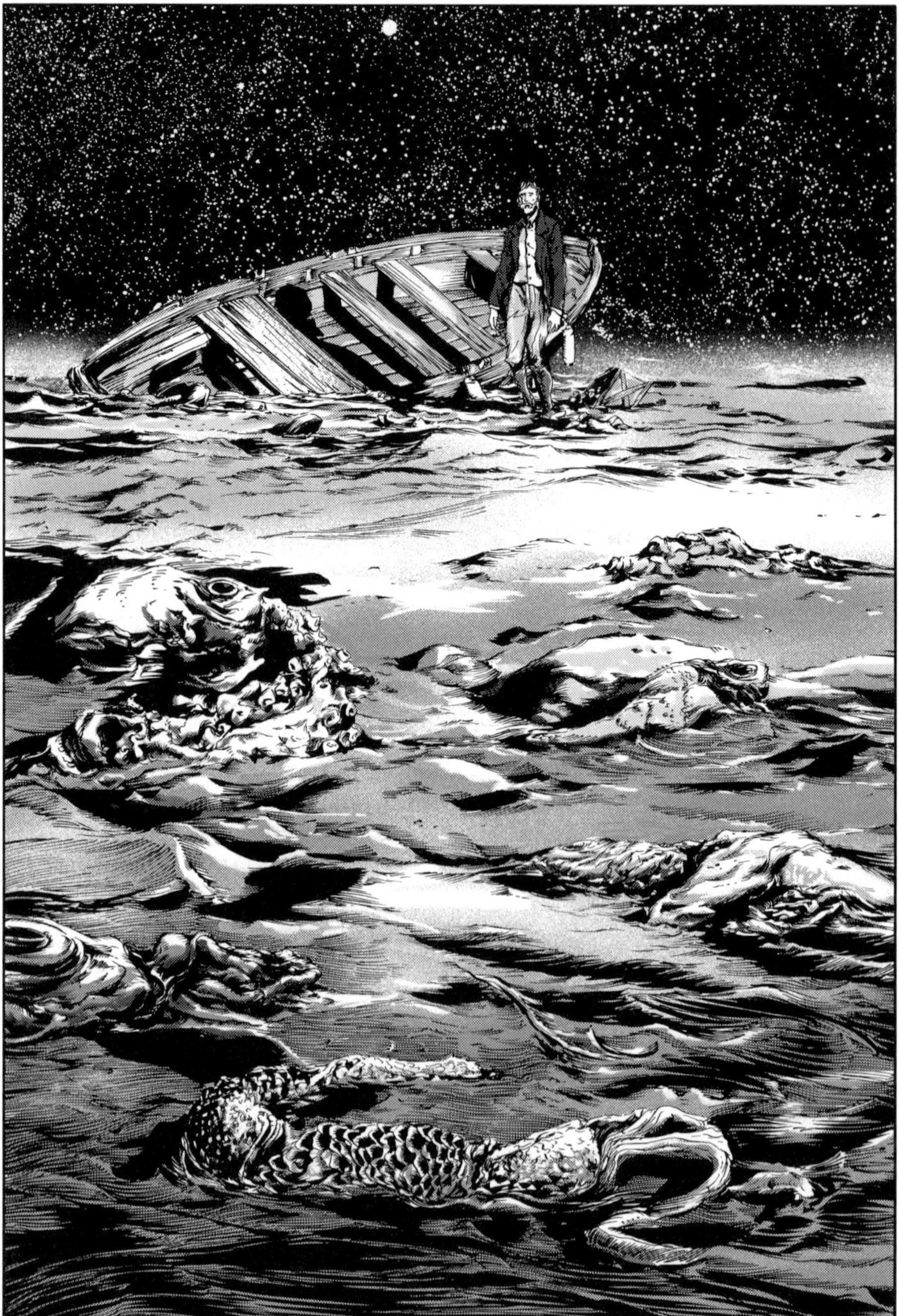

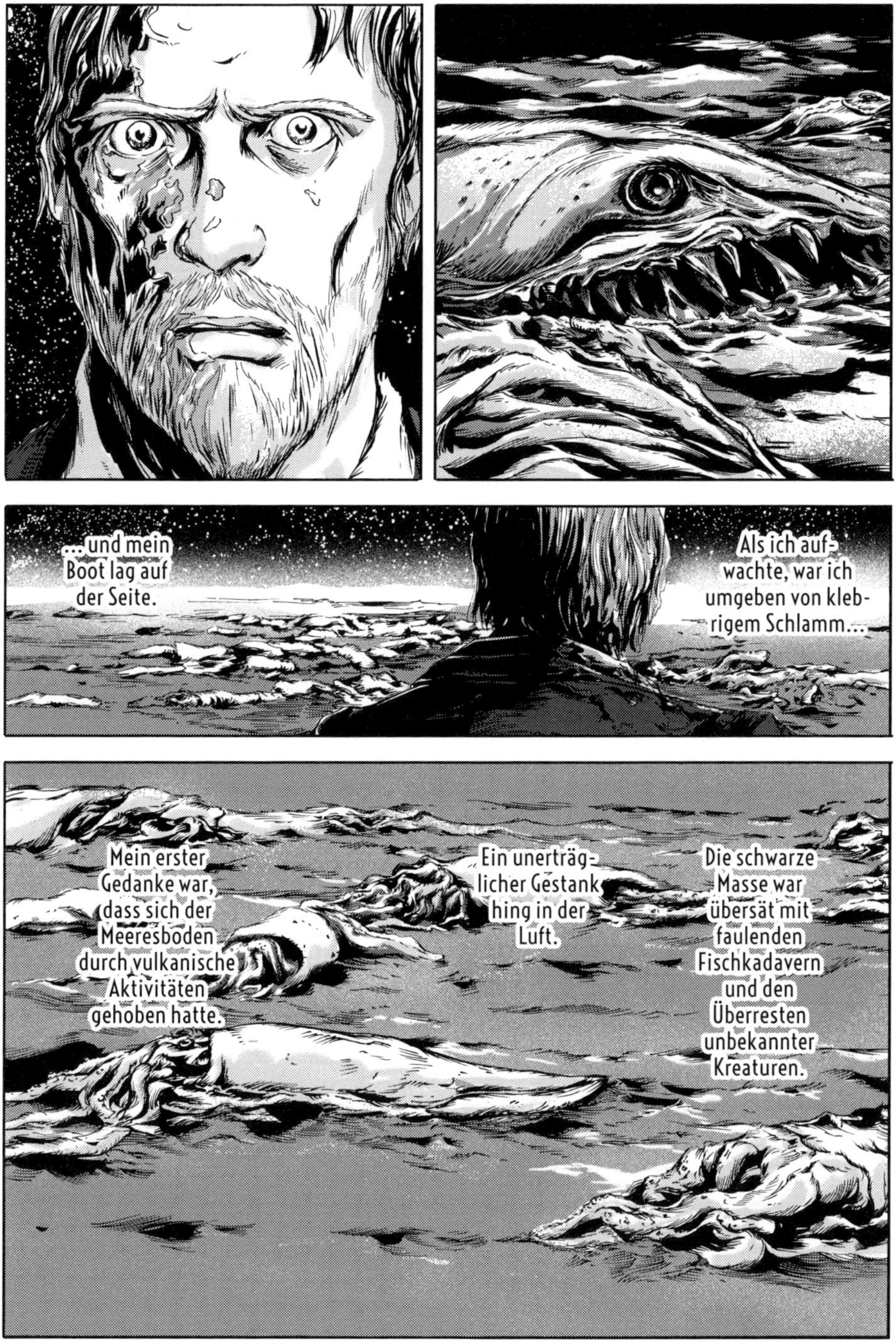
Als ich aufwachte, war ich umgeben von klebrigem Schlamm…
… und mein Boot lag auf der Seite.
Mein erster Gedanke war, dass sich der Meeresboden durch vulkanische Aktivitäten gehoben hatte.
Ein unerträglicher Gestank hing in der Luft.
Die schwarze Masse war übersät mit faulenden Fischkadavern und den Überresten unbekannter Kreaturen.

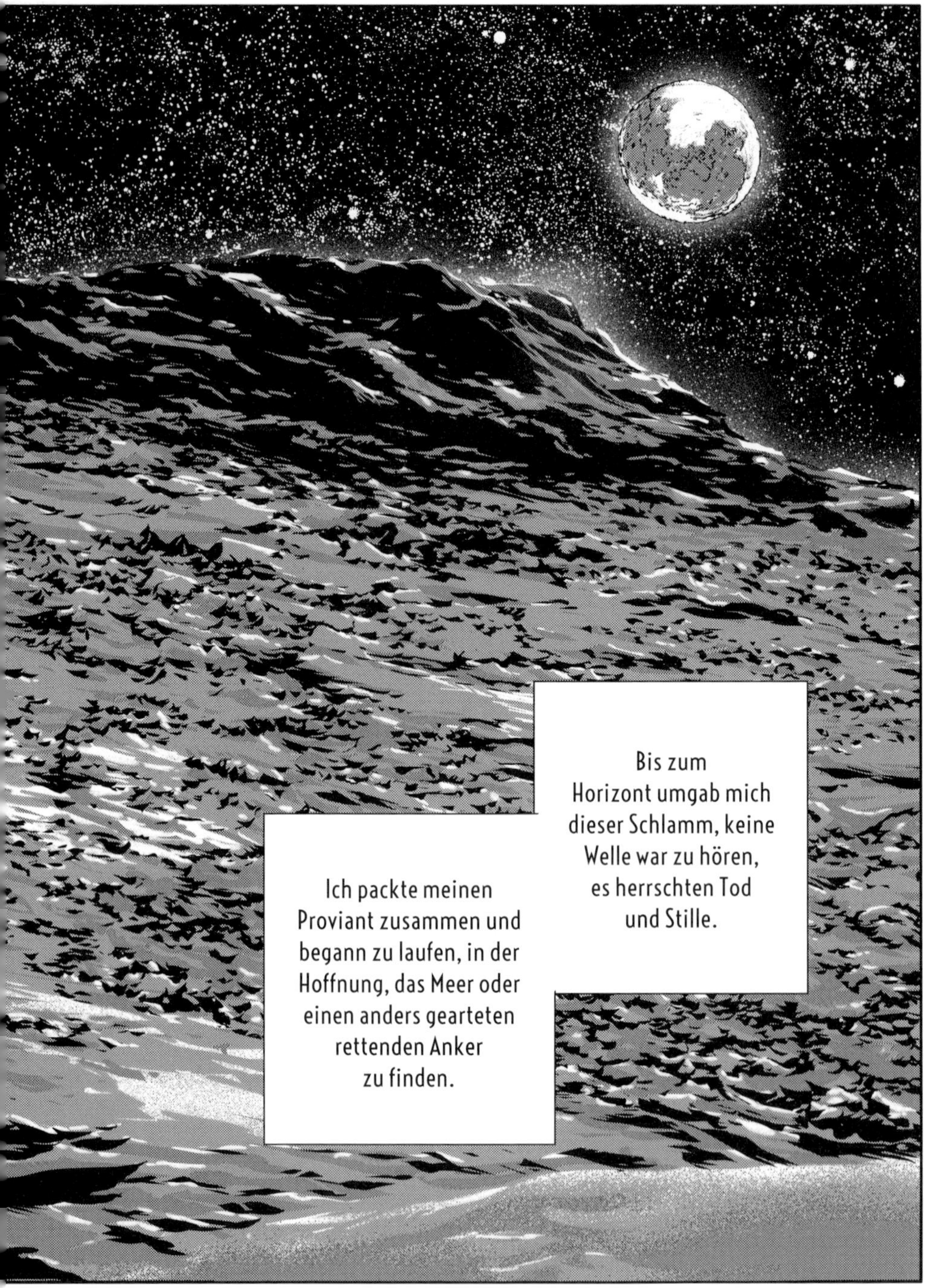
Bis zum
Horizont umgab mich
dieser Schlamm, keine
Welle war zu hören,
es herrschten Tod
und Stille.
Ich packte meinen
Proviant zusammen und
begann zu laufen, in der
Hoffnung, das Meer oder
einen anders gearteten
rettenden Anker
zu finden.

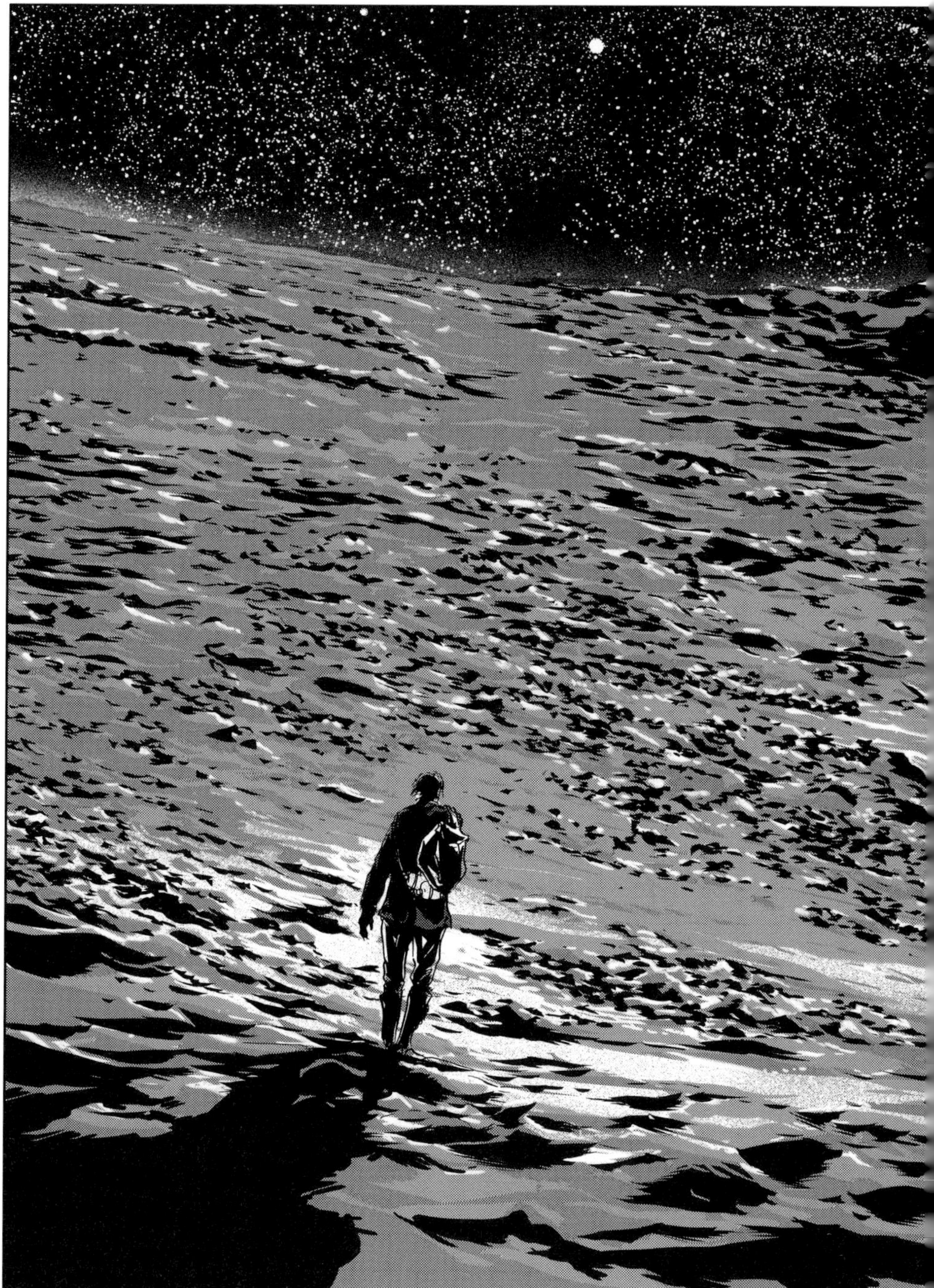

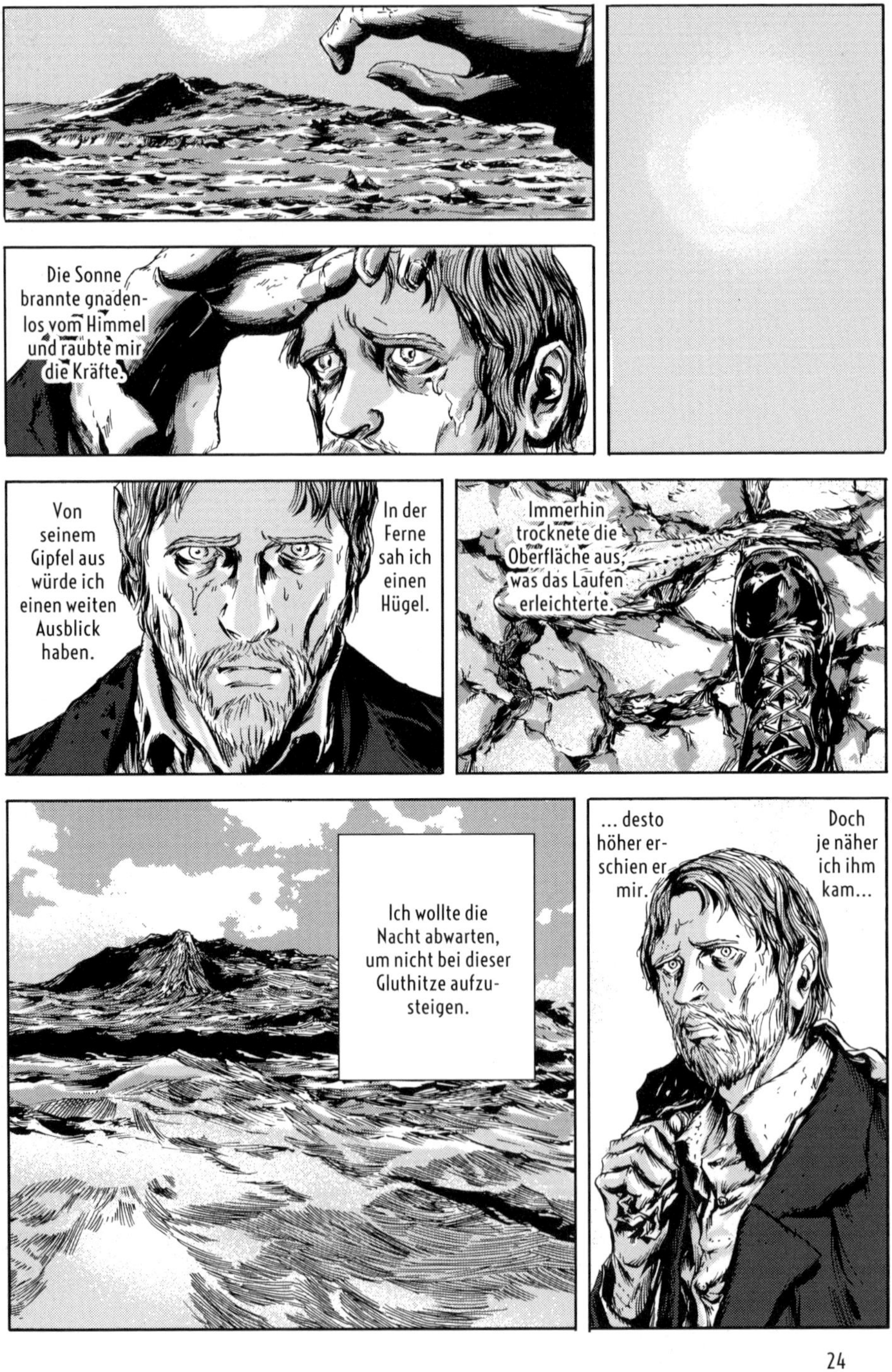

Die Sonne brannte gnadenlos vom Himmel und raubte mir die Kräfte.
In der Ferne sah ich einen Hügel.
Von seinem Gipfel aus würde ich einen weiten Ausblick haben.
Immerhin trocknete die Oberfläche aus, was das Laufen erleichterte.
Ich wollte die Nacht abwarten, um nicht bei dieser Gluthitze aufzusteigen.
Doch je näher ich ihm kam…
… desto höher erschien er mir.

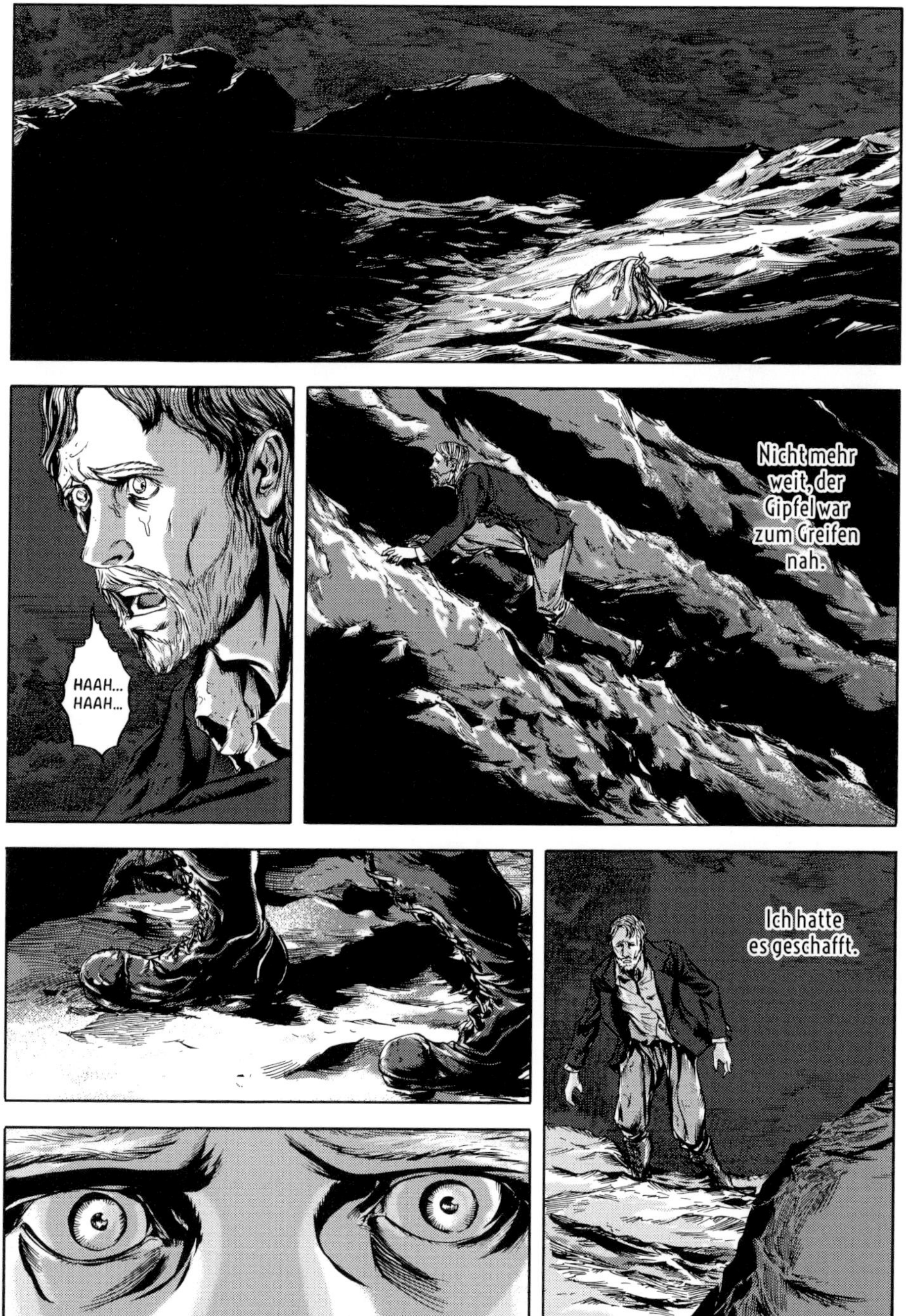
Nicht mehr weit, der Gipfel war zum Greifen nah.
HAAH... HAAH...
Ich hatte es geschafft.

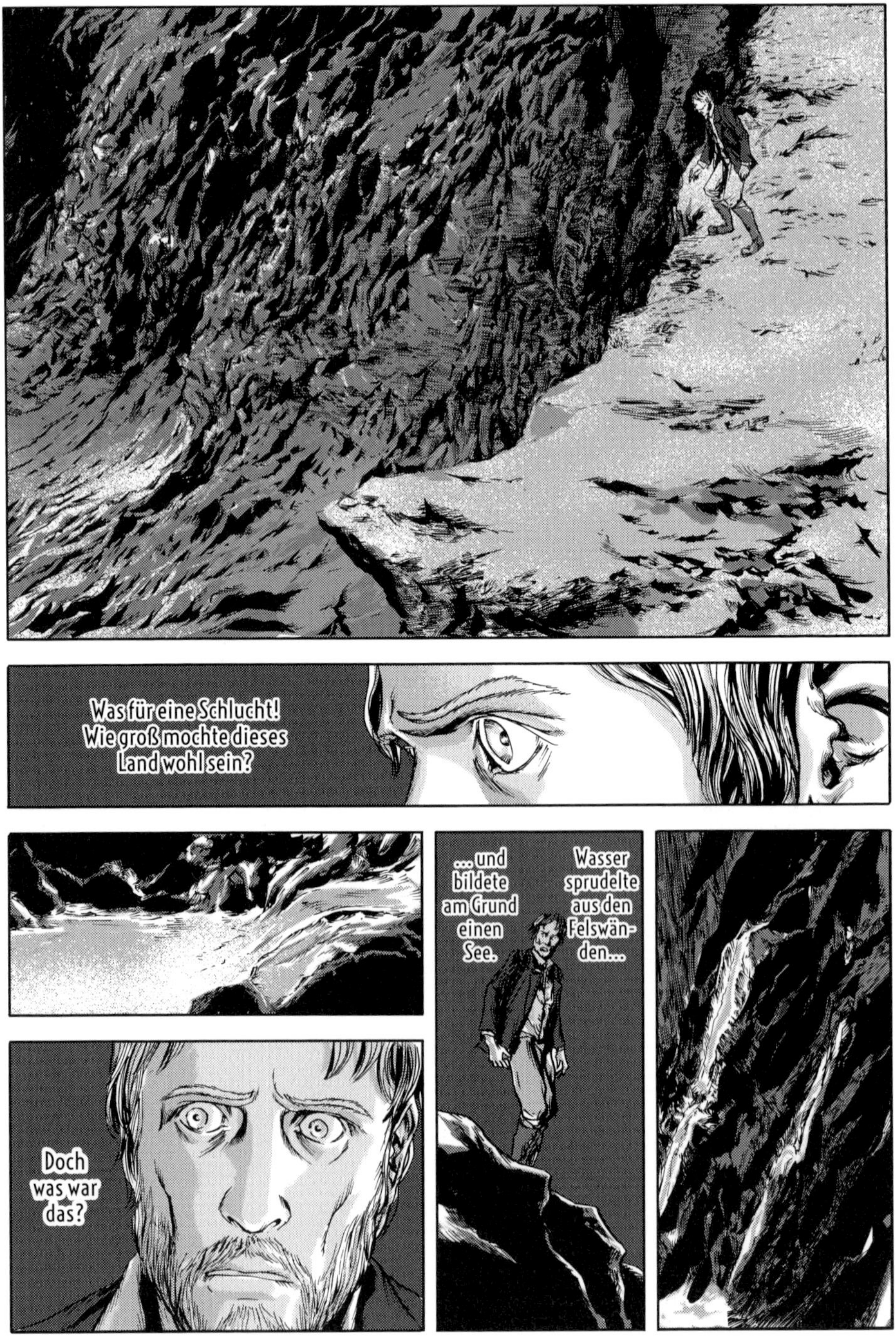
Was für eine Schlucht!
Wie groß mochte dieses Land wohl sein?
Wasser sprudelte aus den Felswän-den...
... und bildete am Grund einen See.
Doch was war das?

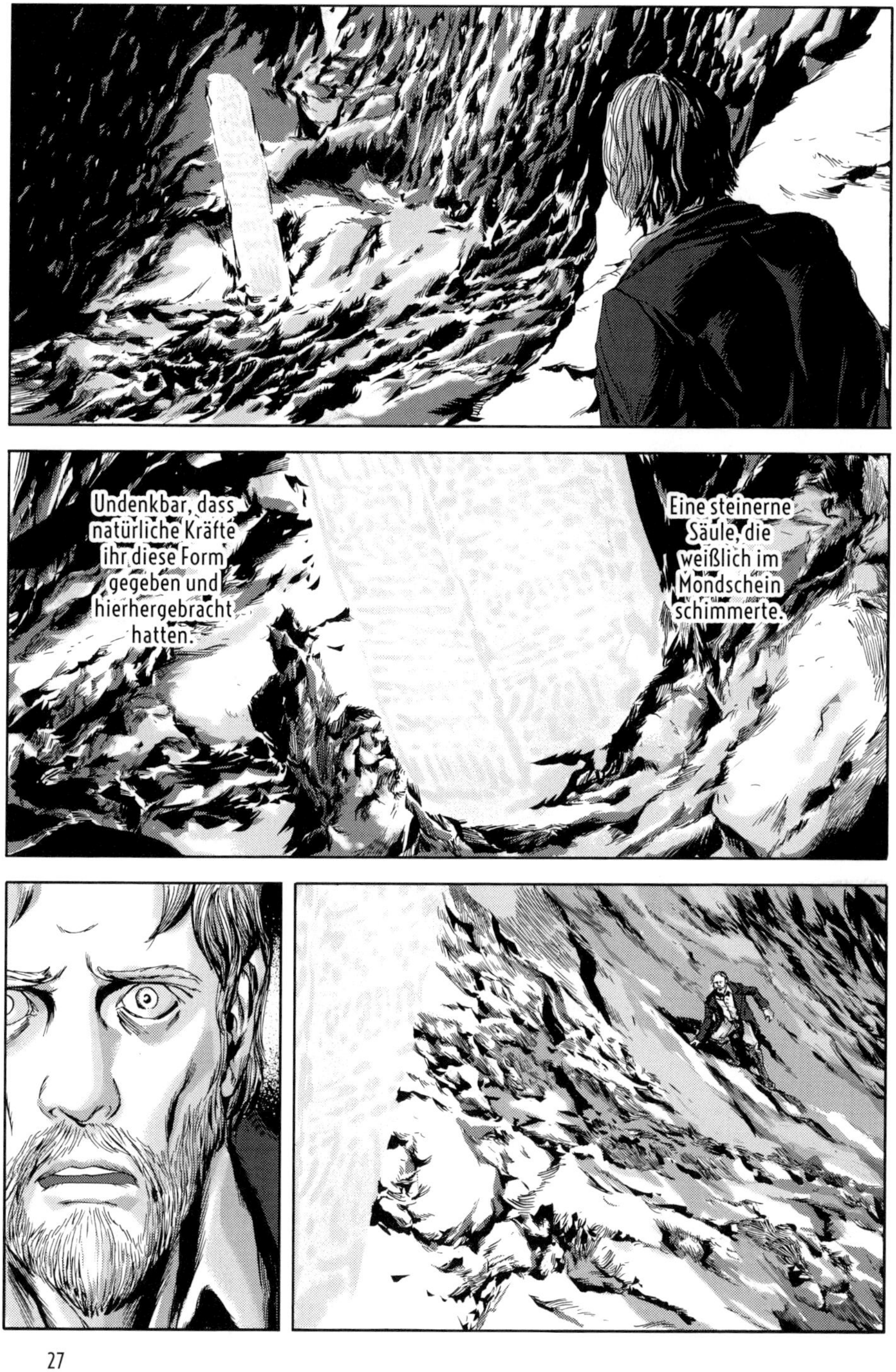
Eine steinerne Säule, die weißlich im Mondschein schimmerte.
Undenkbar, dass natürliche Kräfte ihr diese Form gegeben und hierhergebracht hatten.

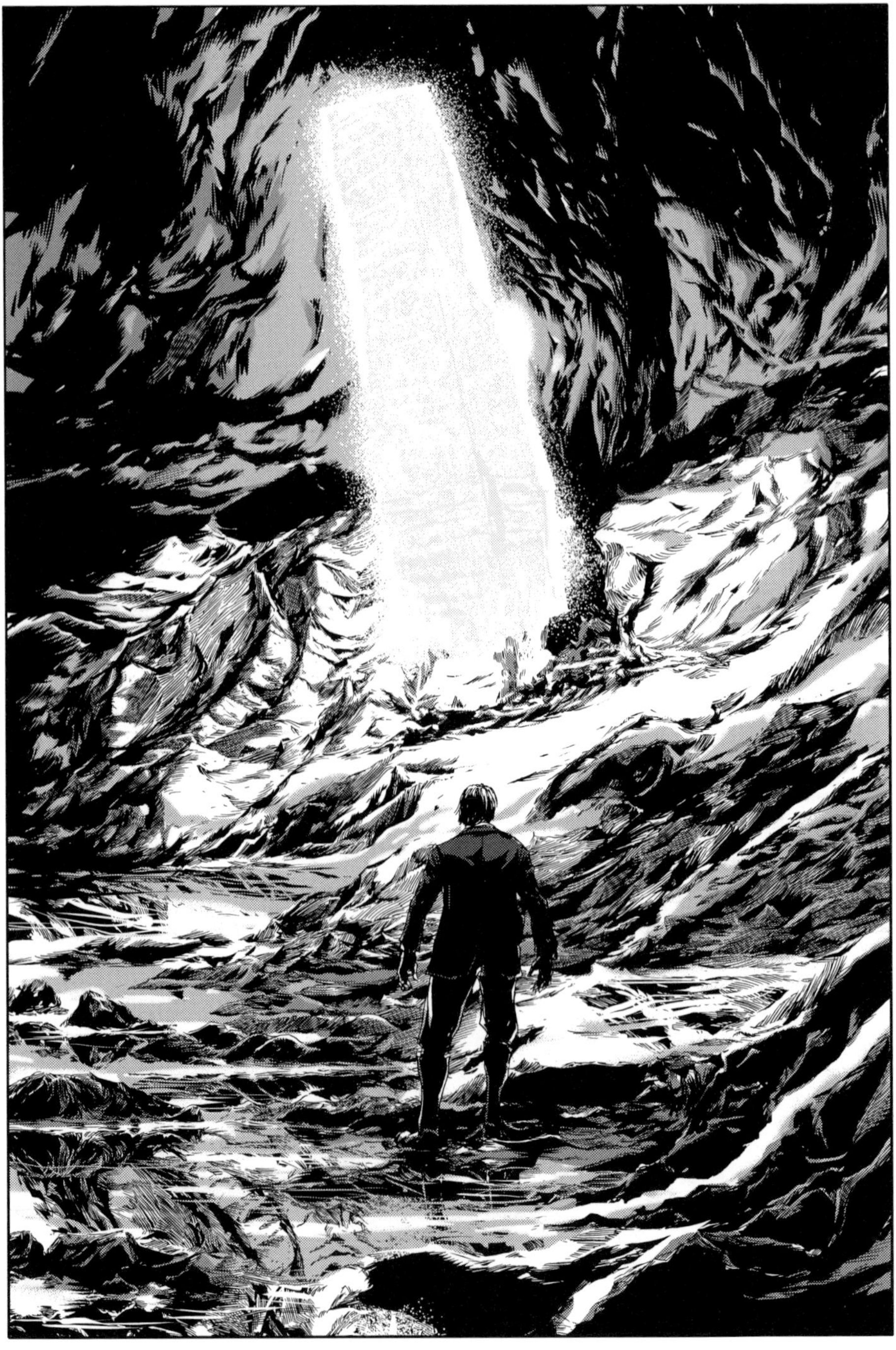

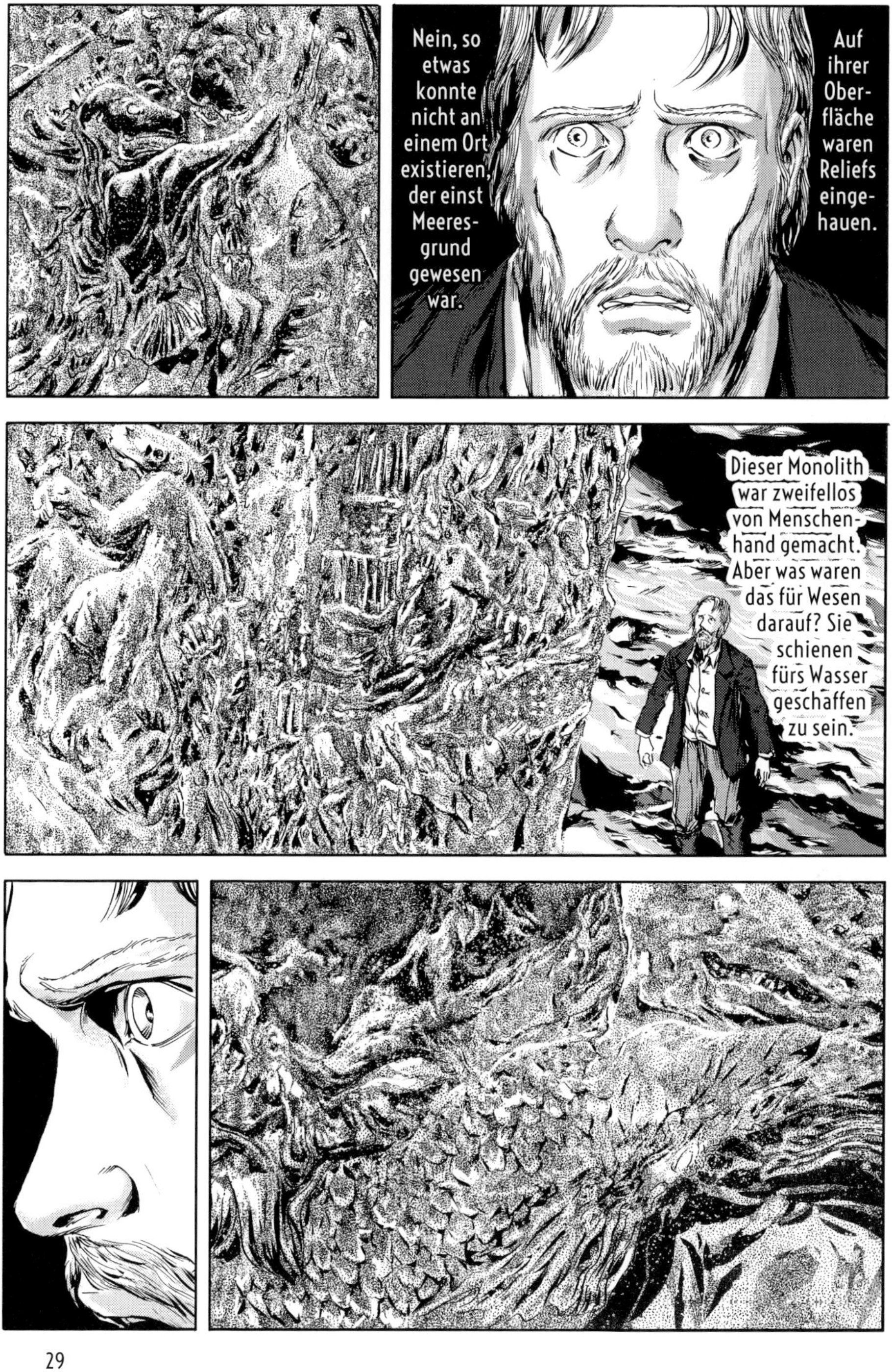

Nein, so etwas konnte nicht an einem Ort existieren, der einst Meeresgrund gewesen war.
Auf ihrer Oberfläche waren Reliefs eingehauen.
Dieser Monolith war zweifellos von Menschenhand gemacht. Aber was waren das für Wesen darauf? Sie schienen fürs Wasser geschaffen zu sein.

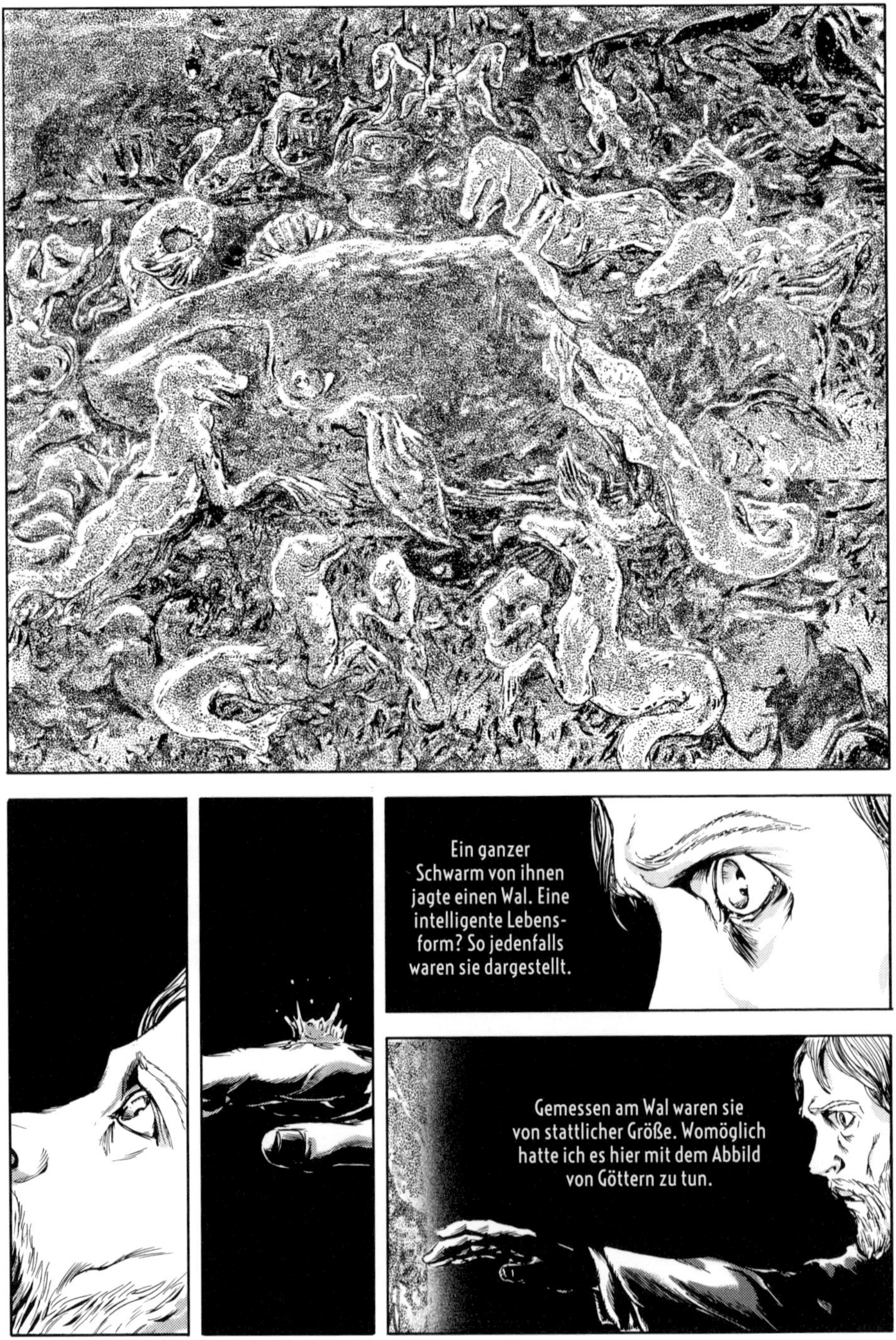

Ein ganzer Schwarm von ihnen jagte einen Wal. Eine intelligente Lebensform? So jedenfalls waren sie dargestellt.
Gemessen am Wal waren sie von stattlicher Größe. Womöglich hatte ich es hier mit dem Abbild von Göttern zu tun.

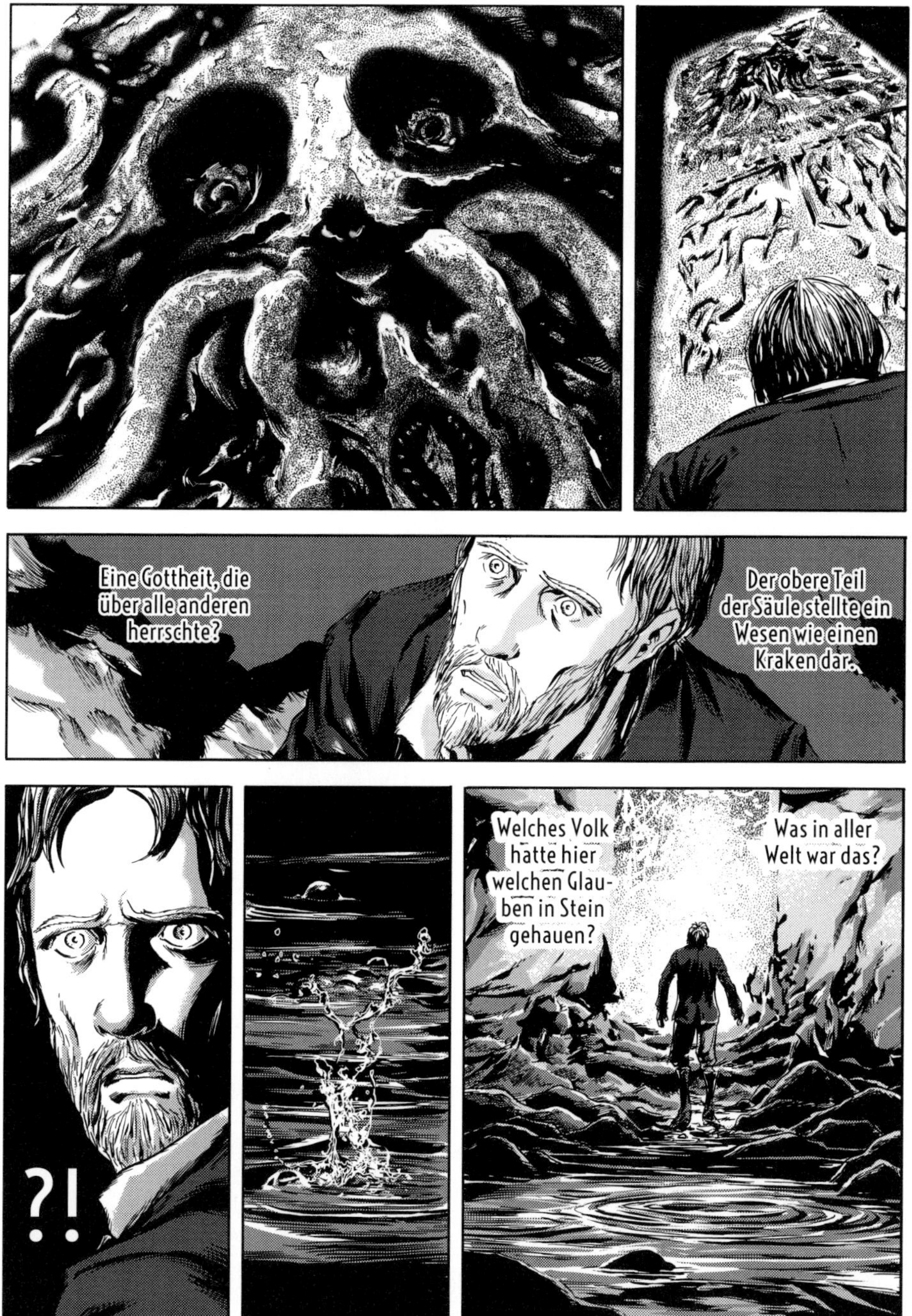
Der obere Teil der Säule stellte ein Wesen wie einen Kraken dar.
Eine Gottheit, die über alle anderen herrschte?
?!
Welches Volk hatte hier welchen Glau-ben in Stein gehauen?
Was in aller Welt war das?

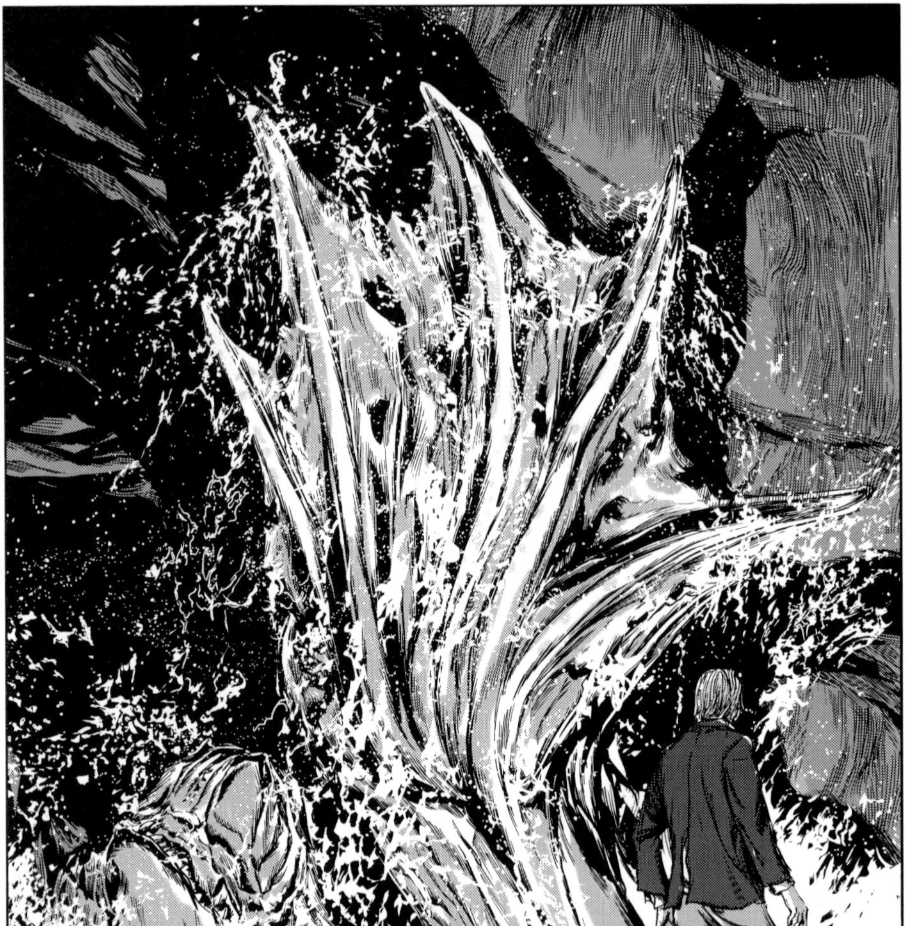

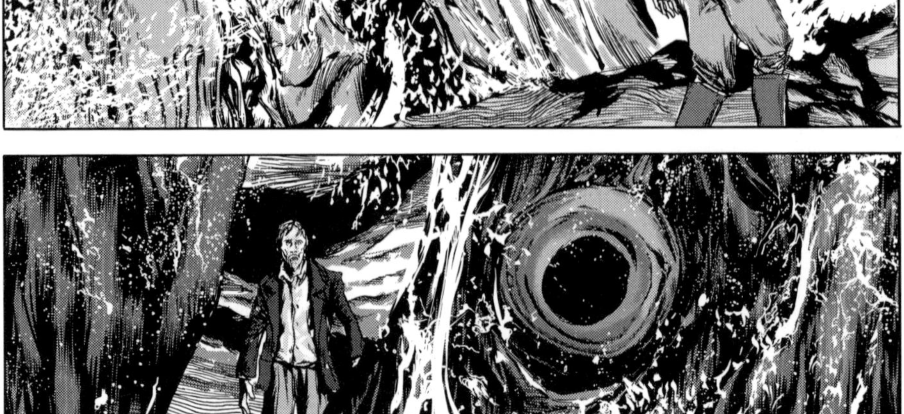

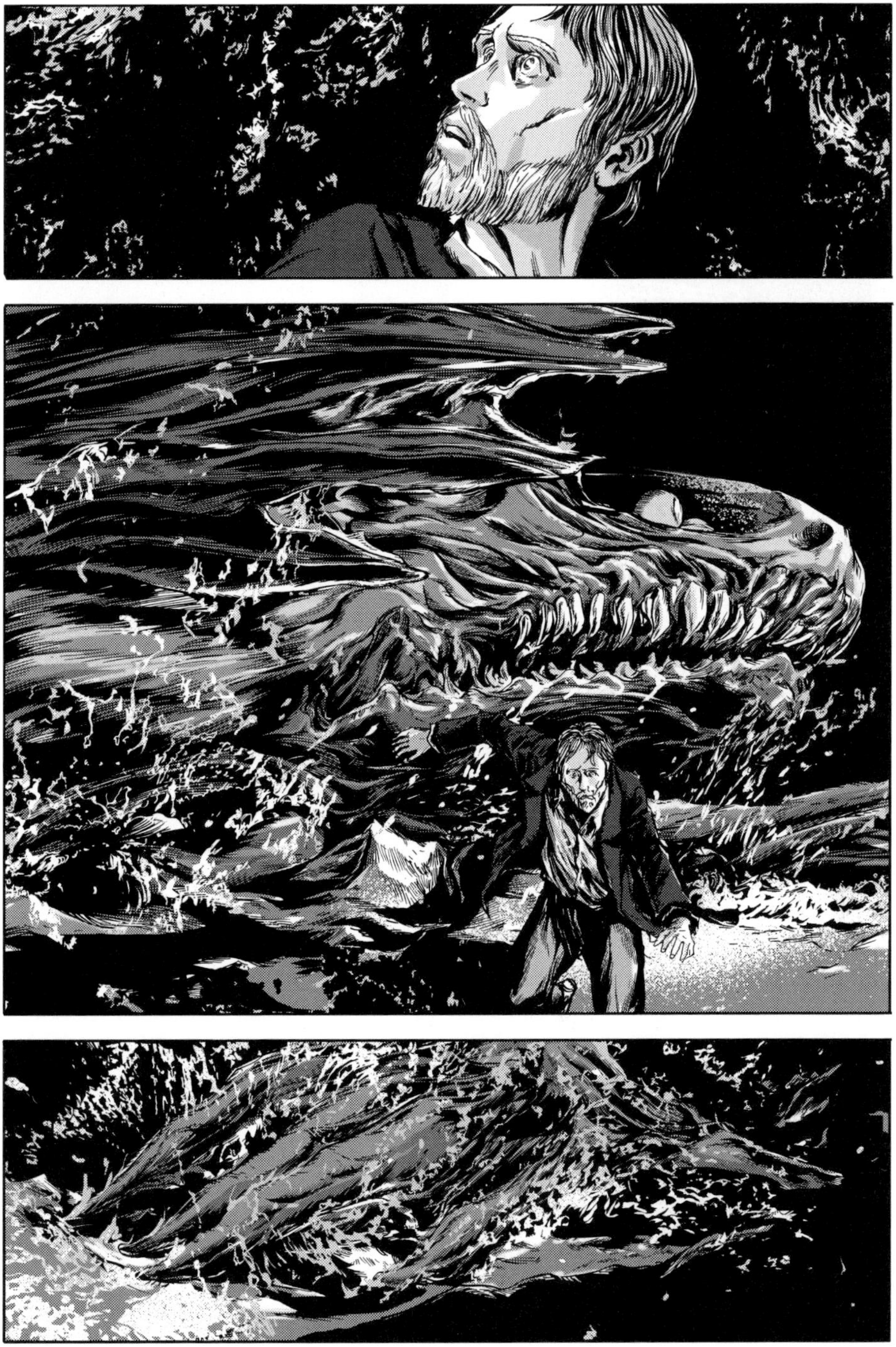

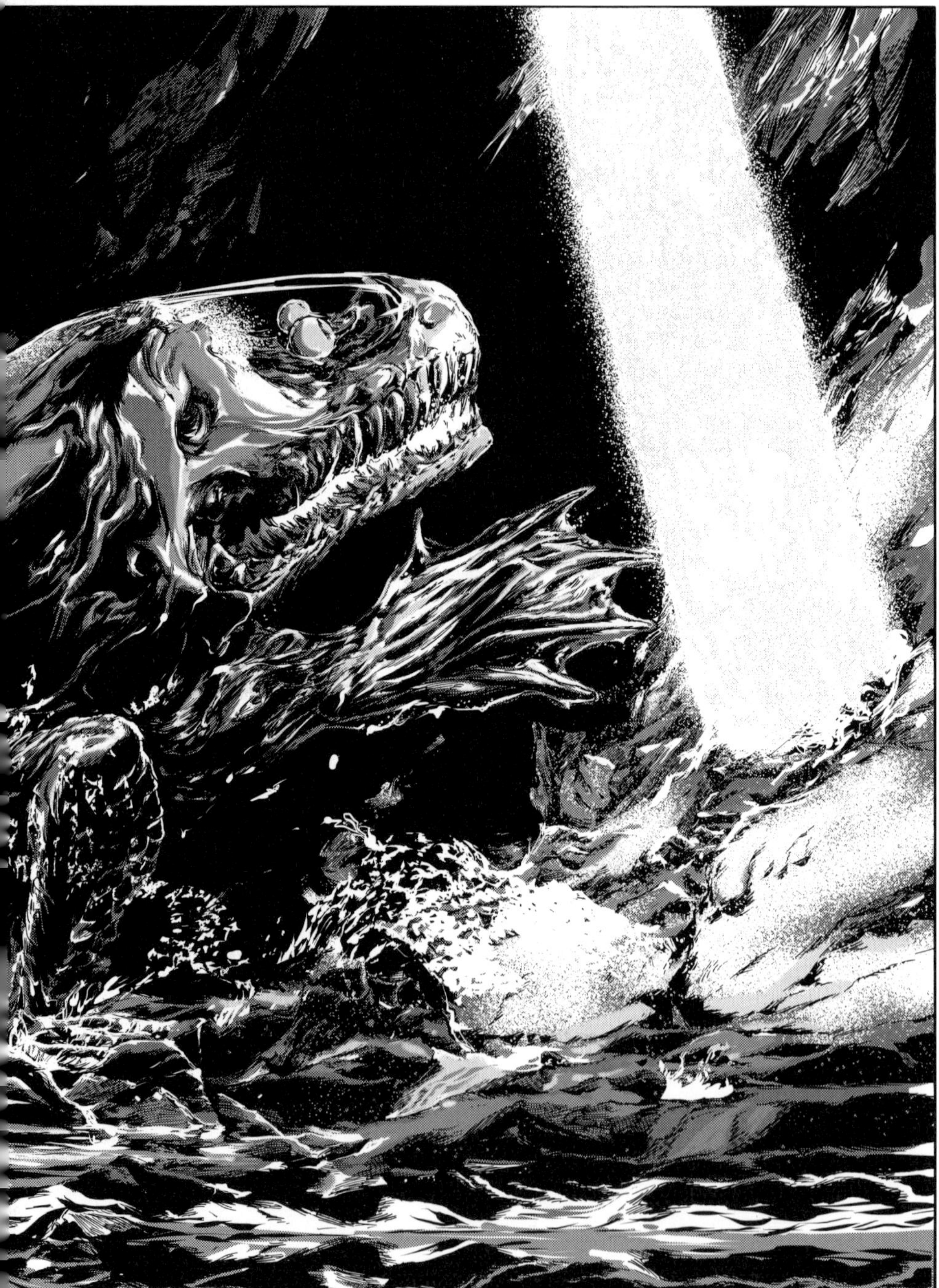

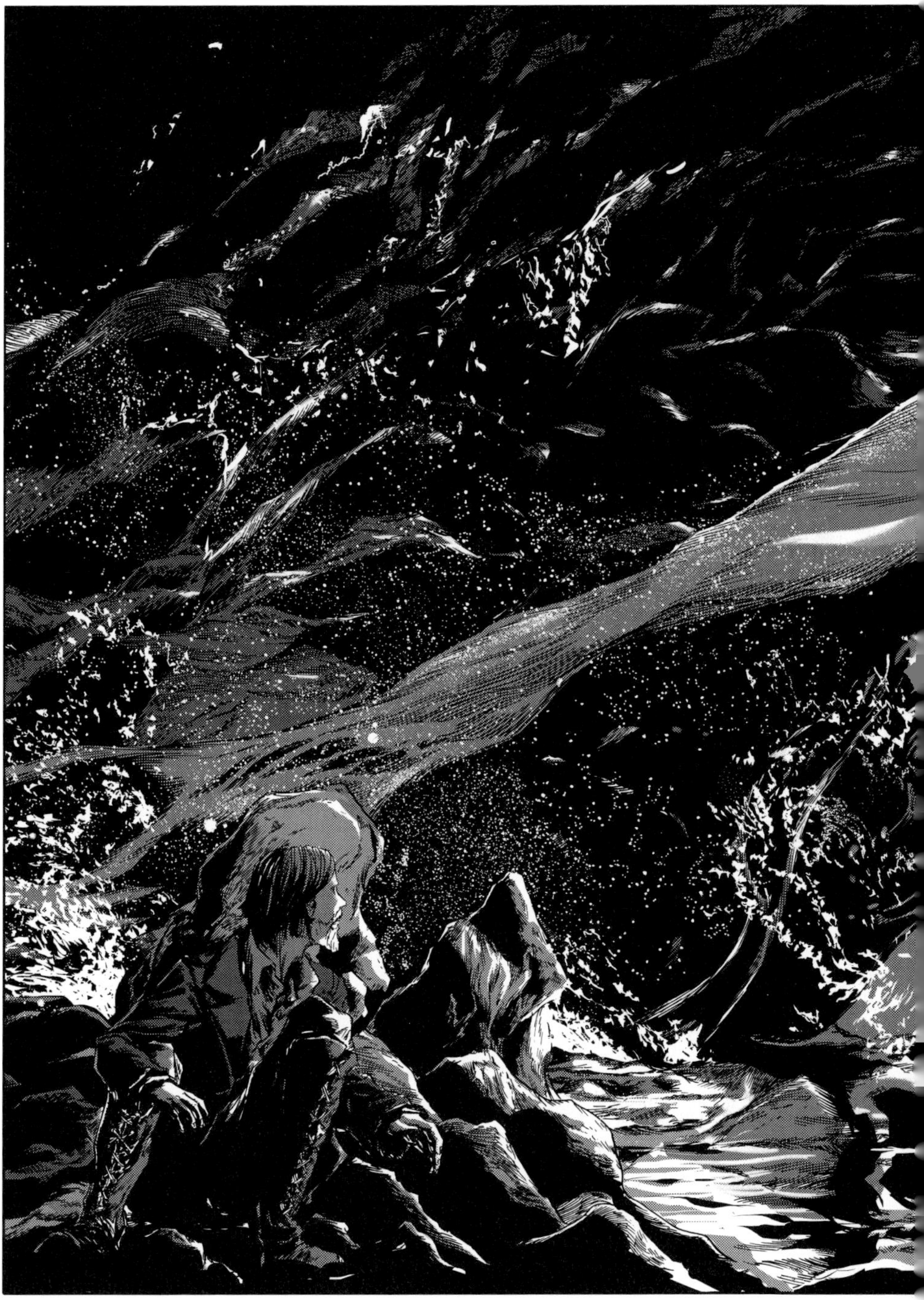

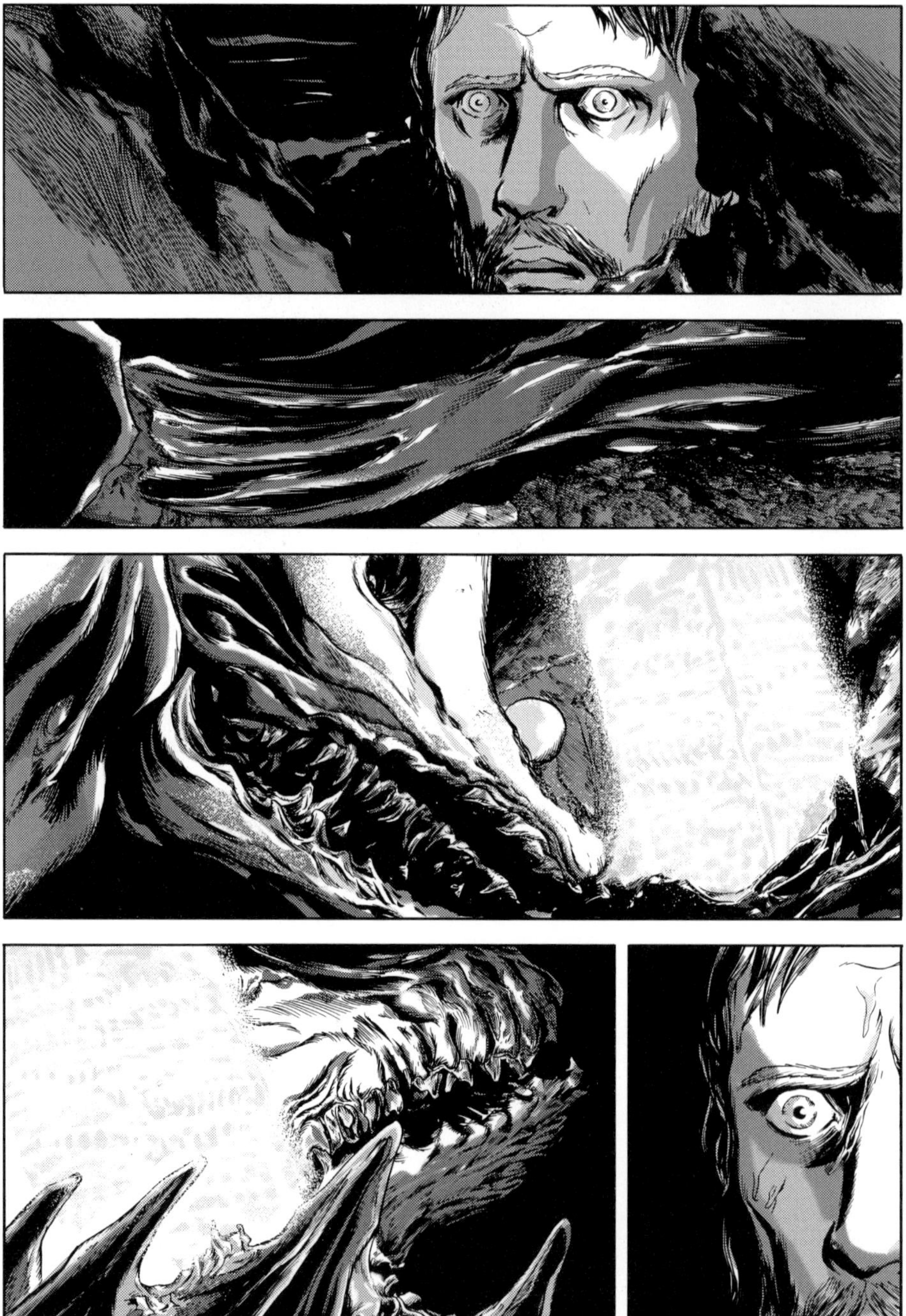

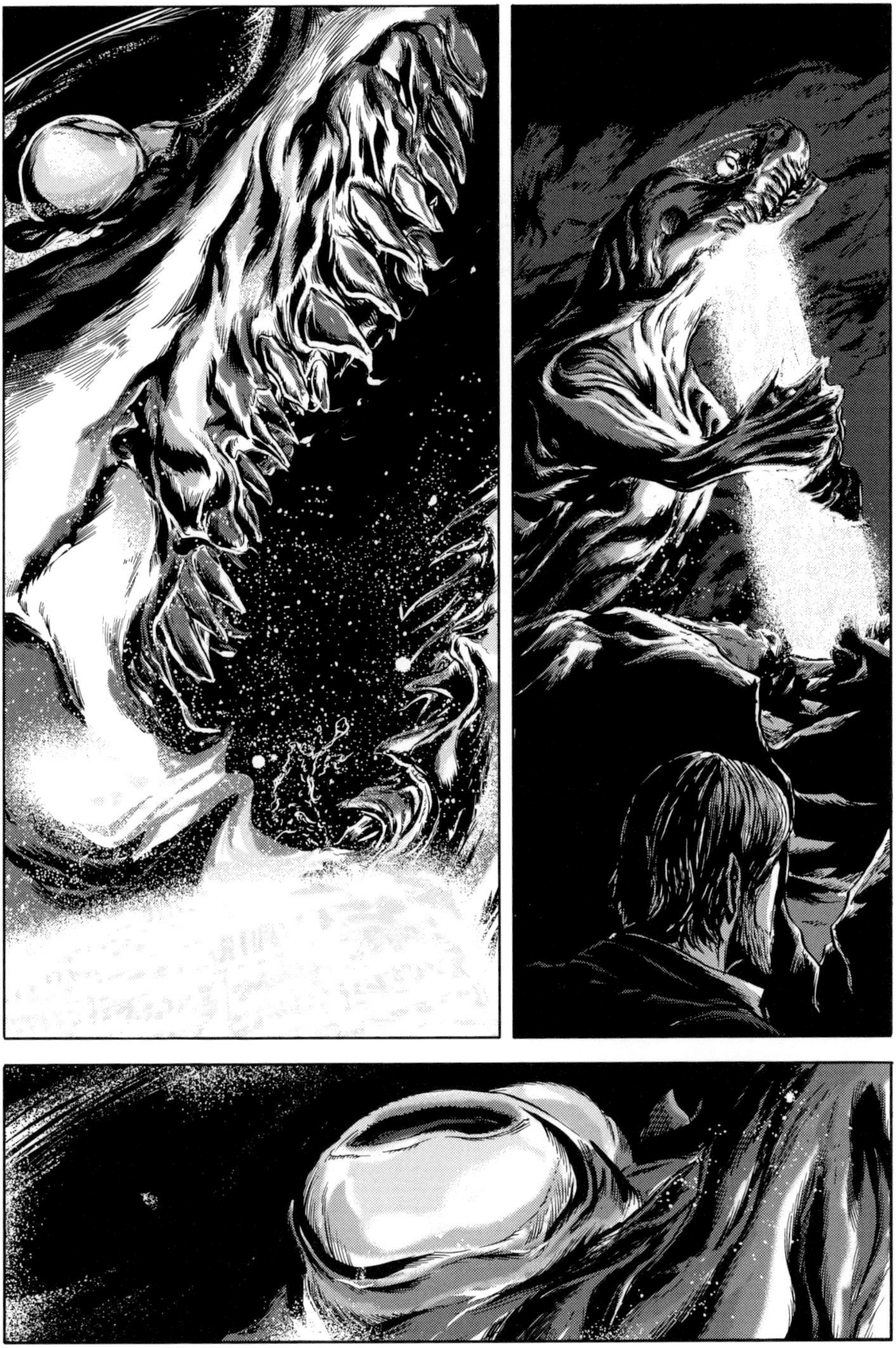

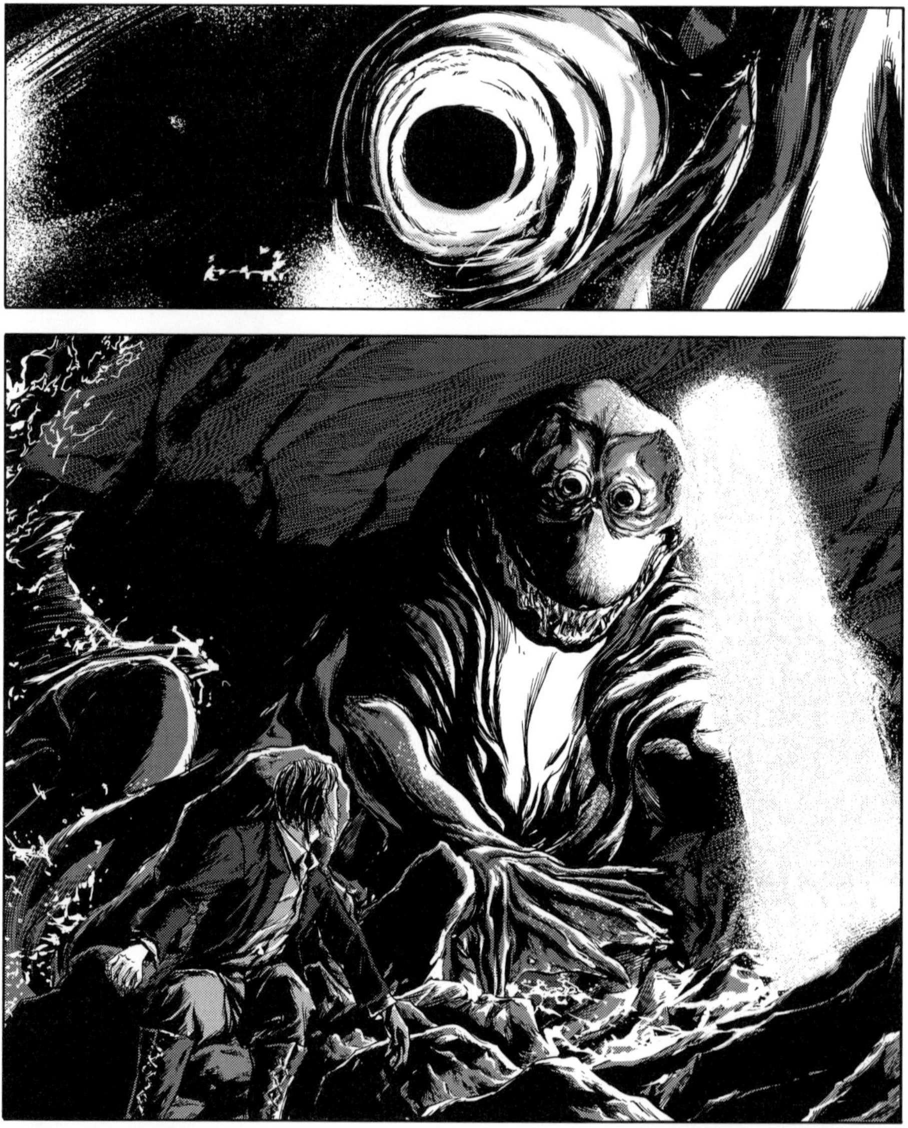
Ich glaubte, verrückt zu werden.
Plötzlich zerriss sein Gebrüll die Nacht, er sah mir direkt in die Augen.

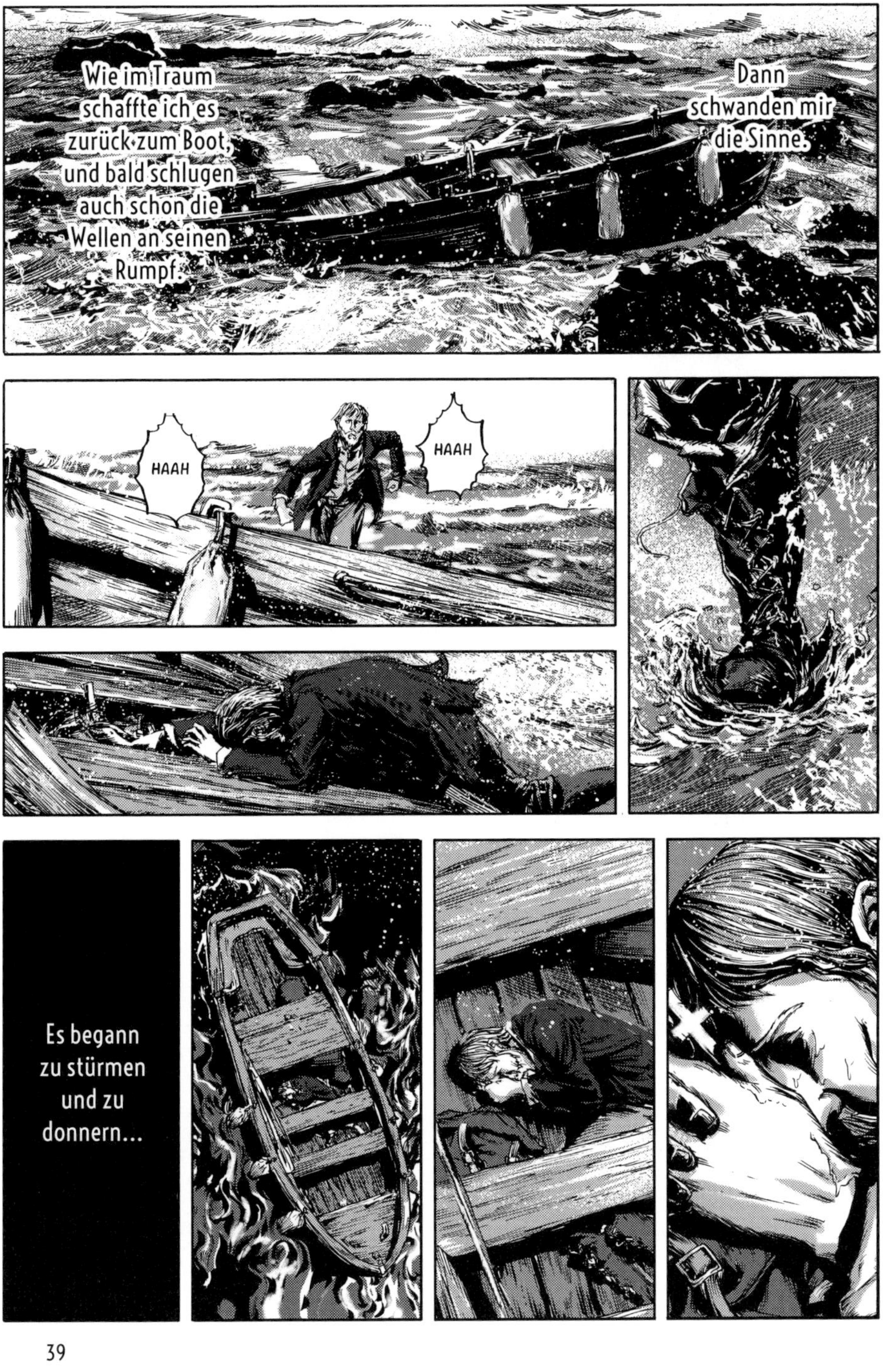

Wie im Traum schaffte ich es zurück zum Boot, und bald schlugen auch schon die Wellen an seinen Rumpf.
Dann schwanden mir die Sinne.
HAAH
HAAH
Es begann zu stürmen und zu donnern...

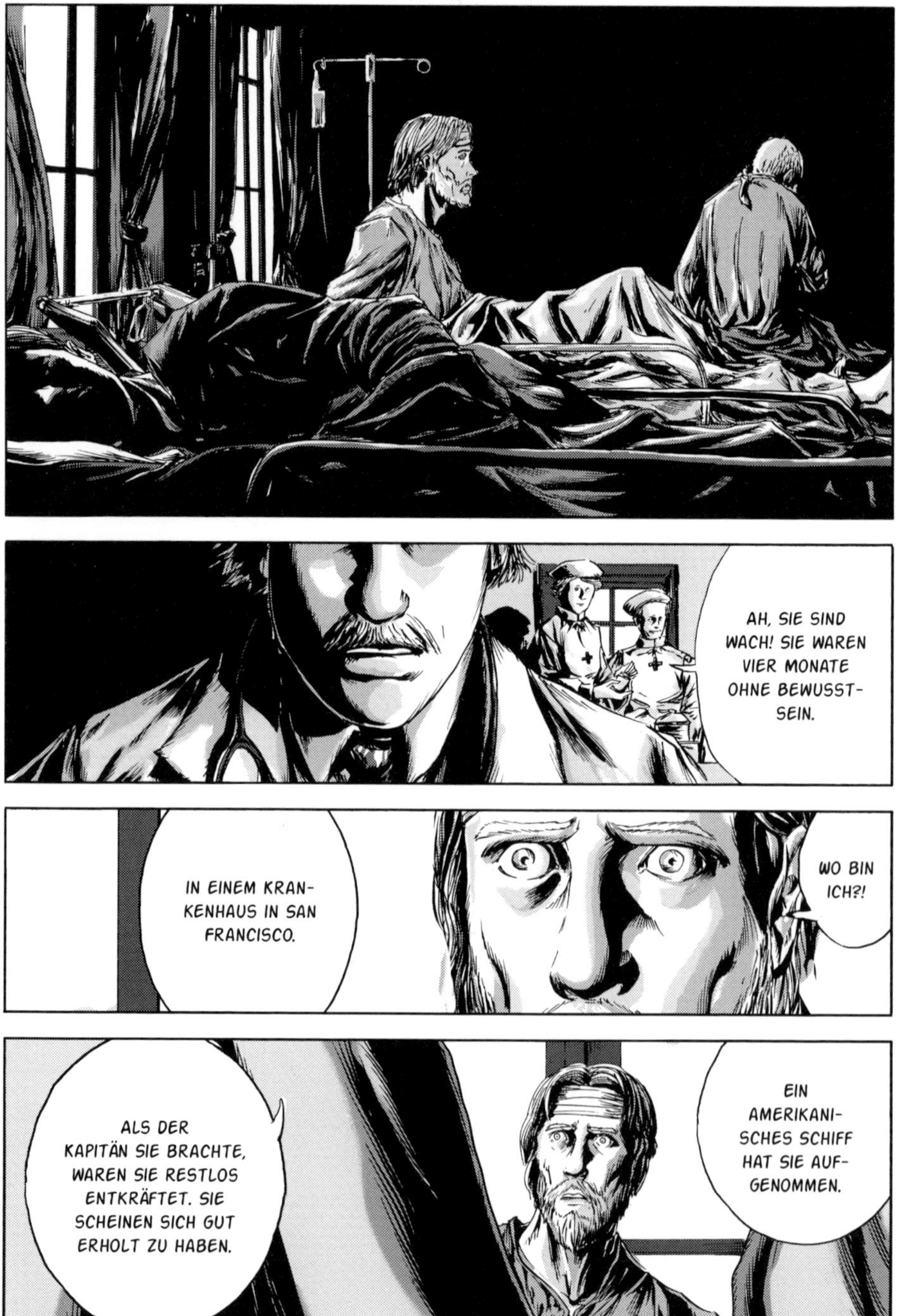
AH, SIE SIND WACH! SIE WAREN VIER MONATE OHNE BEWUSST-SEIN.
WO BIN ICH?!
IN EINEM KRAN-KENHAUS IN SAN FRANCISCO.
EIN AMERIKANI-SCHES SCHIFF HAT SIE AUF-GENOMMEN.
ALS DER KAPITÄN SIE BRACHTE, WAREN SIE RESTLOS ENTKRÄFTET. SIE SCHEINEN SICH GUT ERHOLT ZU HABEN.

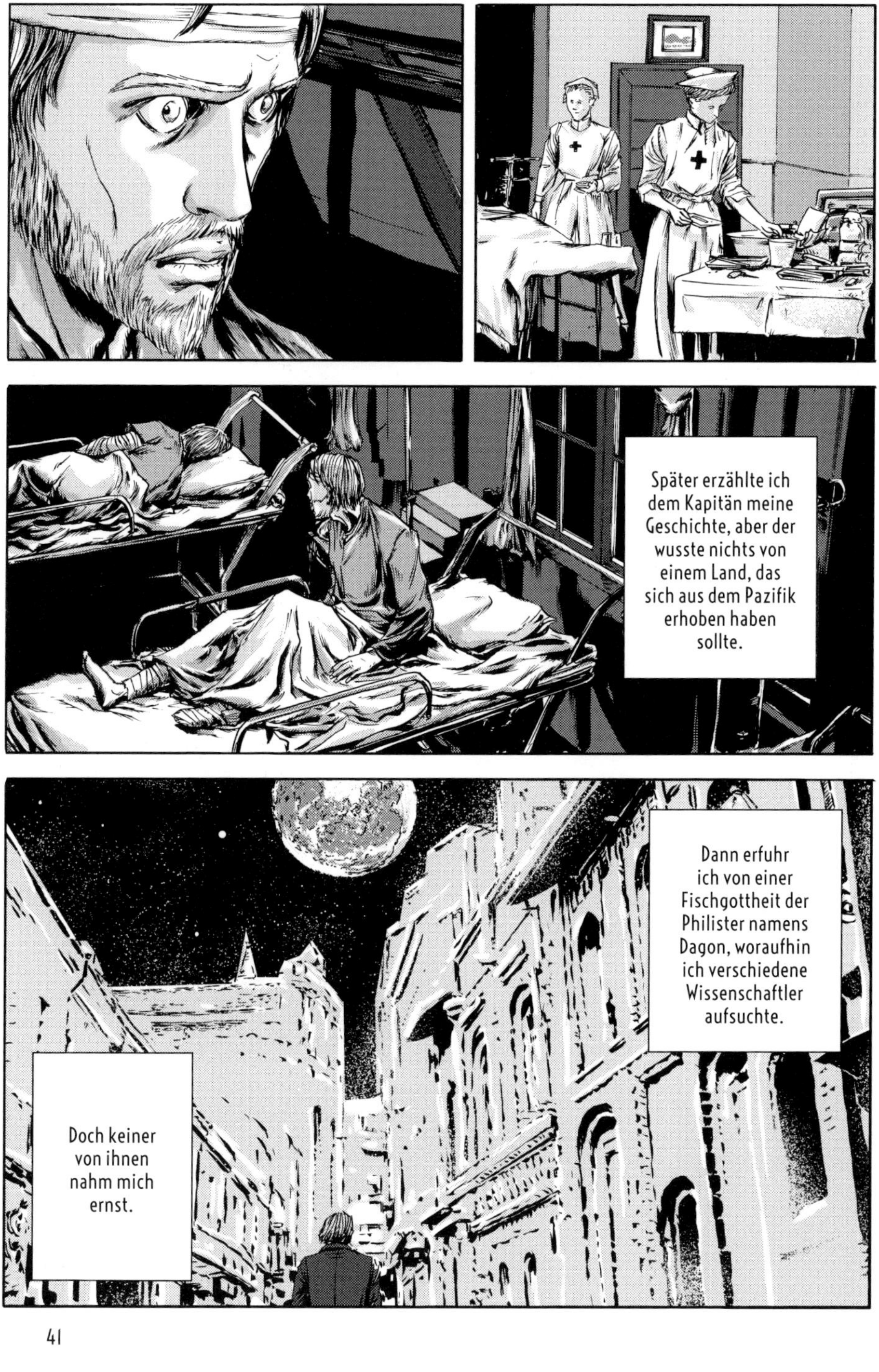
Später erzählte ich dem Kapitän meine Geschichte, aber der wusste nichts von einem Land, das sich aus dem Pazifik erhoben haben sollte.
Dann erfuhr ich von einer Fischgottheit der Philister namens Dagon, woraufhin ich verschiedene Wissenschaftler aufsuchte.
Doch keiner von ihnen nahm mich ernst.

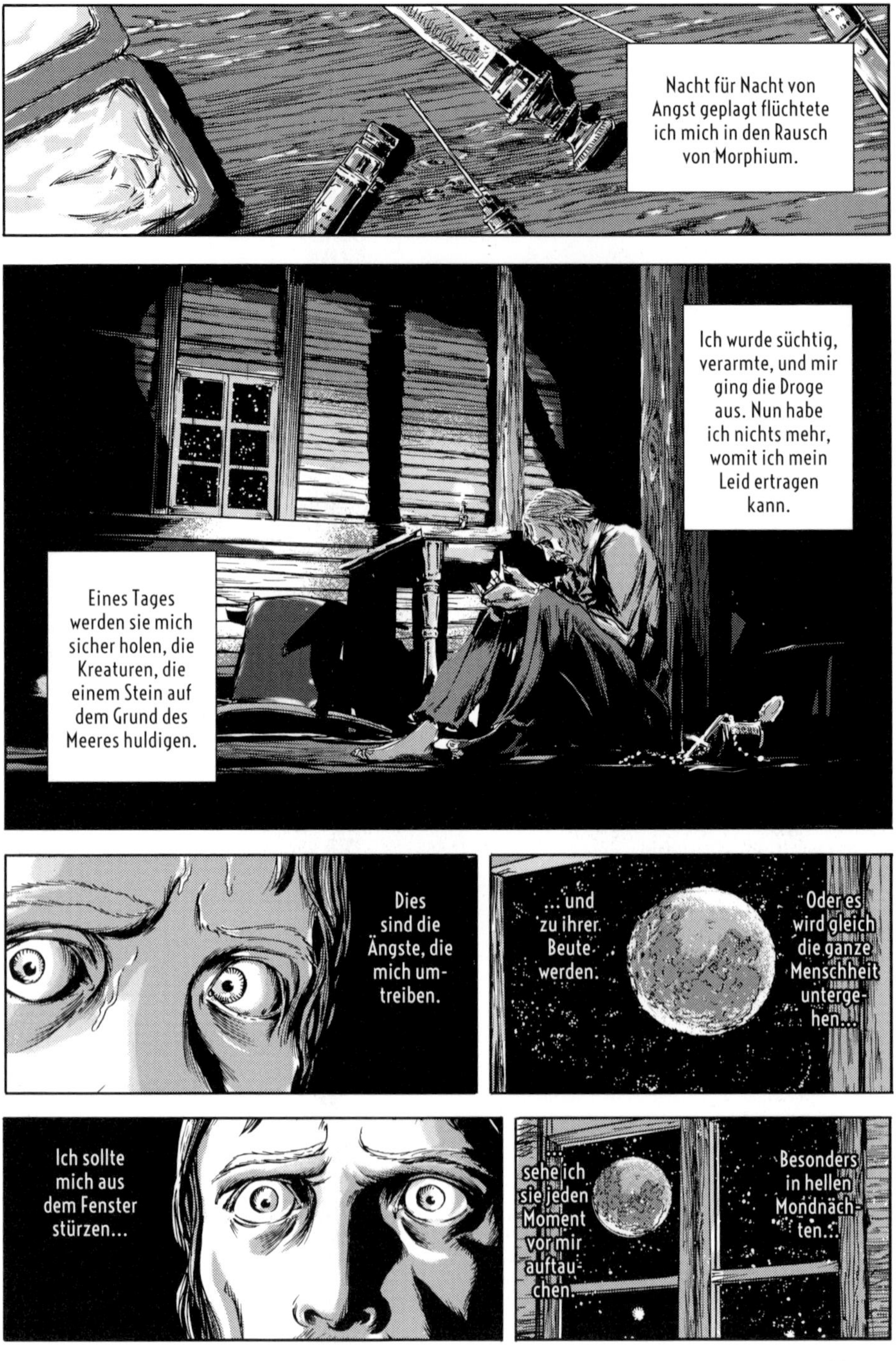
Nacht für Nacht von Angst geplagt flüchtete ich mich in den Rausch von Morphium.
Ich wurde süchtig, verarmte, und mir ging die Droge aus. Nun habe ich nichts mehr, womit ich mein Leid ertragen kann.
Eines Tages werden sie mich sicher holen, die Kreaturen, die einem Stein auf dem Grund des Meeres huldigen.
Dies sind die Ängste, die mich umtreiben.
Oder es wird gleich die ganze Menschheit untergehen…
… und zu ihrer Beute werden.
Besonders in hellen Mondnächten…
… sehe ich sie jeden Moment vor mir auftauchen.
Ich sollte mich aus dem Fenster stürzen…

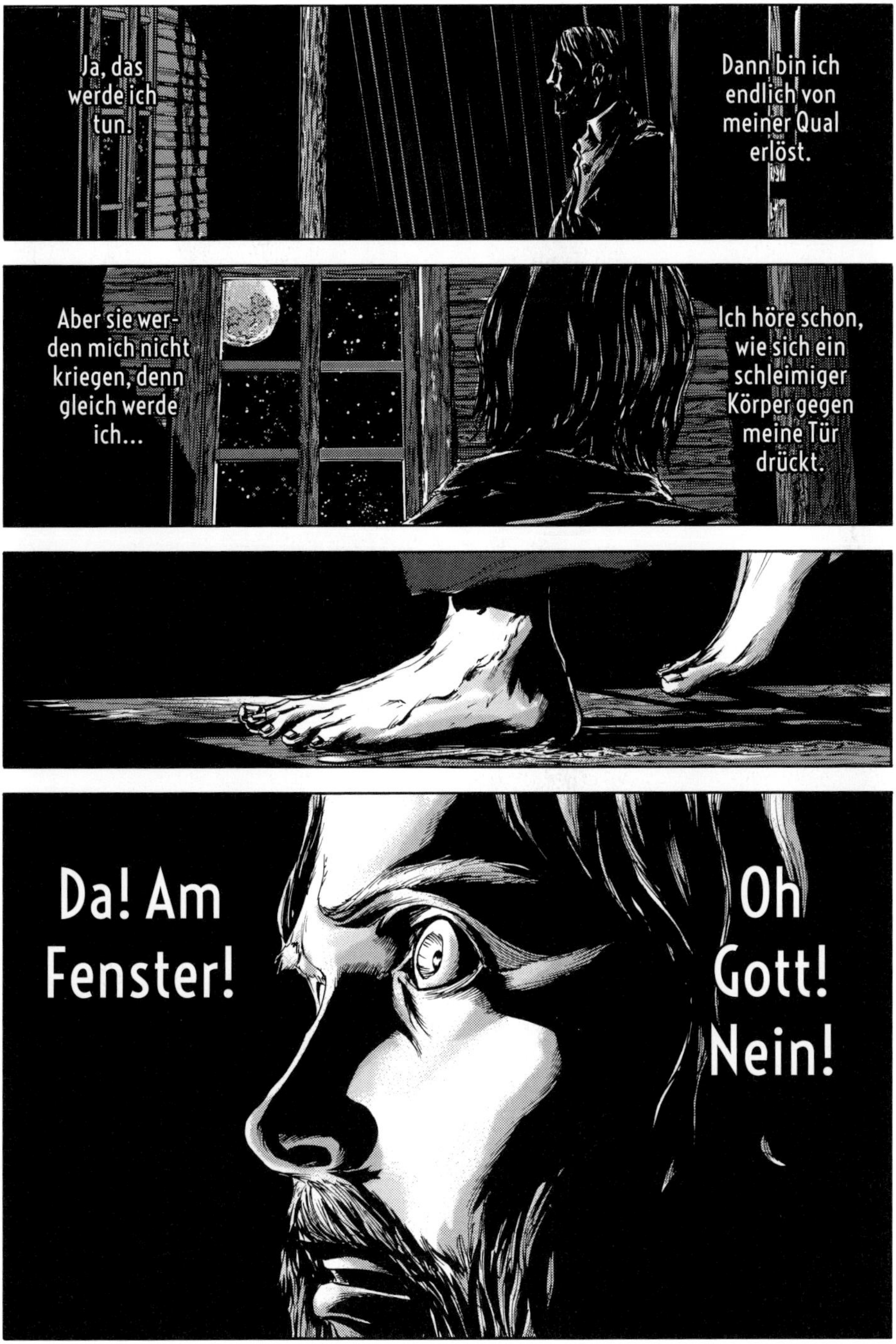
Ja, das werde ich tun.
Dann bin ich endlich von meiner Qual erlöst.
Aber sie wer-den mich nicht kriegen, denn gleich werde ich...
Ich höre schon, wie sich ein schleimiger Körper gegen meine Tür drückt.
Da! Am Fenster!
Oh Gott! Nein!

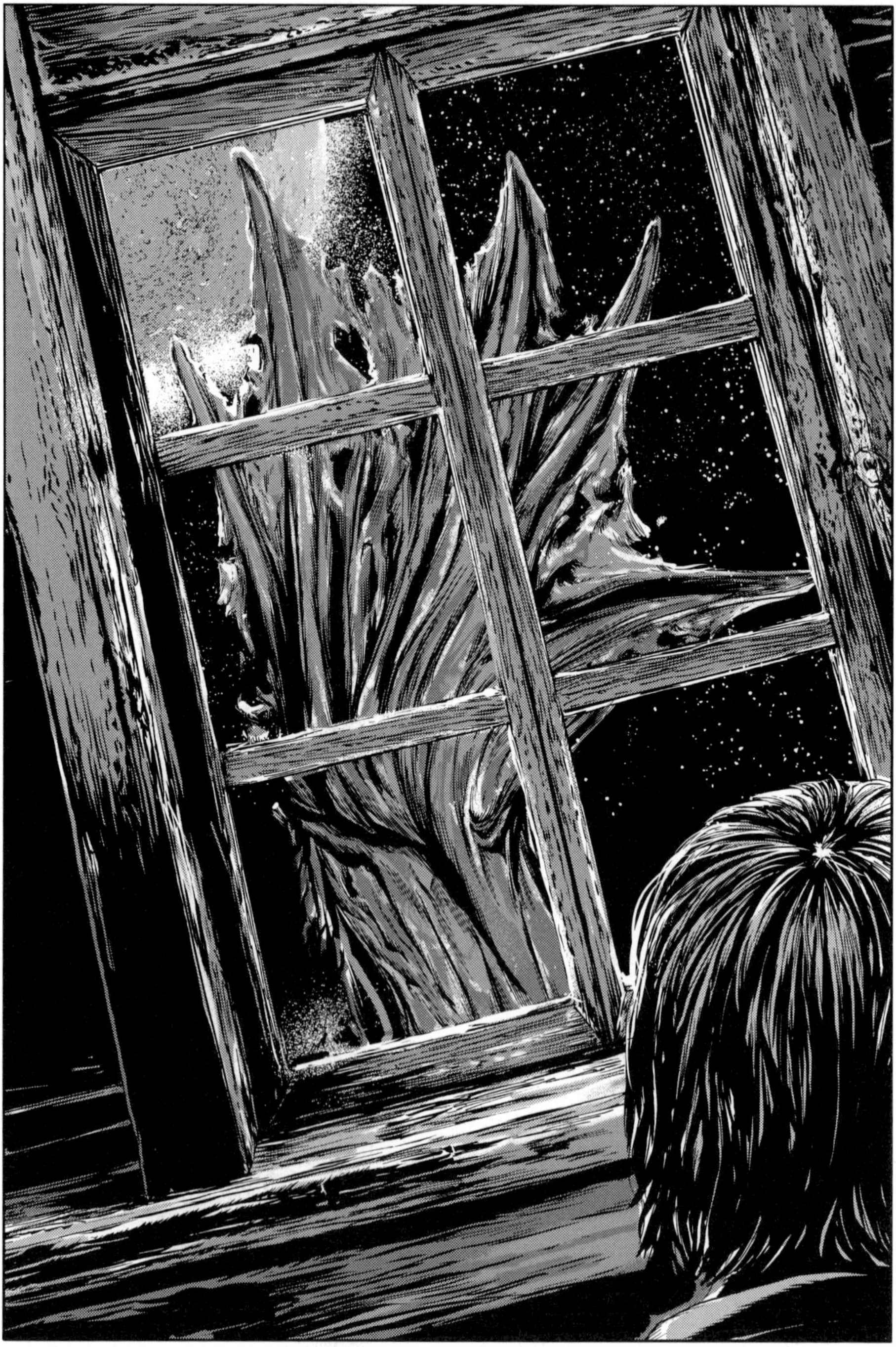

DER LEUCHTENDE TRAPEZOEDER

H. P. Lovecrafts

THE HAUNTER OF THE DARK

Geschrieben 1935,

veröffentlicht im Dezember 1936

in »Weird Tales«

1 DER SCHWARZE TURM

The Black Tower

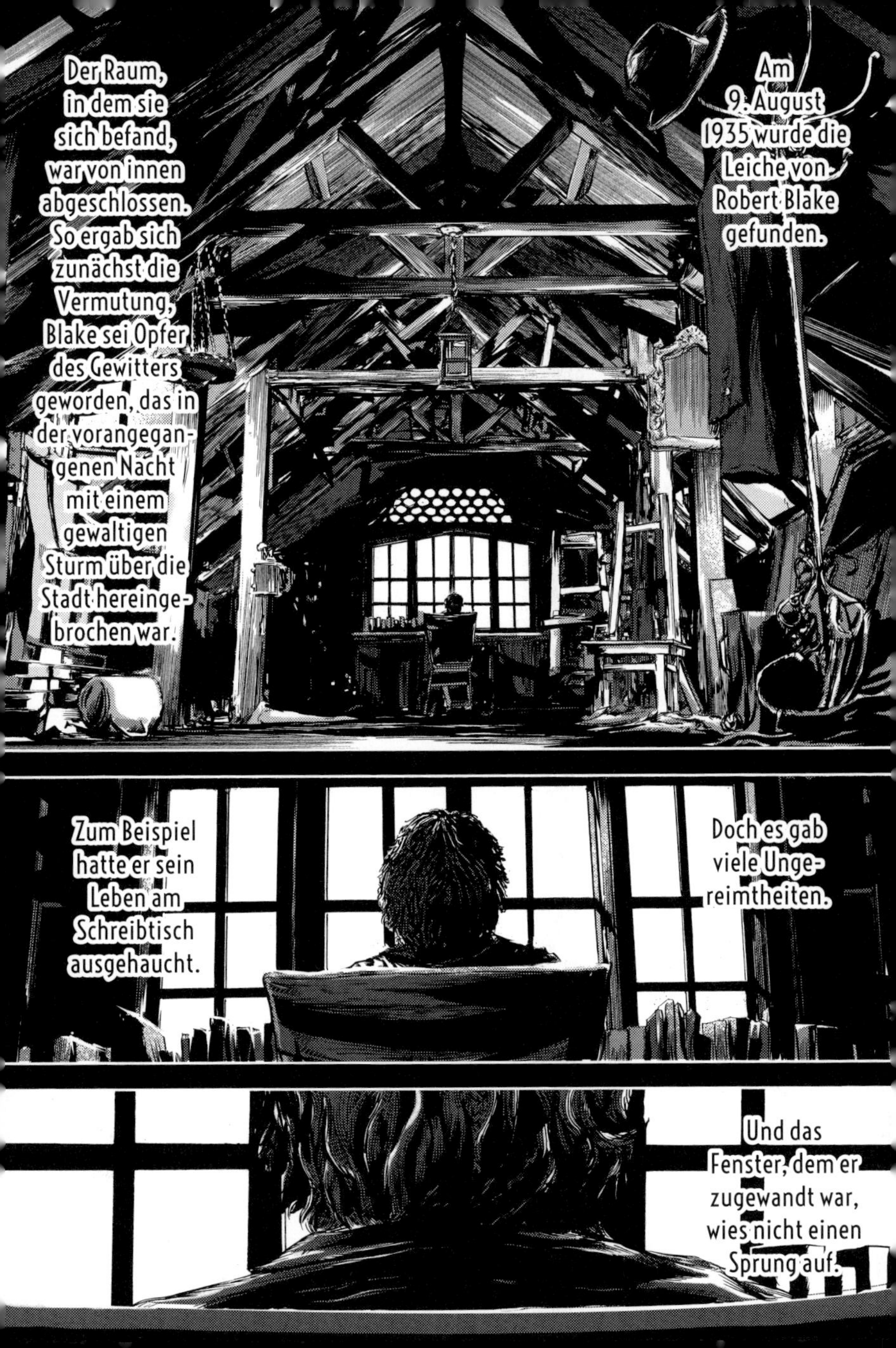
Am 9. August 1935 wurde die Leiche von Robert Blake gefunden.
Der Raum, in dem sie sich befand, war von innen abgeschlossen. So ergab sich zunächst die Vermutung, Blake sei Opfer des Gewitters geworden, das in der vorangegangenen Nacht mit einem gewaltigen Sturm über die Stadt hereingebrochen war.
Doch es gab viele Ungereimtheiten.
Zum Beispiel hatte er sein Leben am Schreibtisch ausgehaucht.
Und das Fenster, dem er zugewandt war, wies nicht einen Sprung auf.

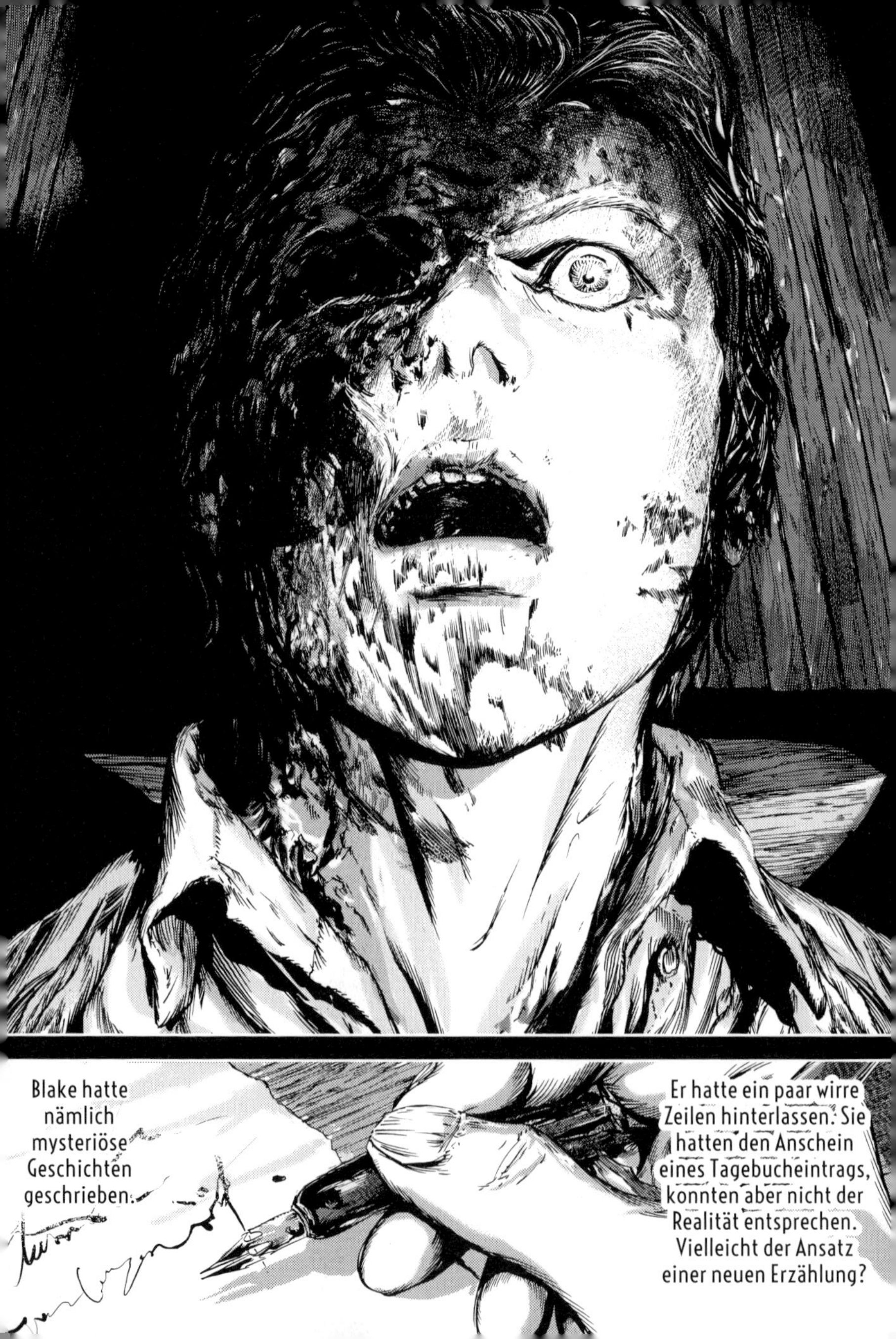
Blake hatte nämlich mysteriöse Geschichten geschrieben.
Er hatte ein paar wirre Zeilen hinterlassen. Sie hatten den Anschein eines Tagebucheintrags, konnten aber nicht der Realität entsprechen. Vielleicht der Ansatz einer neuen Erzählung?

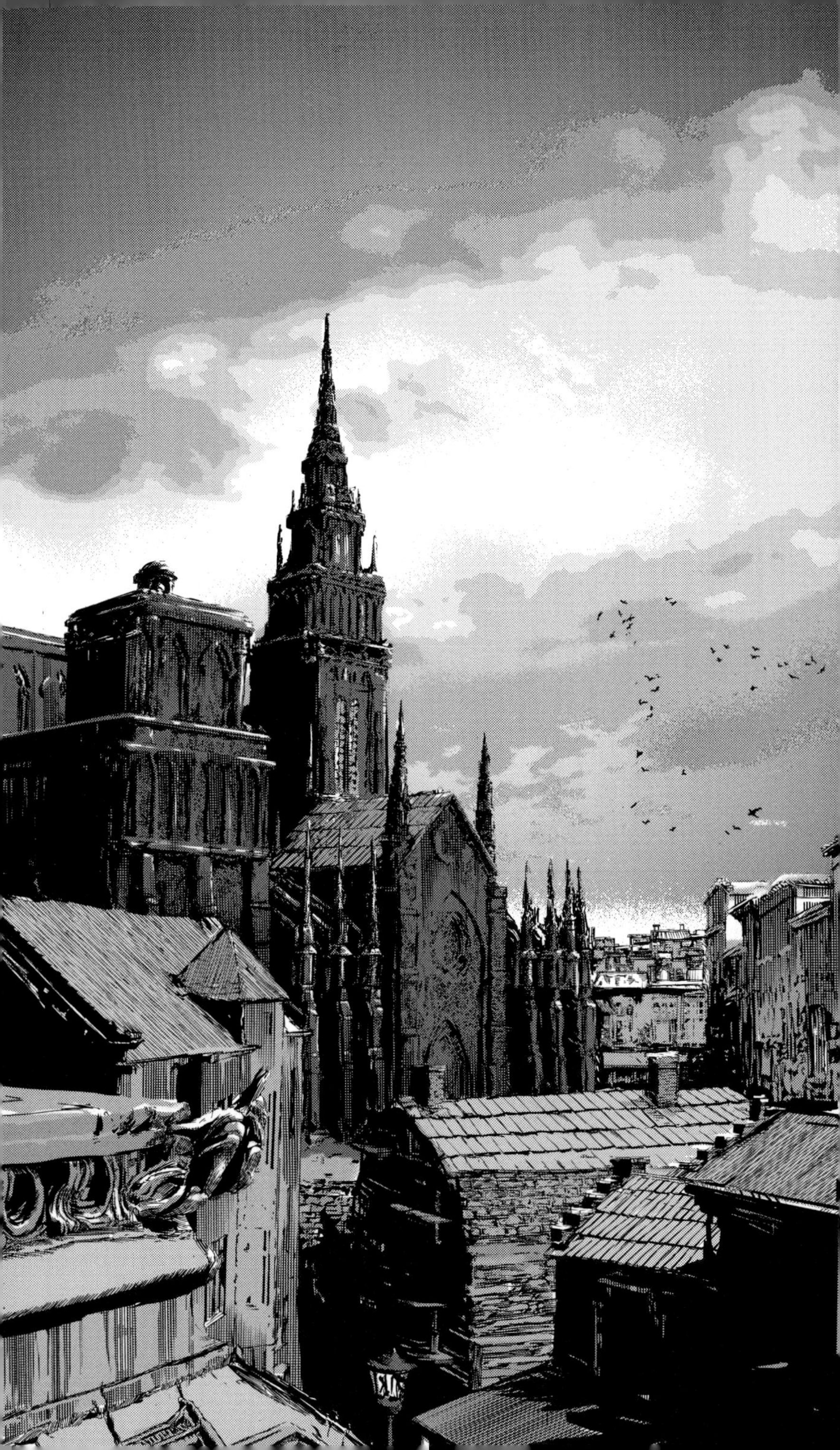

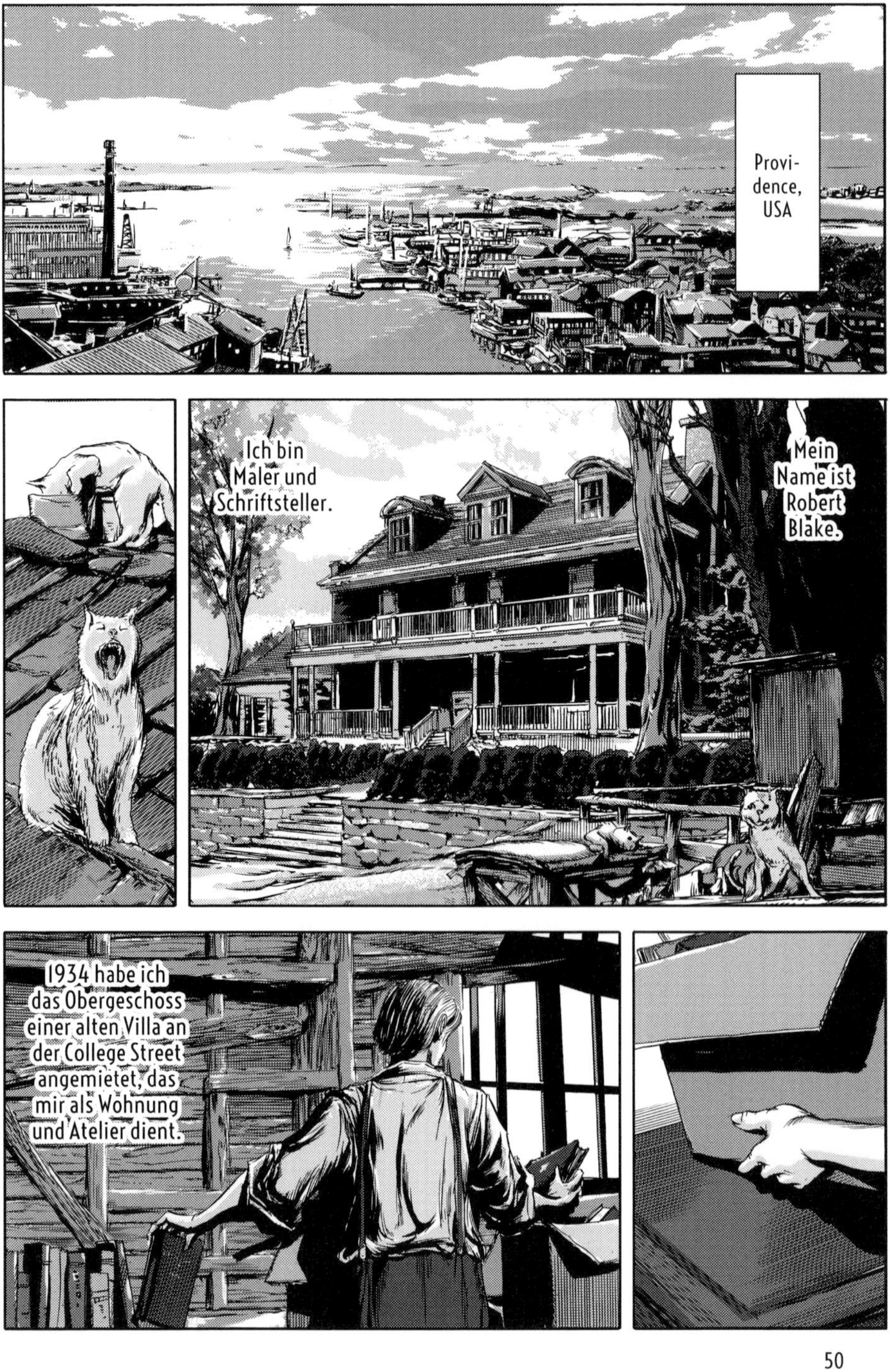
Providence, USA
Mein Name ist Robert Blake.
Ich bin Maler und Schriftsteller.
1934 habe ich das Obergeschoss einer alten Villa an der College Street angemietet, das mir als Wohnung und Atelier dient.

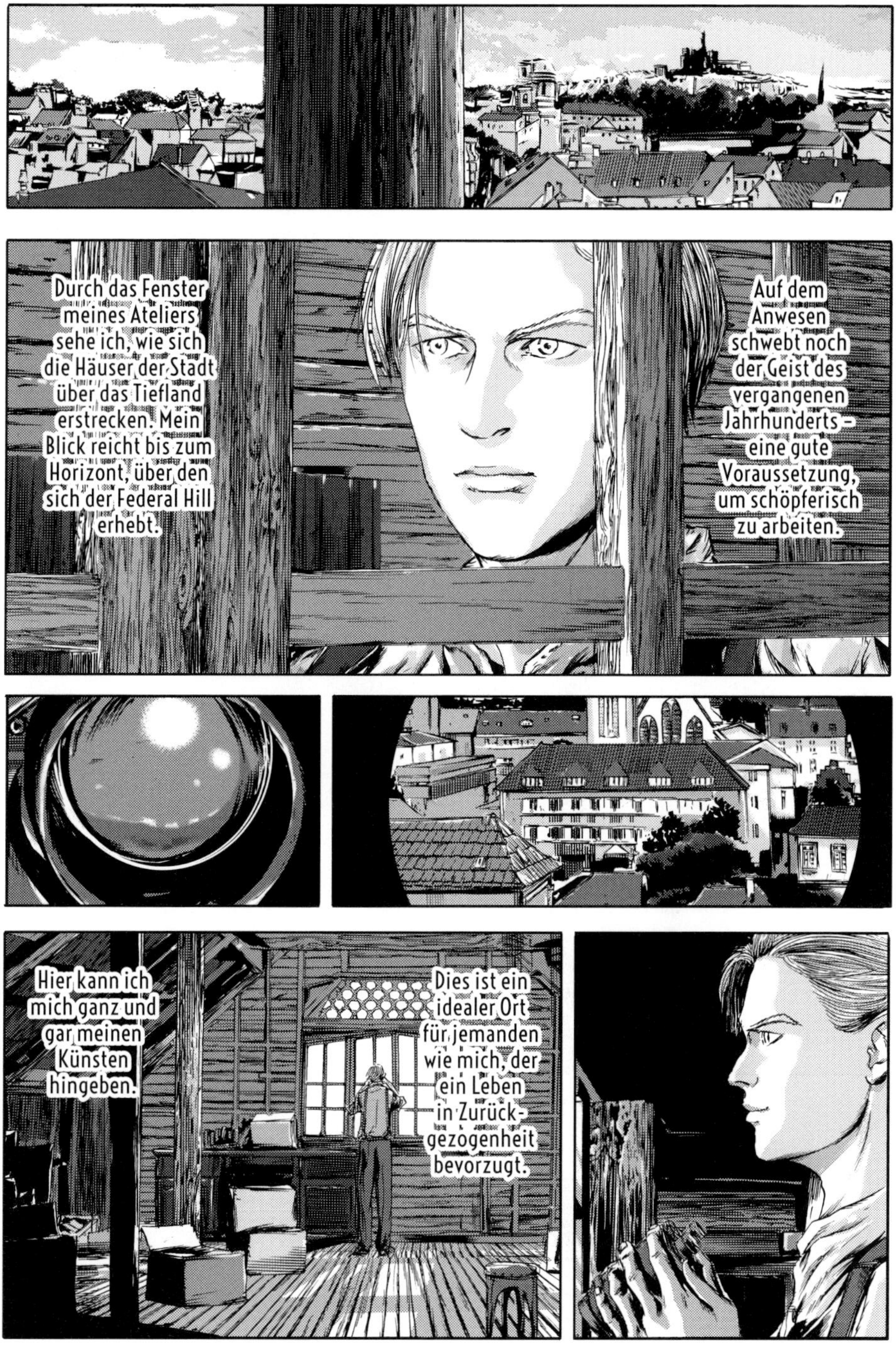
Durch das Fenster meines Ateliers sehe ich, wie sich die Häuser der Stadt über das Tiefland erstrecken. Mein Blick reicht bis zum Horizont, über den sich der Federal Hill erhebt.
Auf dem Anwesen schwebt noch der Geist des vergangenen Jahrhunderts – eine gute Voraussetzung, um schöpferisch zu arbeiten.
Hier kann ich mich ganz und gar meinen Künsten hingeben.
Dies ist ein idealer Ort für jemanden wie mich, der ein Leben in Zurückgezogenheit bevorzugt.

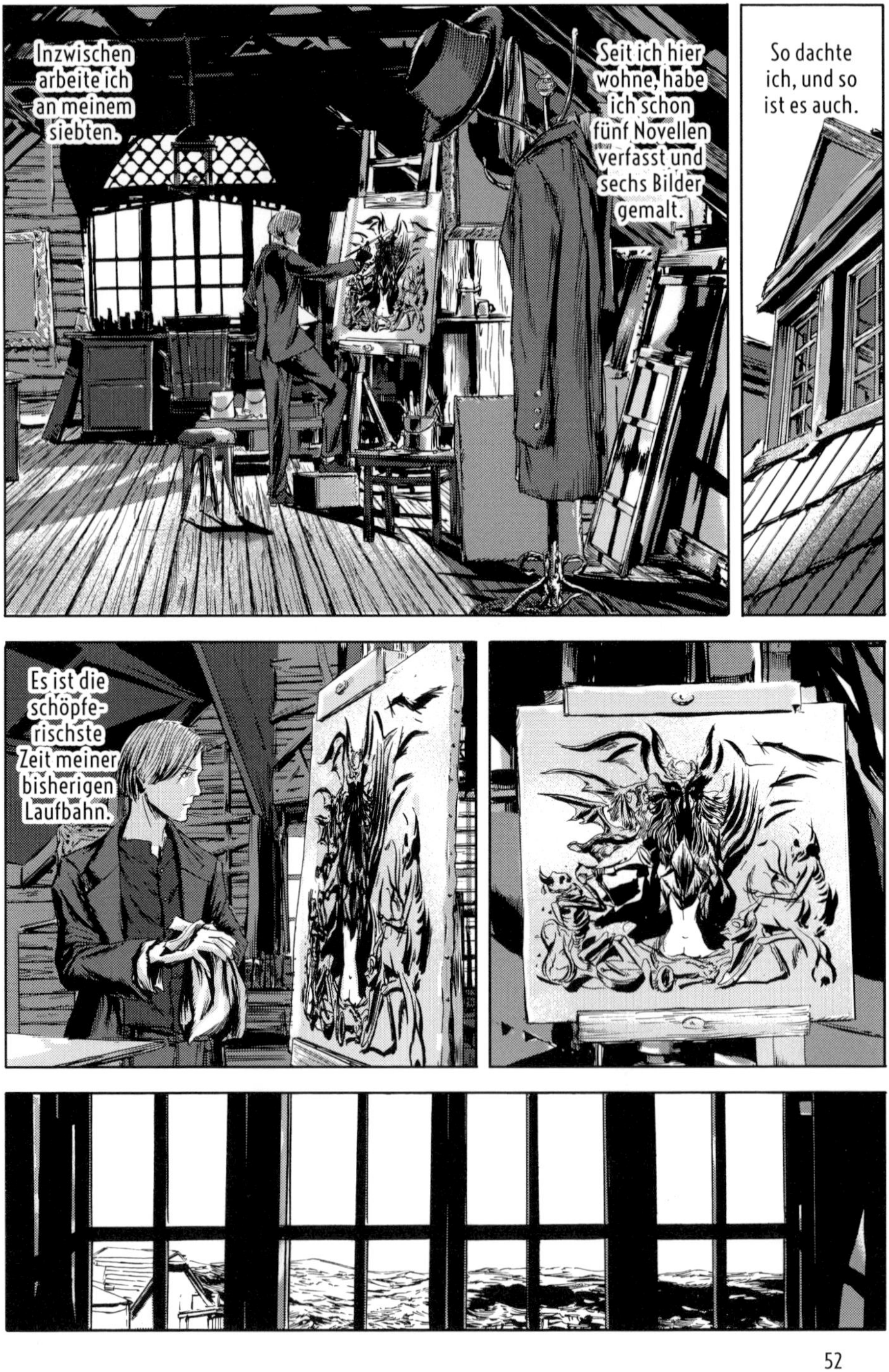
Inzwischen arbeite ich an meinem siebten.
Seit ich hier wohne, habe ich schon fünf Novellen verfasst und sechs Bilder gemalt.
So dachte ich, und so ist es auch.
Es ist die schöpfe-rischste Zeit meiner bisherigen Laufbahn.

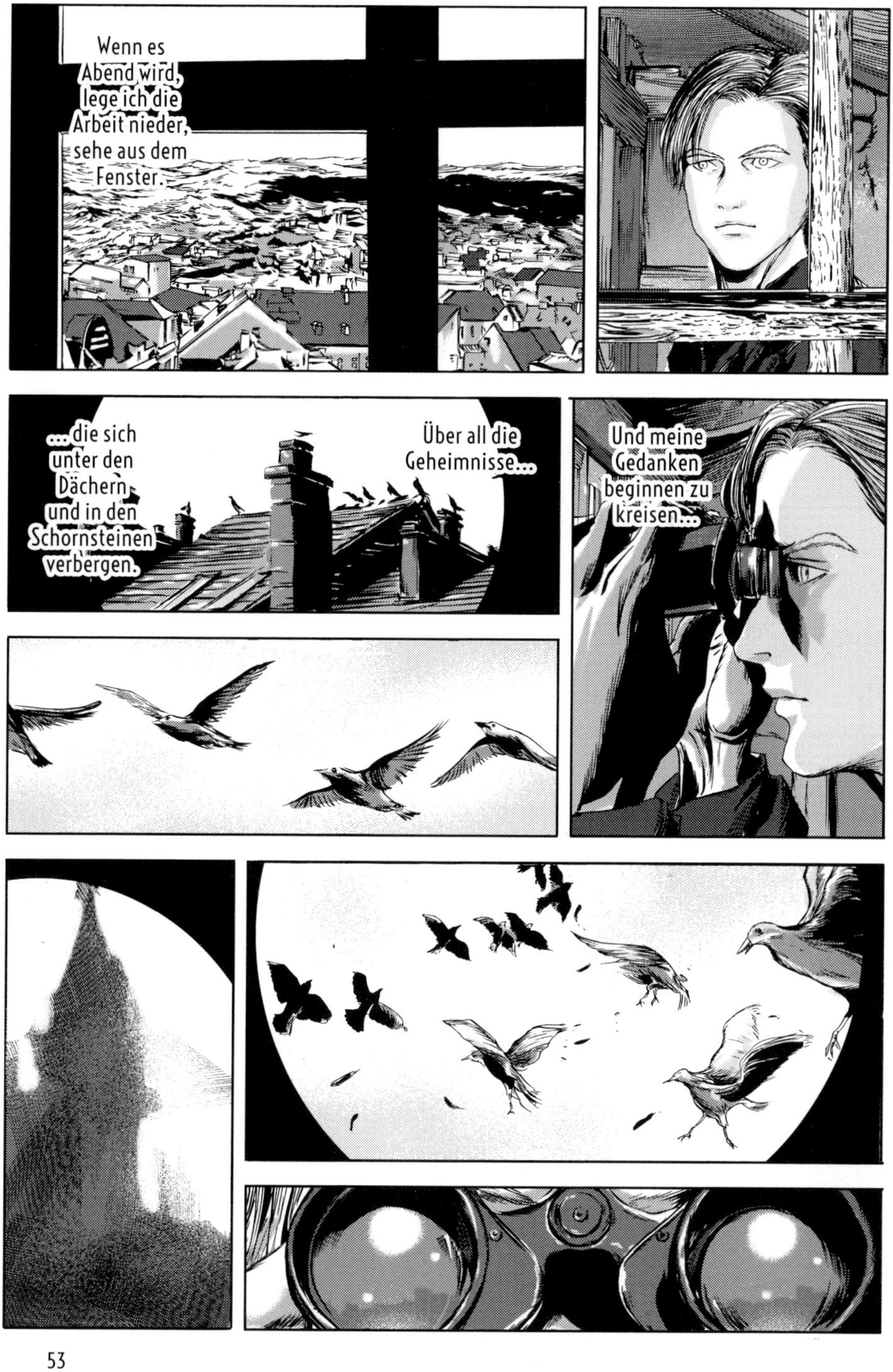

Wenn es Abend wird, lege ich die Arbeit nieder, sehe aus dem Fenster.
Über all die Geheimnisse...
...die sich unter den Dächern und in den Schornsteinen verbergen.
Und meine Gedanken beginnen zu kreisen...

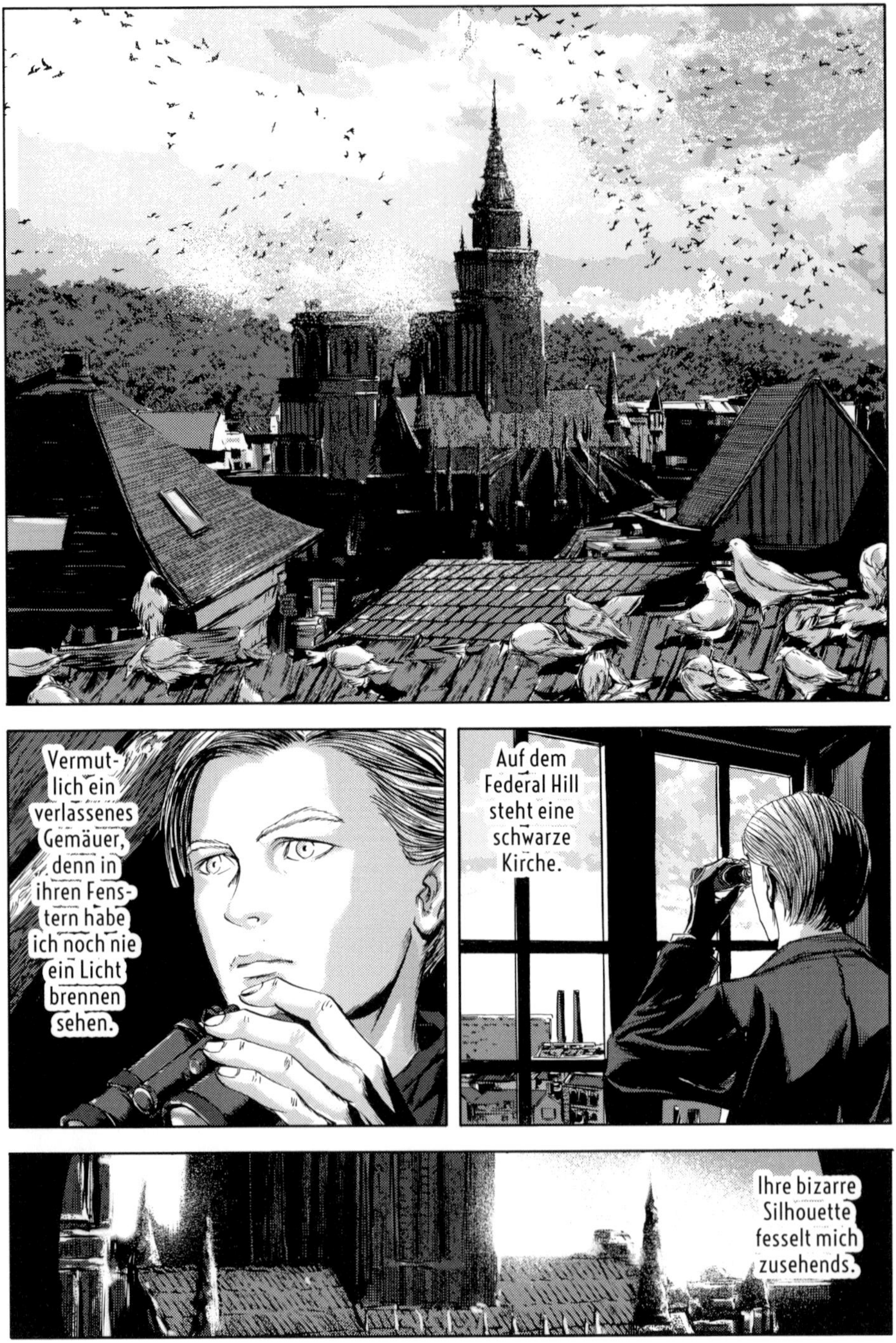
Auf dem Federal Hill steht eine schwarze Kirche.
Vermutlich ein verlassenes Gemäuer, denn in ihren Fenstern habe ich noch nie ein Licht brennen sehen.
Ihre bizarre Silhouette fesselt mich zusehends.

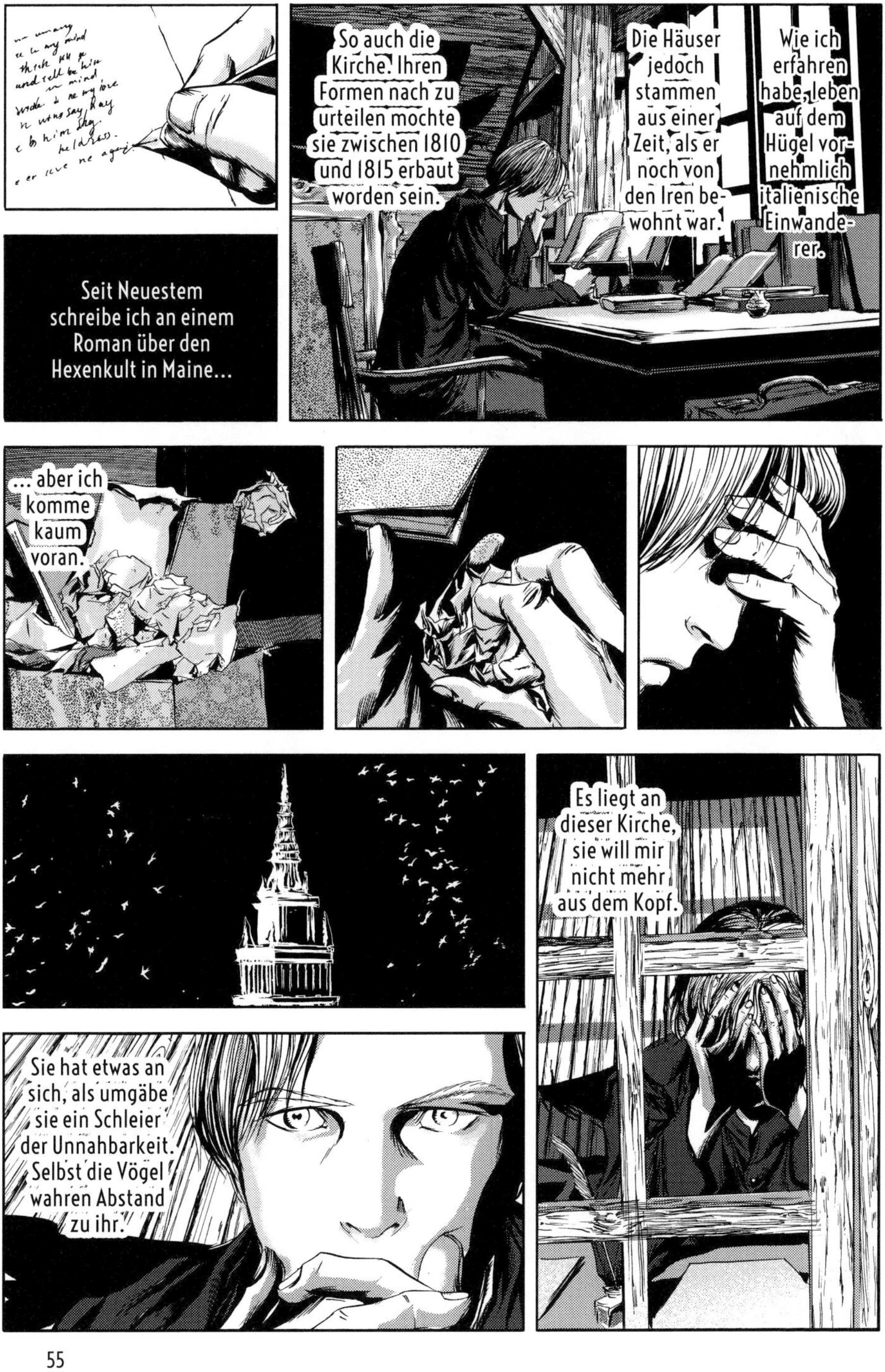
So auch die Kirche. Ihren Formen nach zu urteilen mochte sie zwischen 1810 und 1815 erbaut worden sein.
Die Häuser jedoch stammen aus einer Zeit, als er noch von den Iren bewohnt war.
Wie ich erfahren habe, leben auf dem Hügel vornehmlich italienische Einwanderer.
Seit Neuestem schreibe ich an einem Roman über den Hexenkult in Maine…
… aber ich komme kaum voran.
Es liegt an dieser Kirche, sie will mir nicht mehr aus dem Kopf.
Sie hat etwas an sich, als umgäbe sie ein Schleier der Unnahbarkeit. Selbst die Vögel wahren Abstand zu ihr.

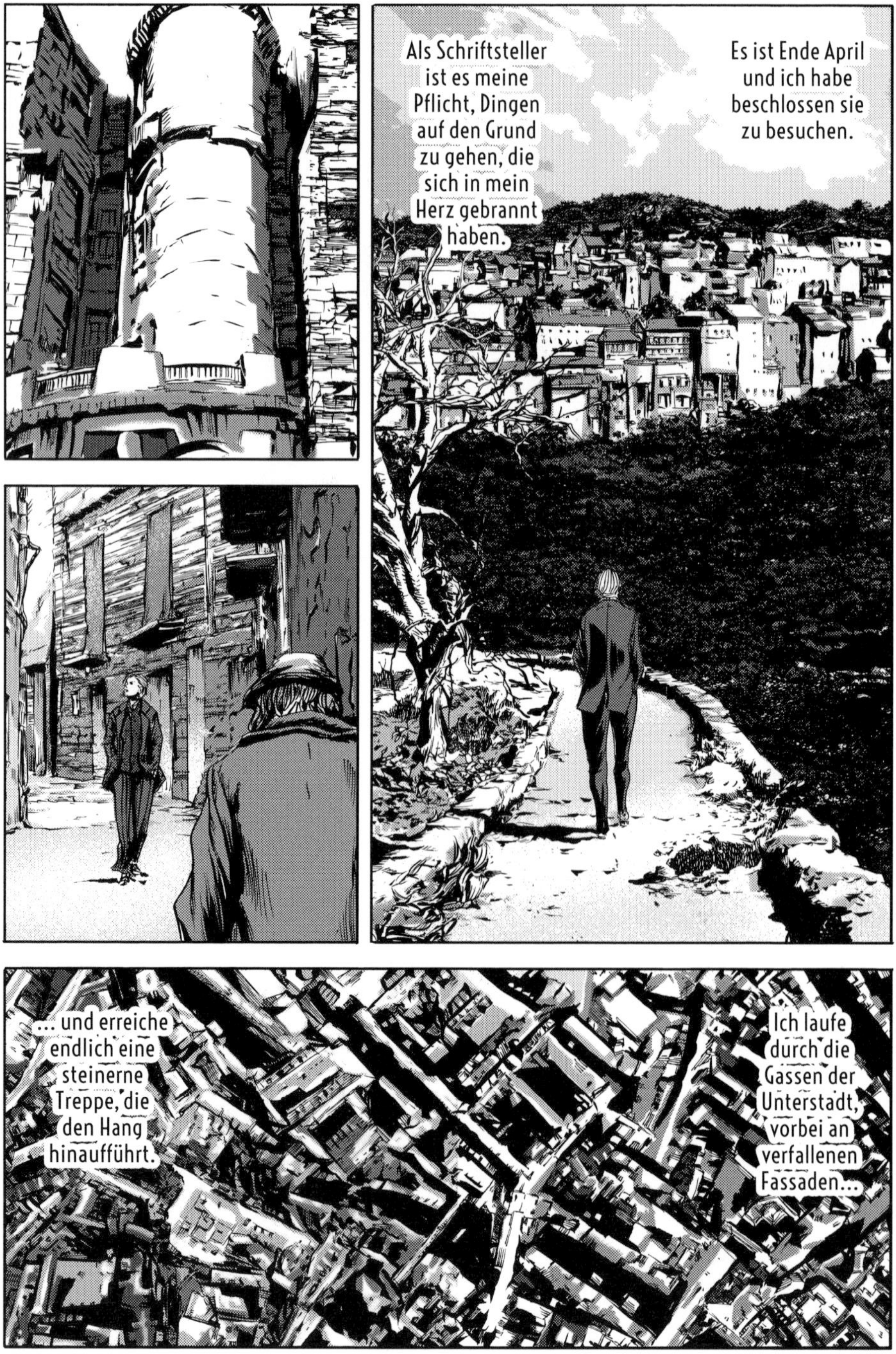
Es ist Ende April und ich habe beschlossen sie zu besuchen.
Als Schriftsteller ist es meine Pflicht, Dingen auf den Grund zu gehen, die sich in mein Herz gebrannt haben.
Ich laufe durch die Gassen der Unterstadt, vorbei an verfallenen Fassaden...
... und erreiche endlich eine steinerne Treppe, die den Hang hinaufführt.

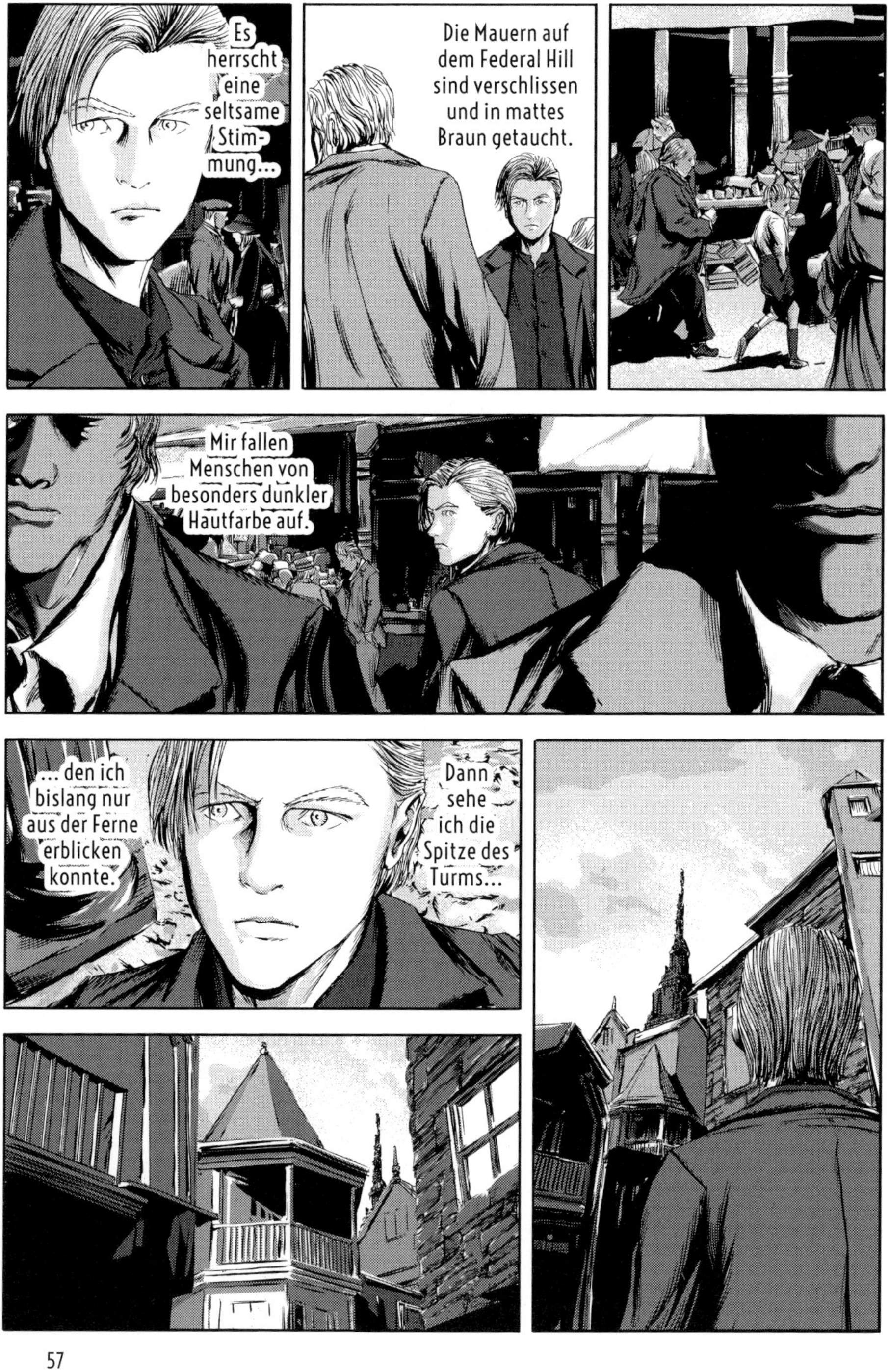
Es herrscht eine seltsame Stimmung…
Die Mauern auf dem Federal Hill sind verschlissen und in mattes Braun getaucht.
Mir fallen Menschen von besonders dunkler Hautfarbe auf.
… den ich bislang nur aus der Ferne erblicken konnte.
Dann sehe ich die Spitze des Turms…

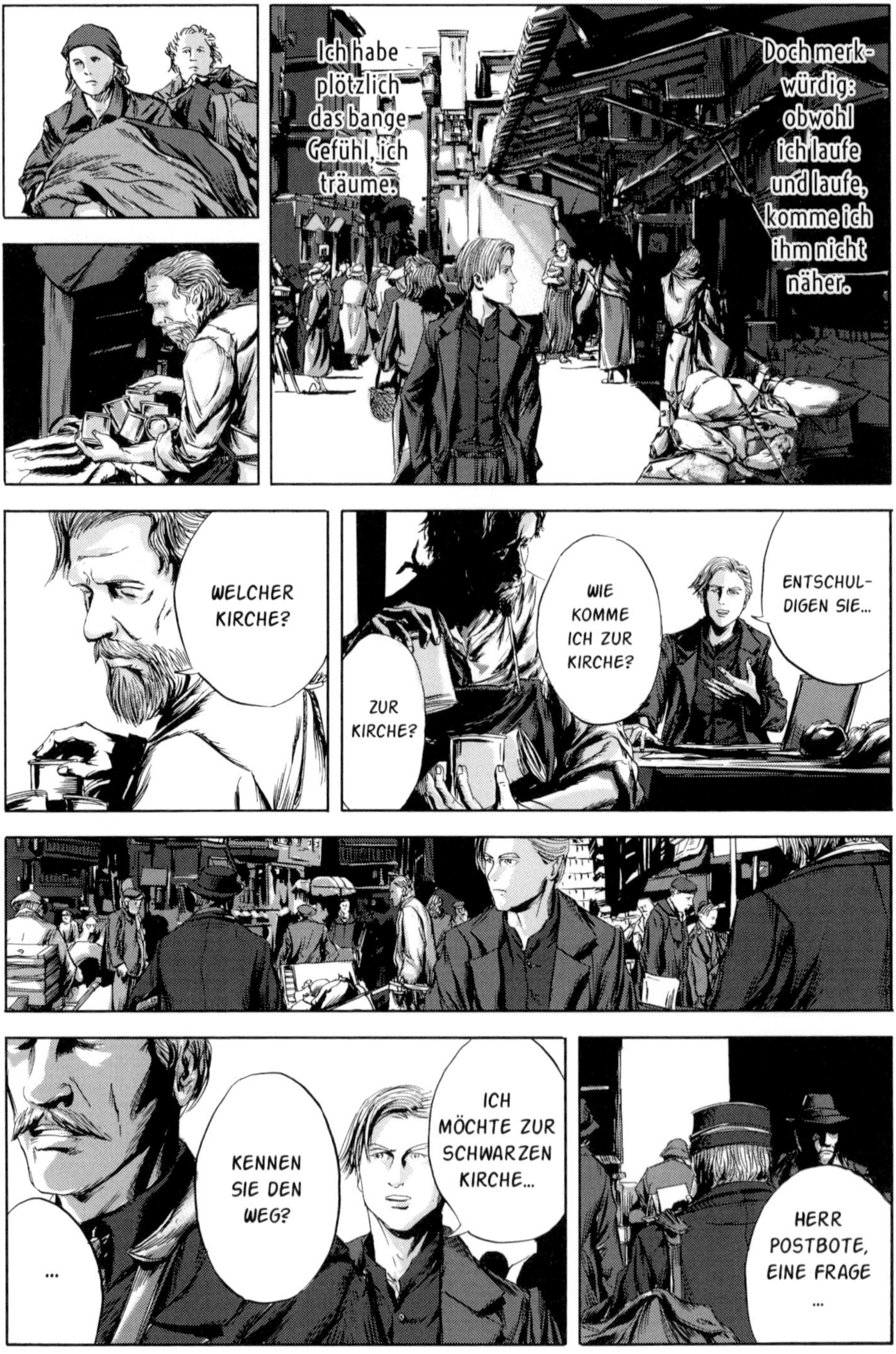
Doch merkwürdig: obwohl ich laufe und laufe, komme ich ihm nicht näher.
Ich habe plötzlich das bange Gefühl, ich träume.
ENTSCHULDIGEN SIE...
WIE KOMME ICH ZUR KIRCHE?
ZUR KIRCHE?
WELCHER KIRCHE?
HERR POSTBOTE, EINE FRAGE ...
ICH MÖCHTE ZUR SCHWARZEN KIRCHE...
KENNEN SIE DEN WEG?
...

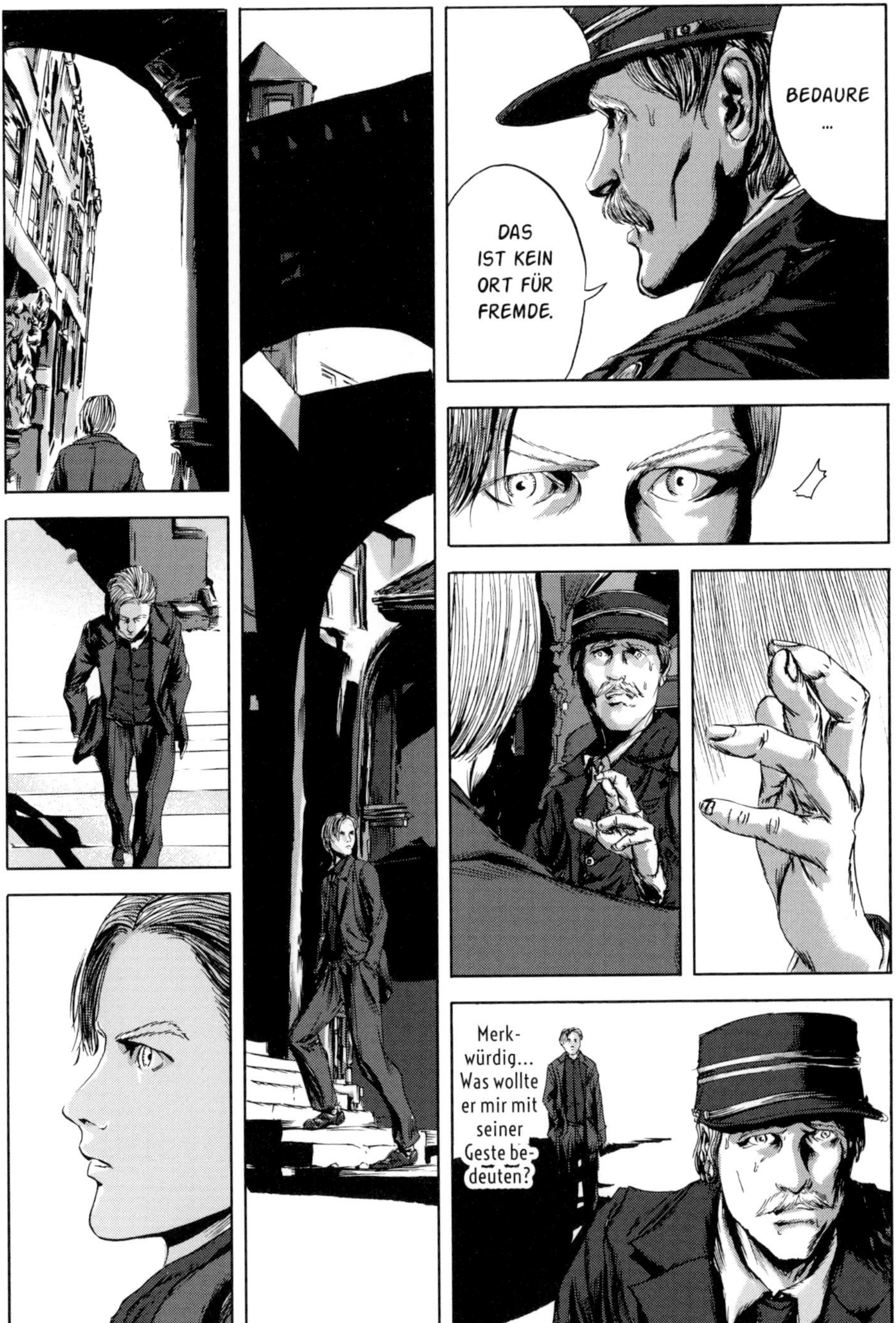
BEDAURE ...
DAS IST KEIN ORT FÜR FREMDE.
Merkwürdig... Was wollte er mir mit seiner Geste bedeuten?

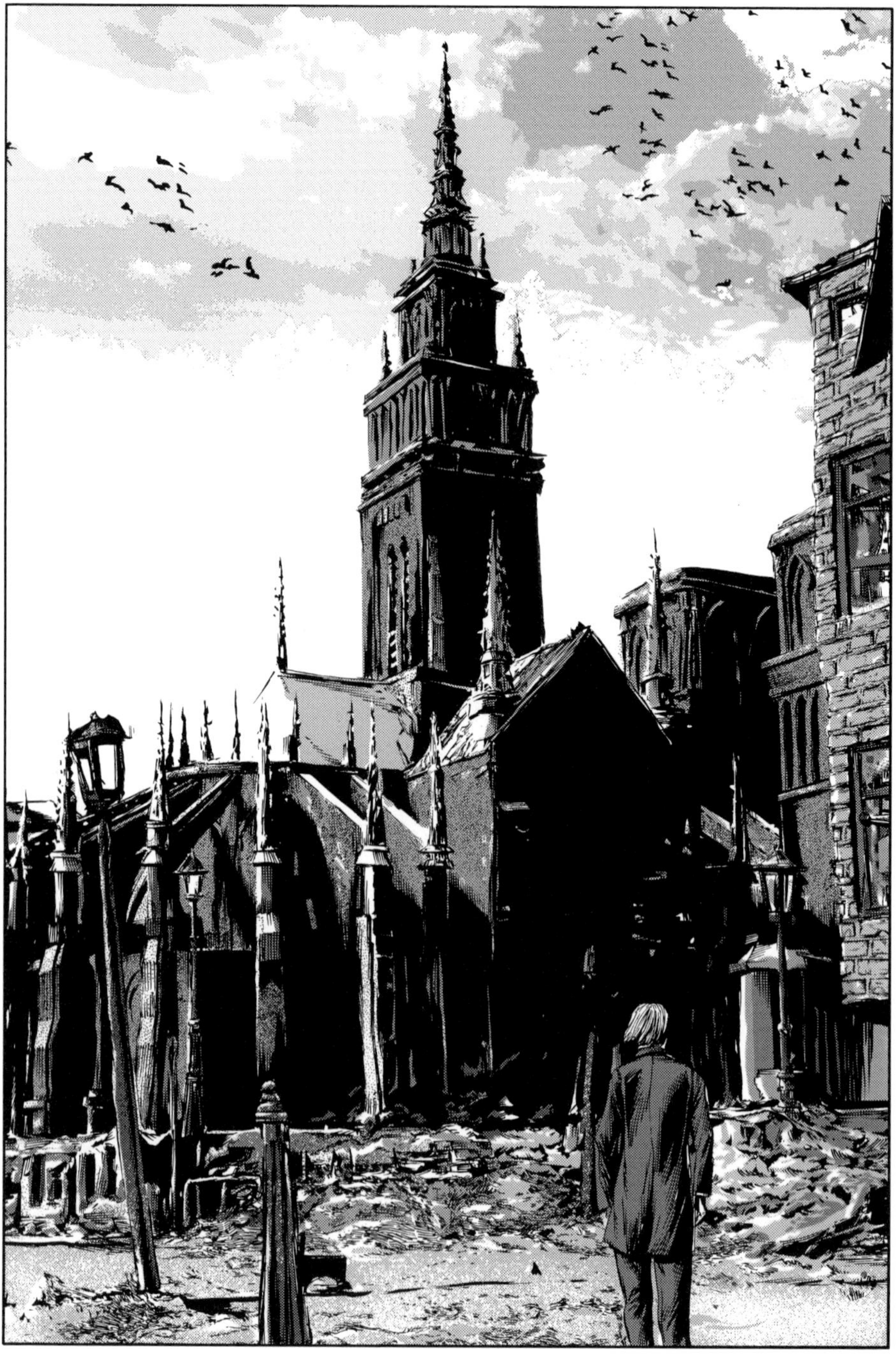

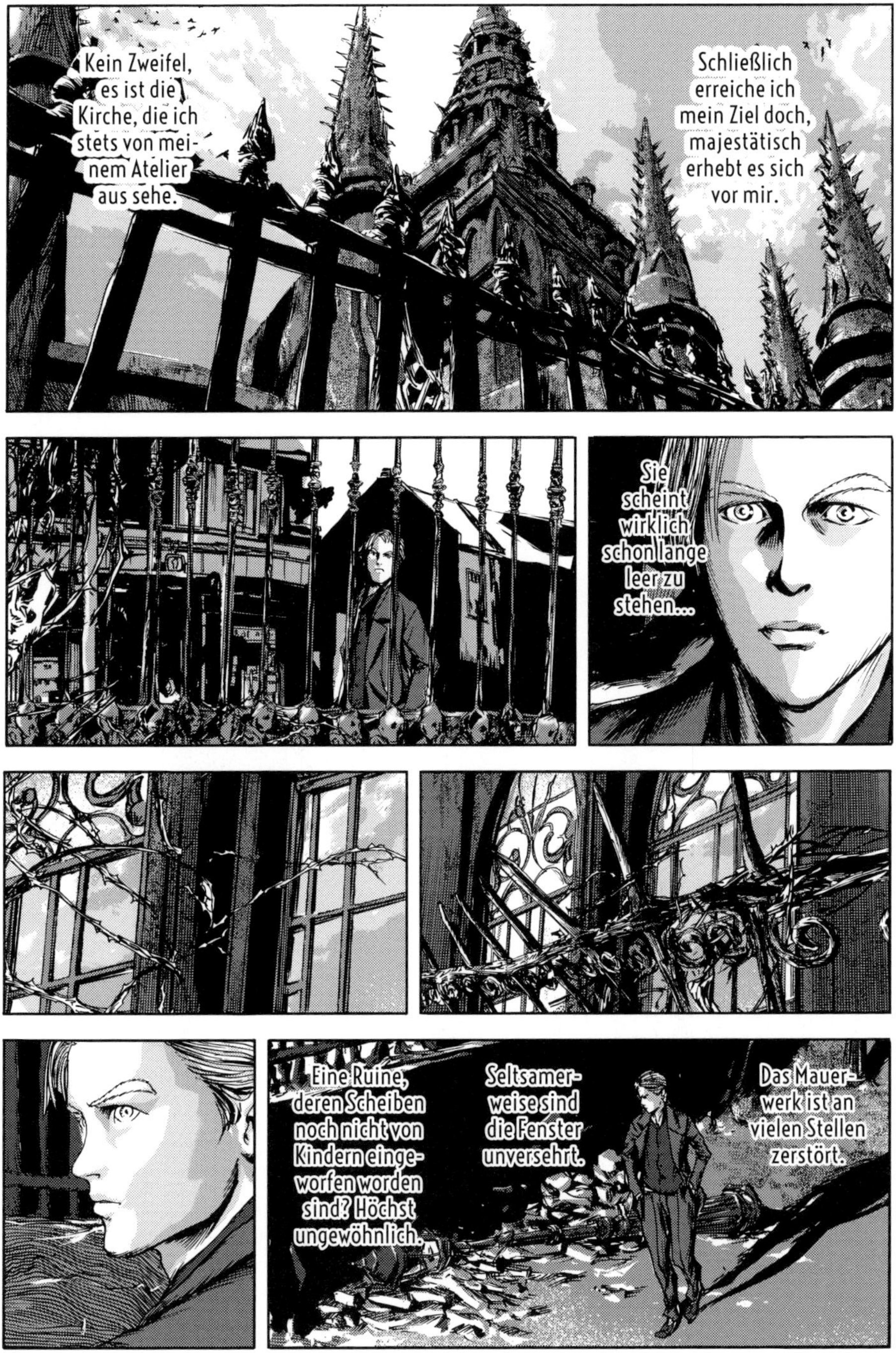
Kein Zweifel, es ist die Kirche, die ich stets von meinem Atelier aus sehe.
Schließlich erreiche ich mein Ziel doch, majestätisch erhebt es sich vor mir.
Sie scheint wirklich schon lange leer zu stehen...
Eine Ruine, deren Scheiben noch nicht von Kindern eingeworfen worden sind? Höchst ungewöhnlich.
Seltsamerweise sind die Fenster unversehrt.
Das Mauerwerk ist an vielen Stellen zerstört.

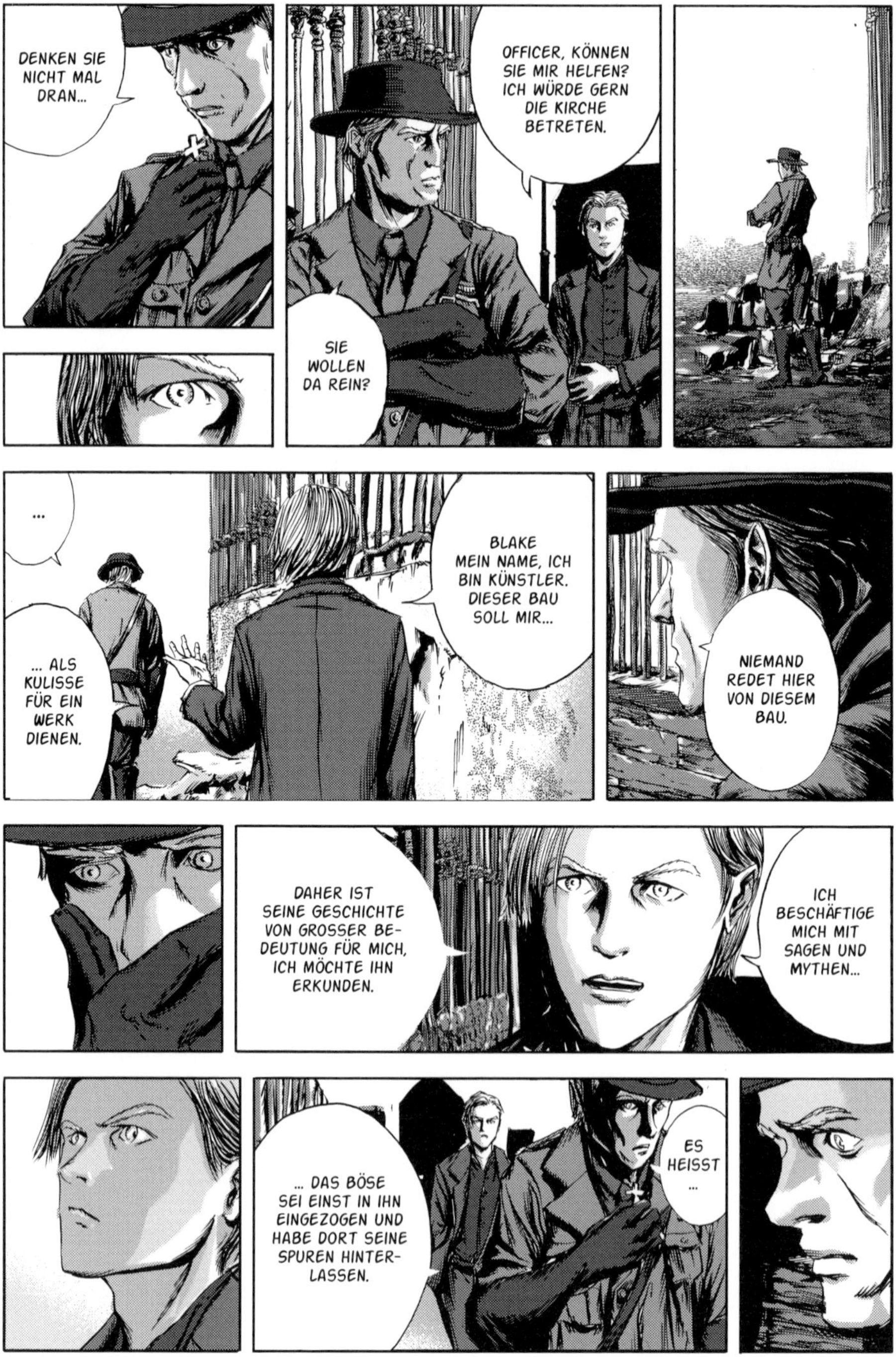
DENKEN SIE NICHT MAL DRAN...
OFFICER, KÖNNEN SIE MIR HELFEN? ICH WÜRDE GERN DIE KIRCHE BETRETEN.
SIE WOLLEN DA REIN?
...
BLAKE MEIN NAME, ICH BIN KÜNSTLER. DIESER BAU SOLL MIR...
... ALS KULISSE FÜR EIN WERK DIENEN.
NIEMAND REDET HIER VON DIESEM BAU.
ICH BESCHÄFTIGE MICH MIT SAGEN UND MYTHEN...
DAHER IST SEINE GESCHICHTE VON GROSSER BEDEUTUNG FÜR MICH, ICH MÖCHTE IHN ERKUNDEN.
ES HEISST ...
... DAS BÖSE SEI EINST IN IHN EINGEZOGEN UND HABE DORT SEINE SPUREN HINTERLASSEN.

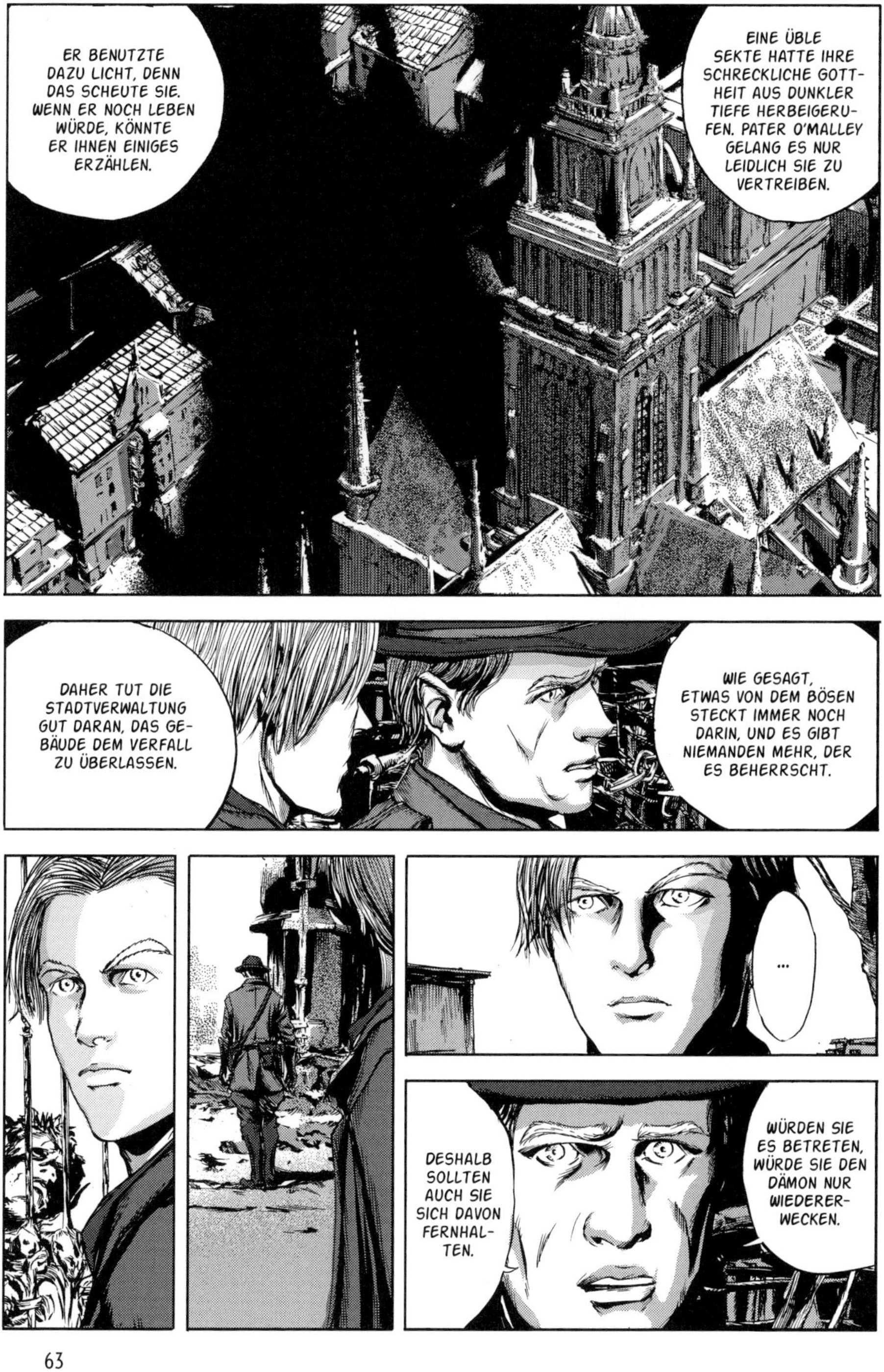
EINE ÜBLE SEKTE HATTE IHRE SCHRECKLICHE GOTTHEIT AUS DUNKLER TIEFE HERBEIGERUFEN. PATER O'MALLEY GELANG ES NUR LEIDLICH SIE ZU VERTREIBEN.
ER BENUTZTE DAZU LICHT, DENN DAS SCHEUTE SIE. WENN ER NOCH LEBEN WÜRDE, KÖNNTE ER IHNEN EINIGES ERZÄHLEN.
WIE GESAGT, ETWAS VON DEM BÖSEN STECKT IMMER NOCH DARIN, UND ES GIBT NIEMANDEN MEHR, DER ES BEHERRSCHT.
DAHER TUT DIE STADTVERWALTUNG GUT DARAN, DAS GEBÄUDE DEM VERFALL ZU ÜBERLASSEN.
...
WÜRDEN SIE ES BETRETEN, WÜRDE SIE DEN DÄMON NUR WIEDERERWECKEN.
DESHALB SOLLTEN AUCH SIE SICH DAVON FERNHALTEN.

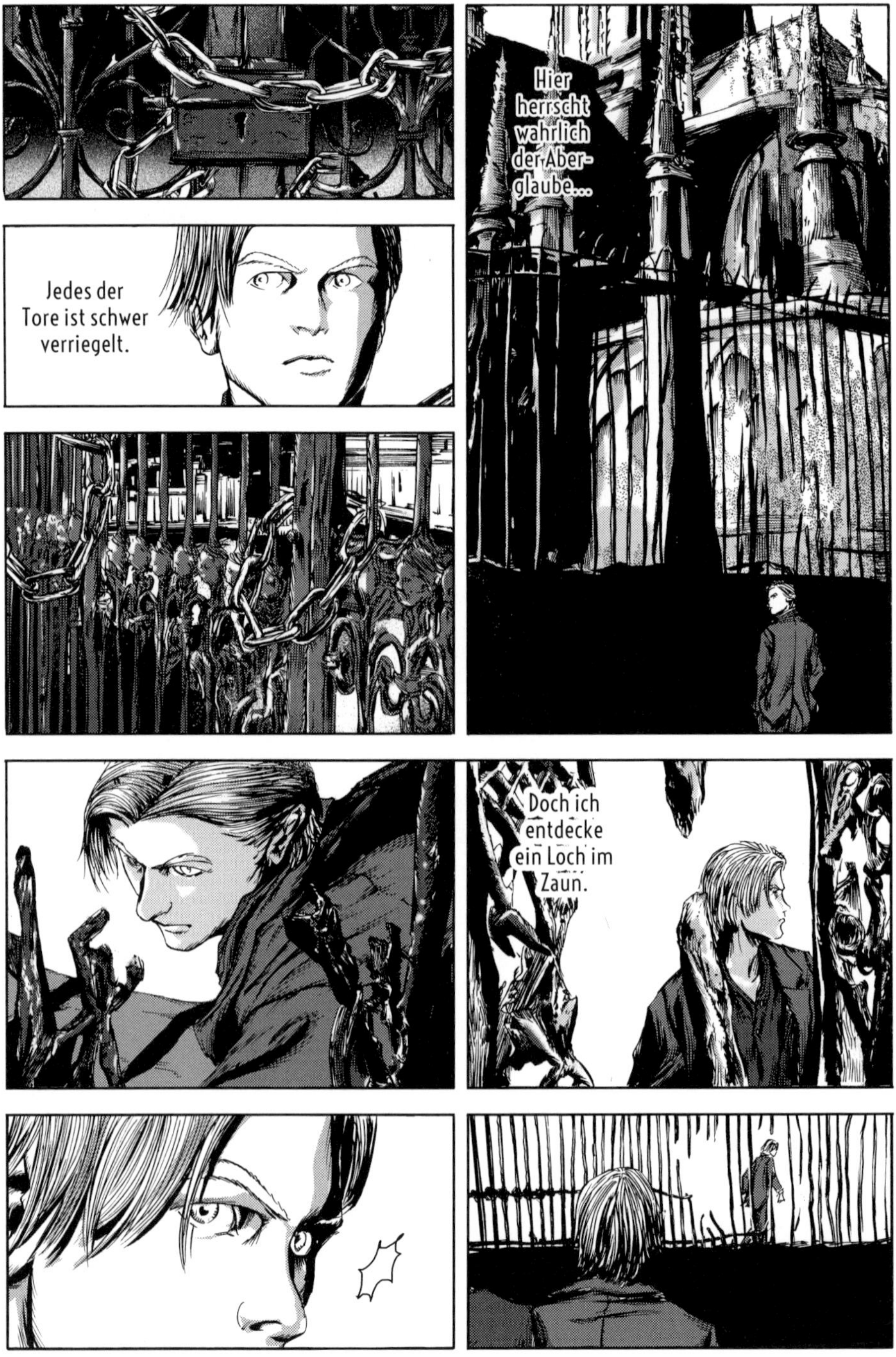
Hier herrscht wahrlich der Aberglaube…
Jedes der Tore ist schwer verriegelt.
Doch ich entdecke ein Loch im Zaun.

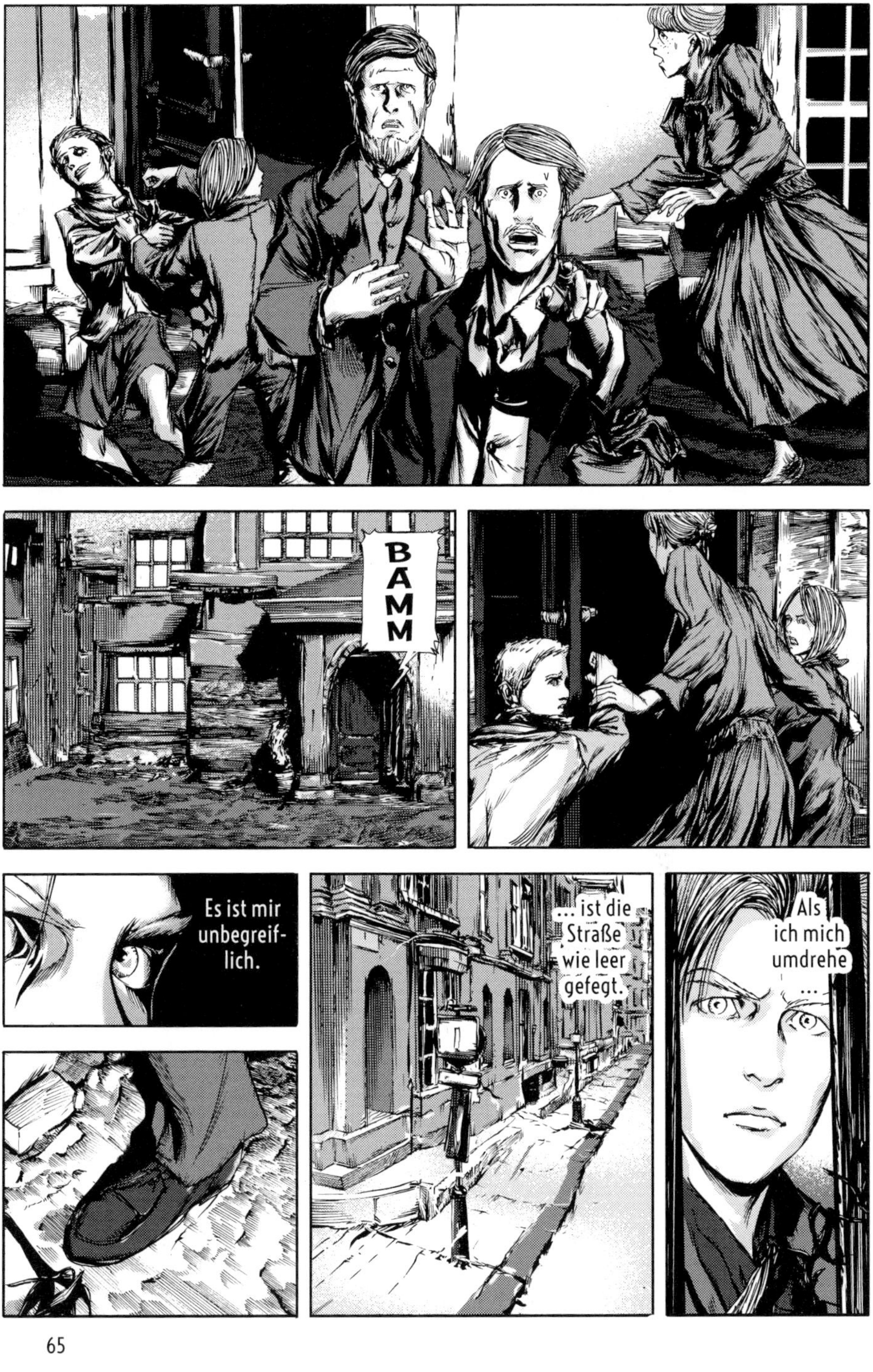
BAMM
Als ich mich umdrehe …
… ist die Straße wie leer gefegt.
Es ist mir unbegreiflich.

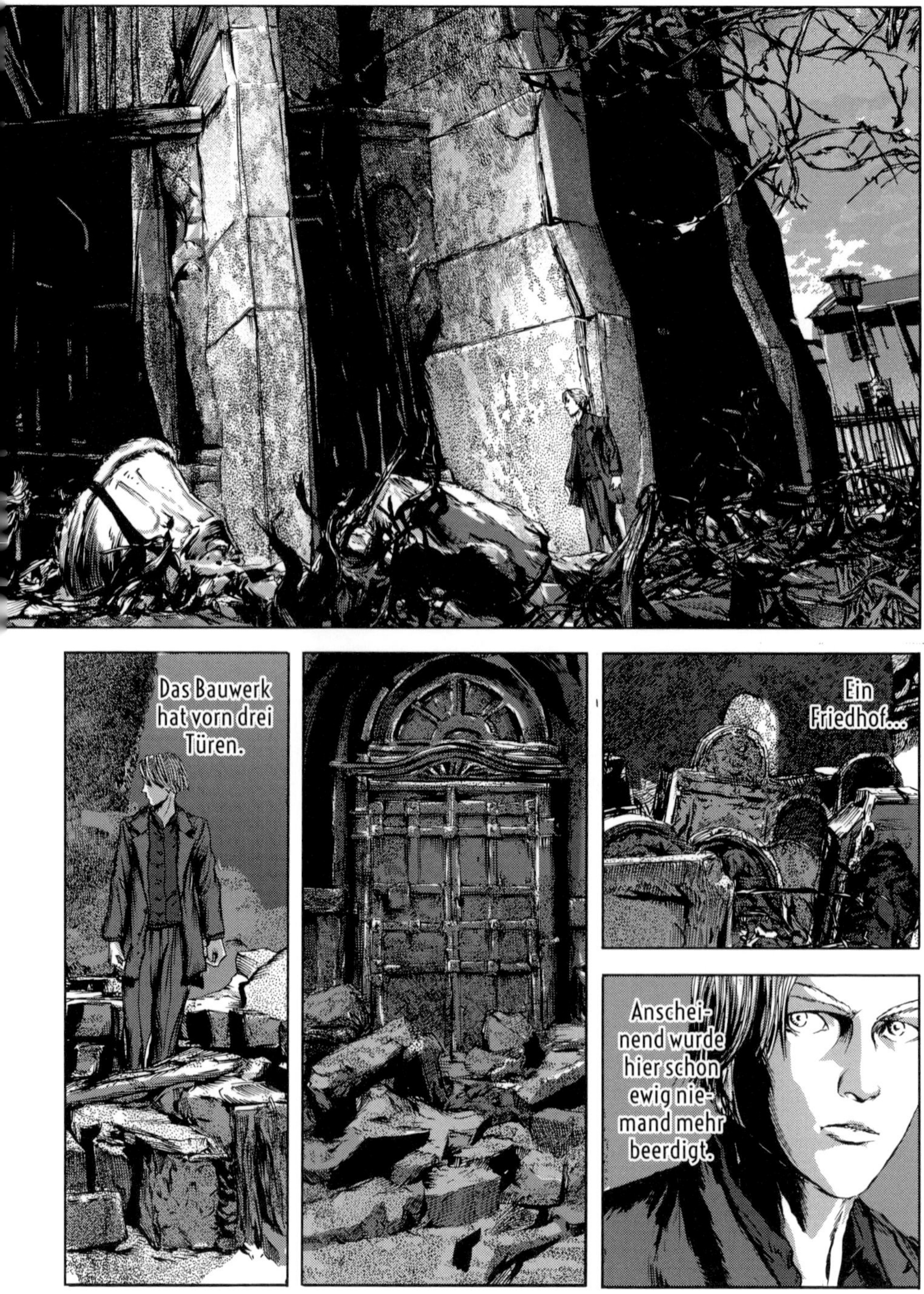
Ein Friedhof…
Anschei-nend wurde hier schon ewig nie-mand mehr beerdigt.
Das Bauwerk hat vorn drei Türen.

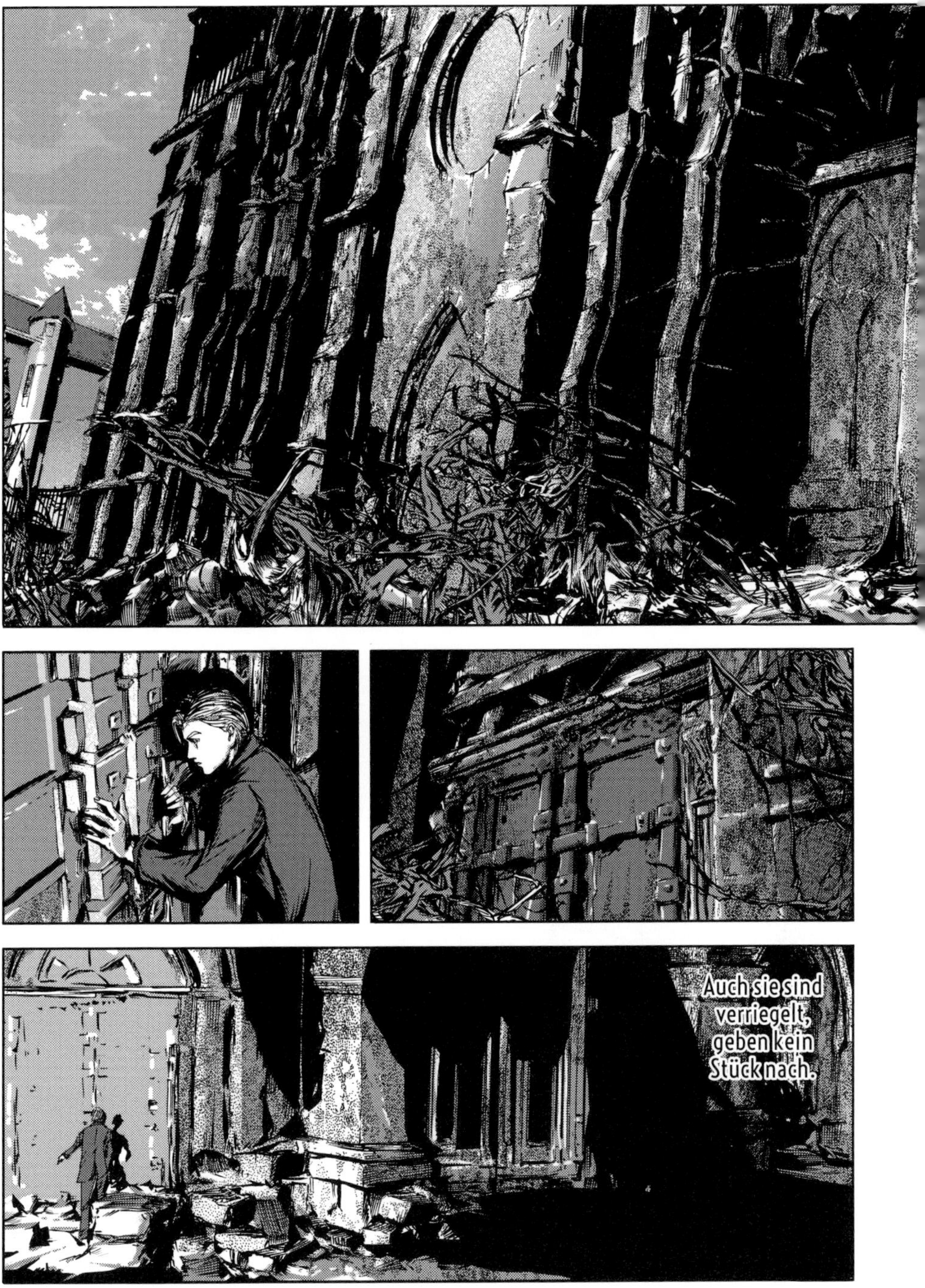
Auch sie sind
verriegelt,
geben kein
Stück nach.

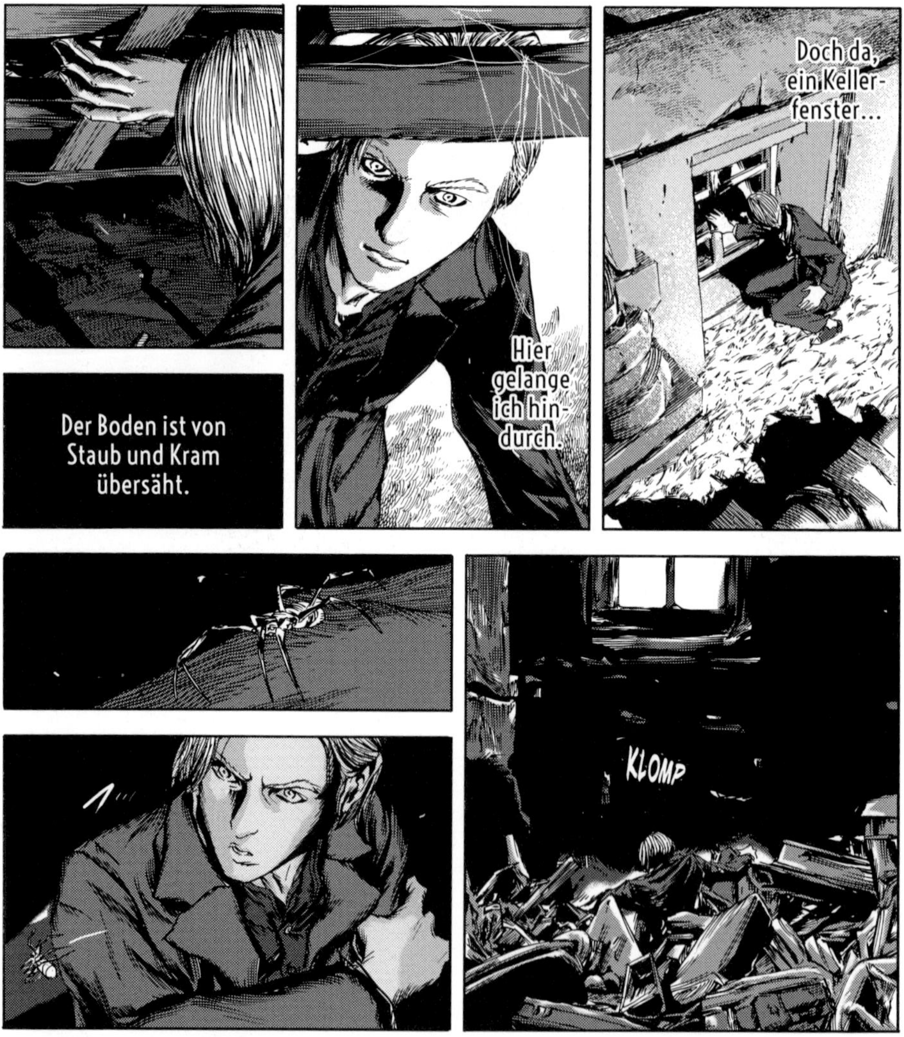
Doch da, ein Kellerfenster…
Hier gelange ich hindurch.
Der Boden ist von Staub und Kram übersäht.
KLOMP
Überbleibsel aus viktorianischer Zeit.
Wie lang ist hier schon kein Mensch mehr gewesen?

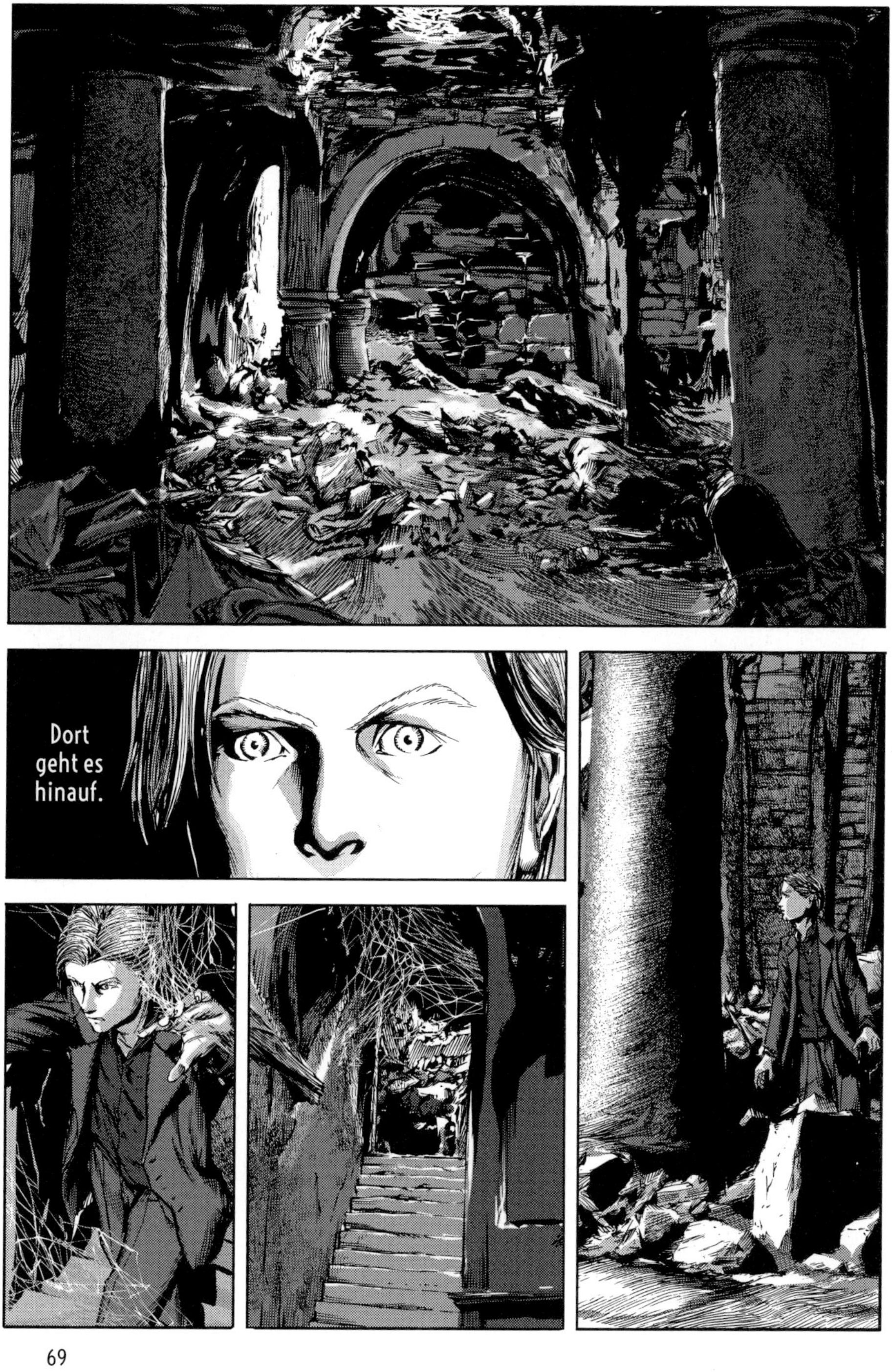
Dort geht es hinauf.

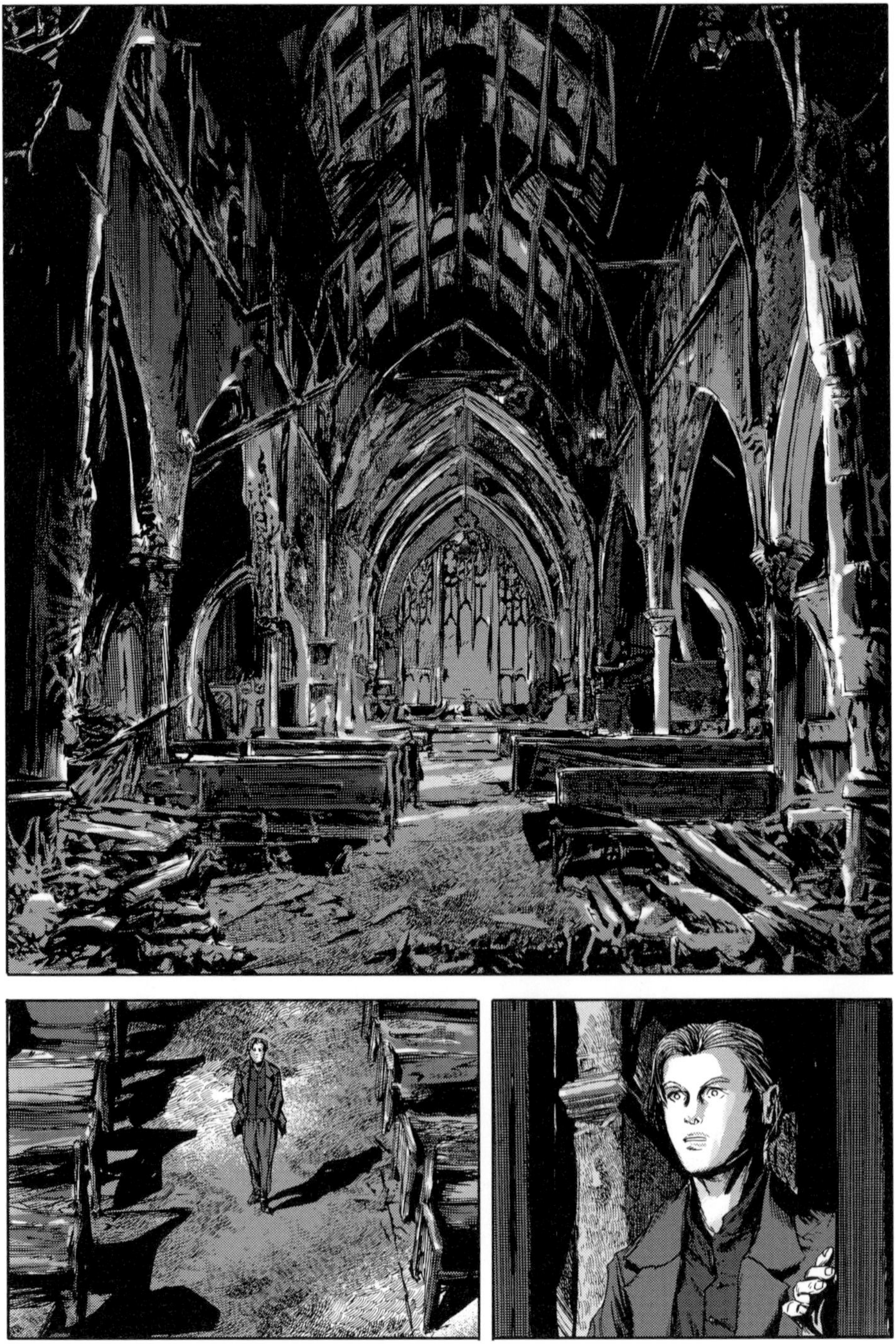

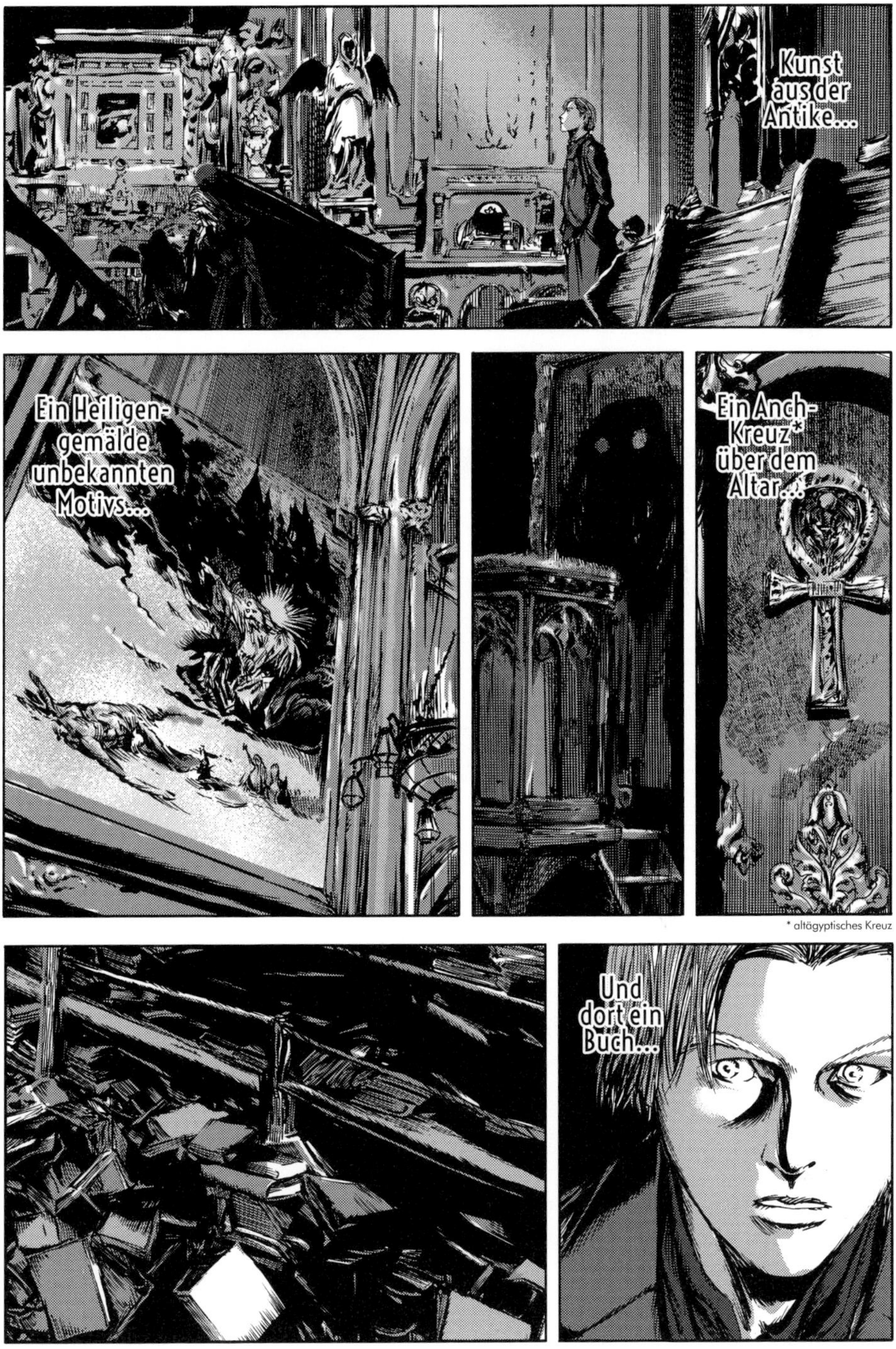

* altägyptisches Kreuz

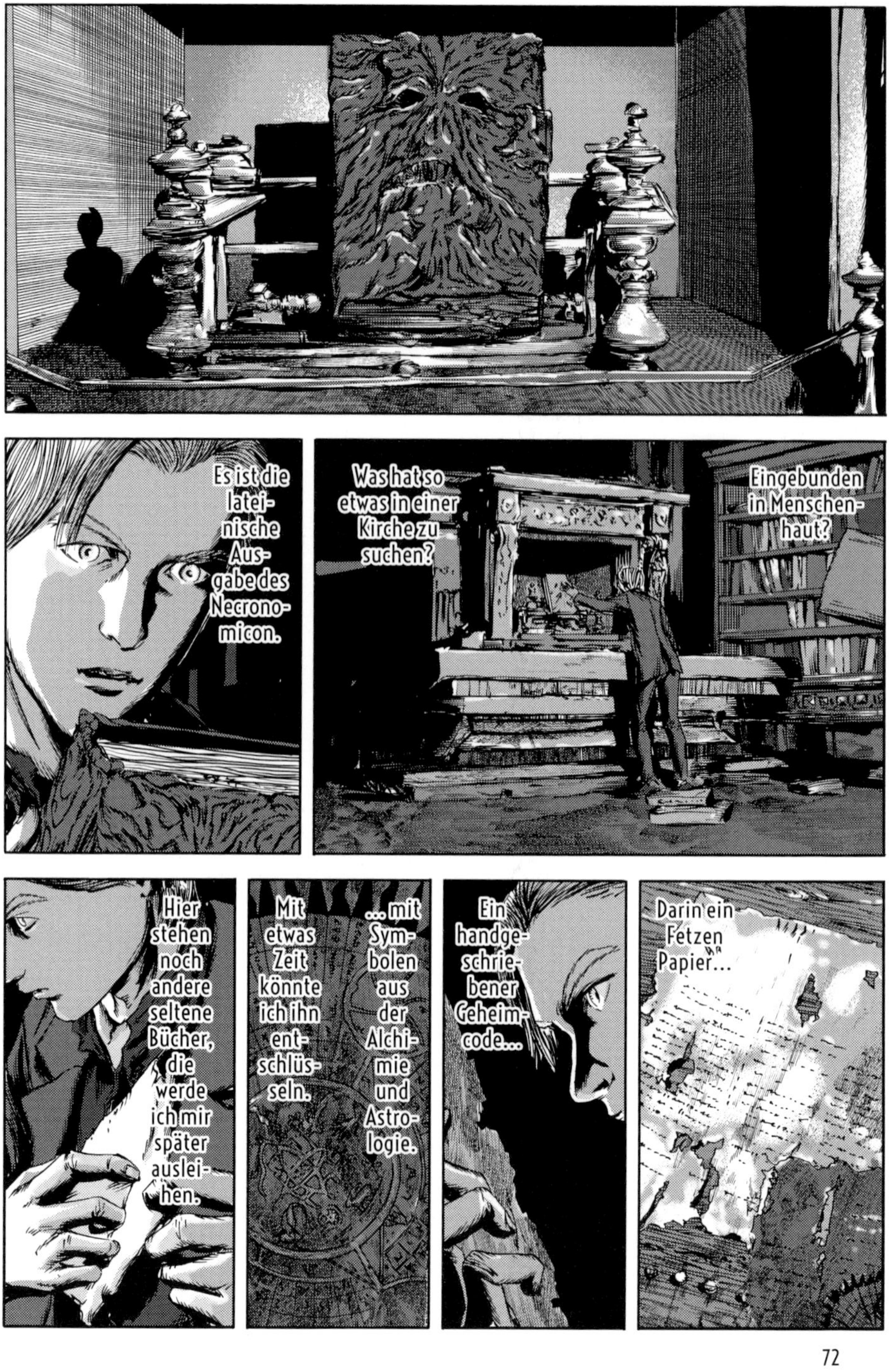
Es ist die lateinische Ausgabe des Necronomicon.
Was hat so etwas in einer Kirche zu suchen?
Eingebunden in Menschenhaut?
Hier stehen noch andere seltene Bücher, die werde ich mir später ausleihen.
Mit etwas Zeit könnte ich ihn entschlüsseln.
... mit Symbolen aus der Alchimie und Astrologie.
Ein handgeschriebener Geheimcode...
Darin ein Fetzen Papier...

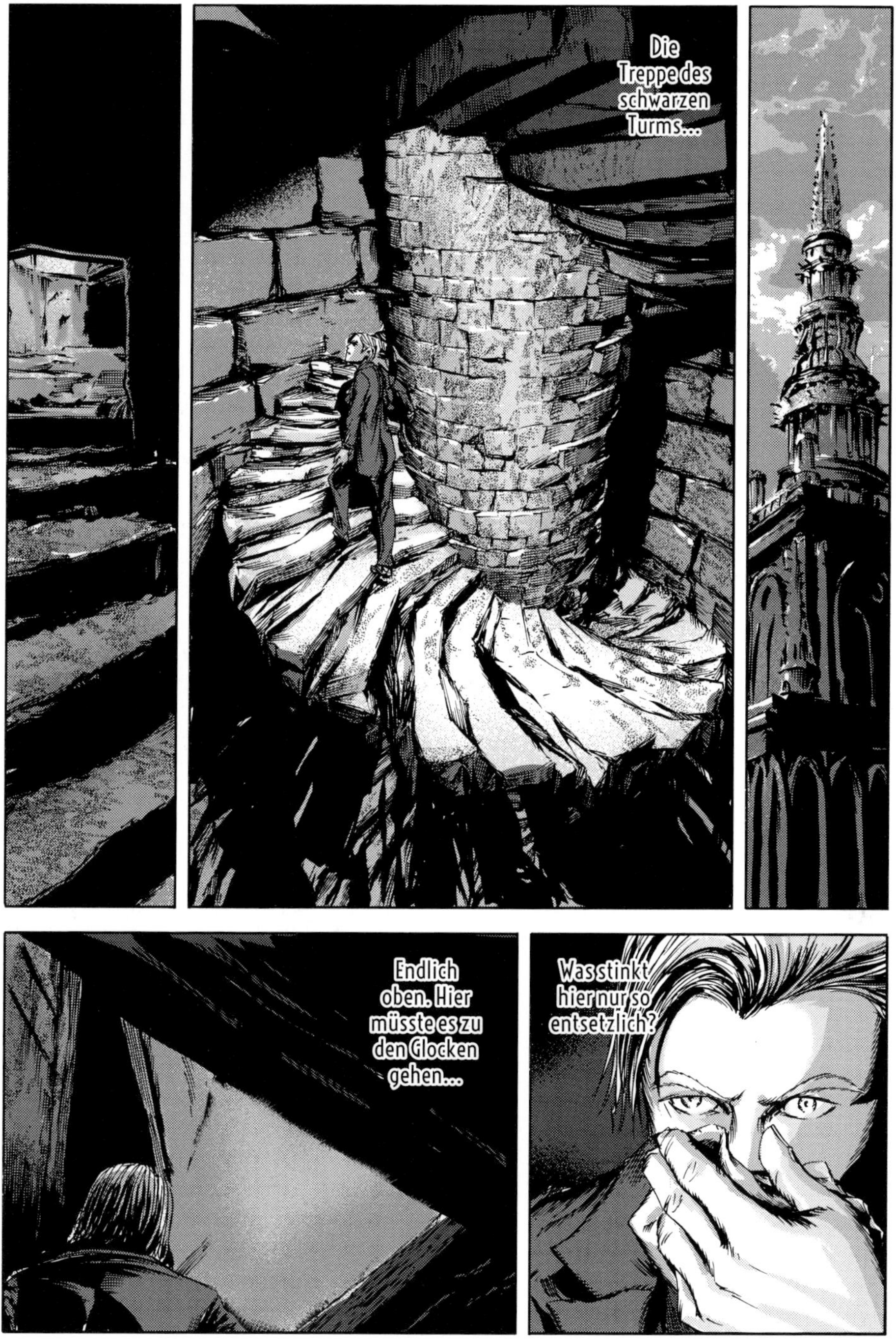
Die Treppe des schwarzen Turms...
Was stinkt hier nur so entsetzlich?
Endlich oben. Hier müsste es zu den Glocken gehen...

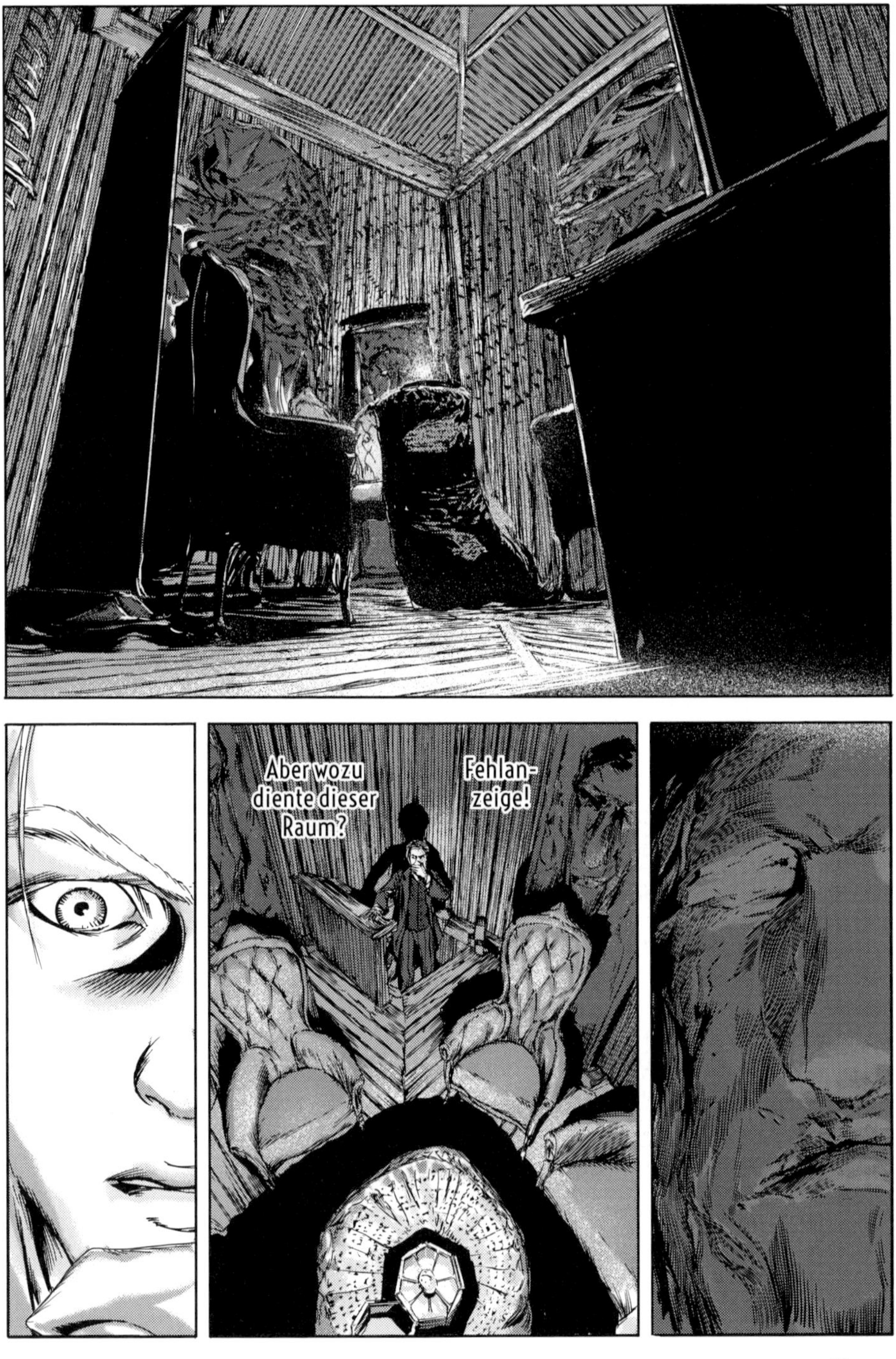
Fehlanzeige!
Aber wozu diente dieser Raum?

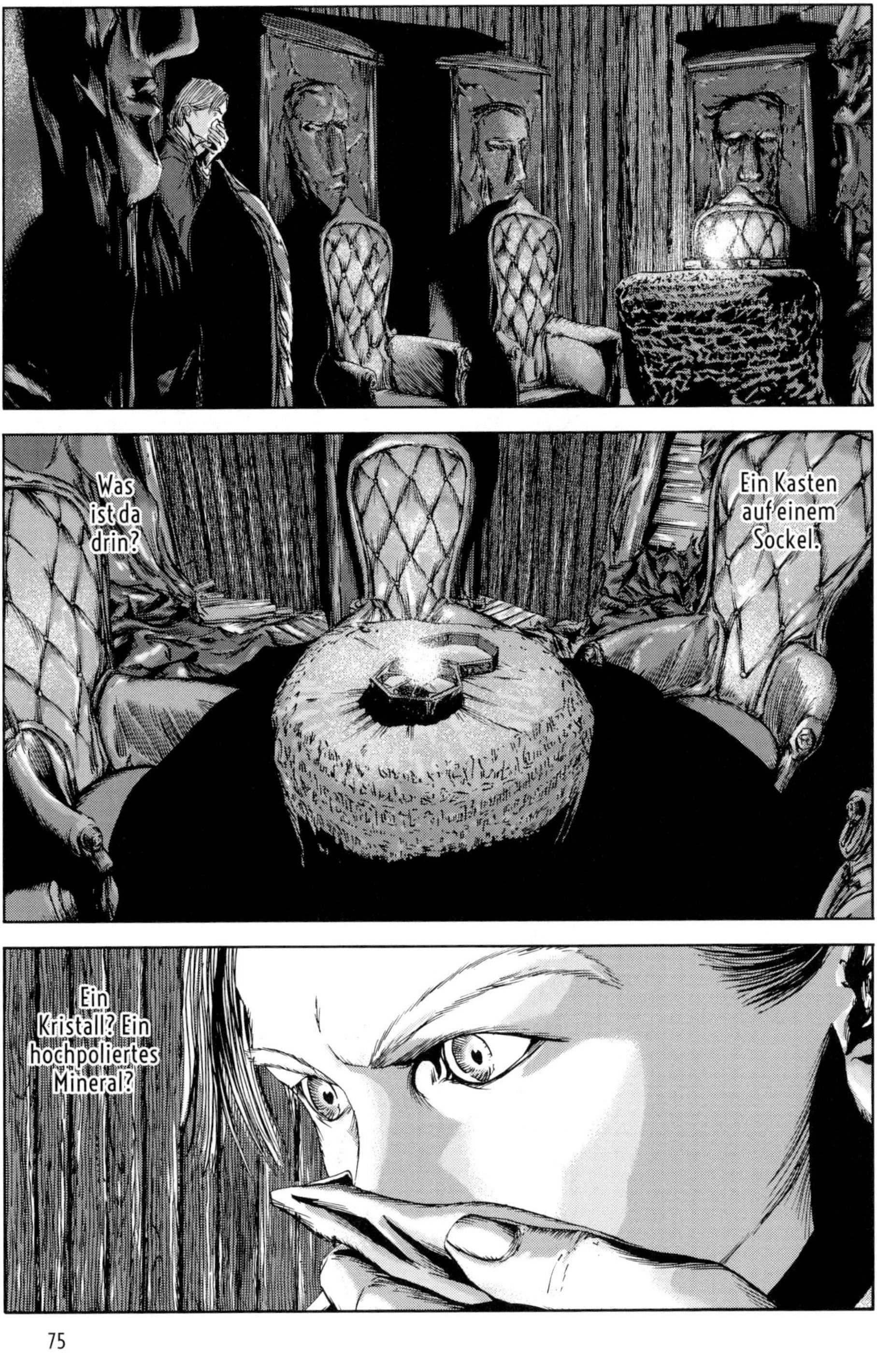

Ein Kasten auf einem Sockel.
Was ist da drin?
Ein Kristall? Ein hochpoliertes Mineral?

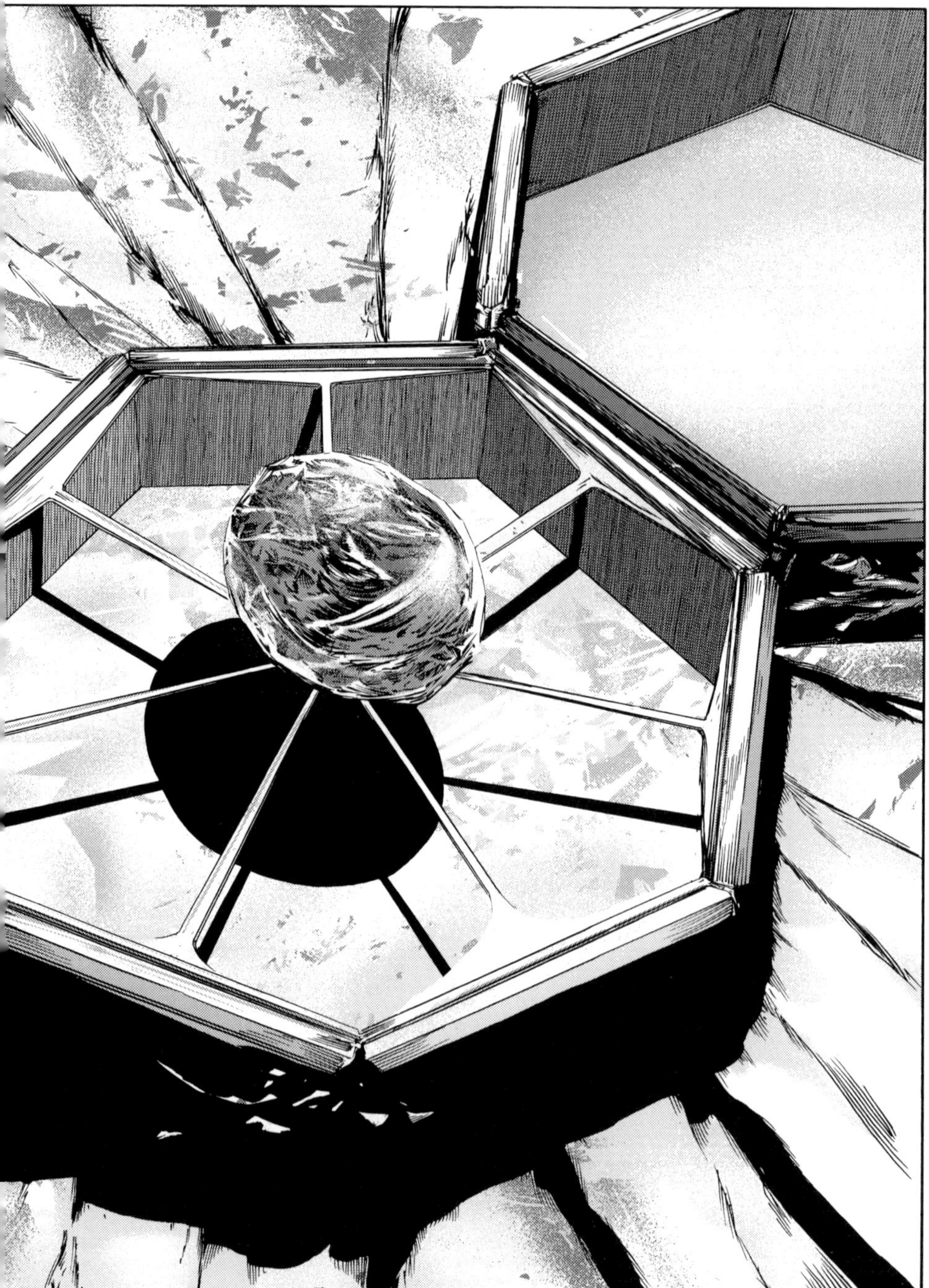

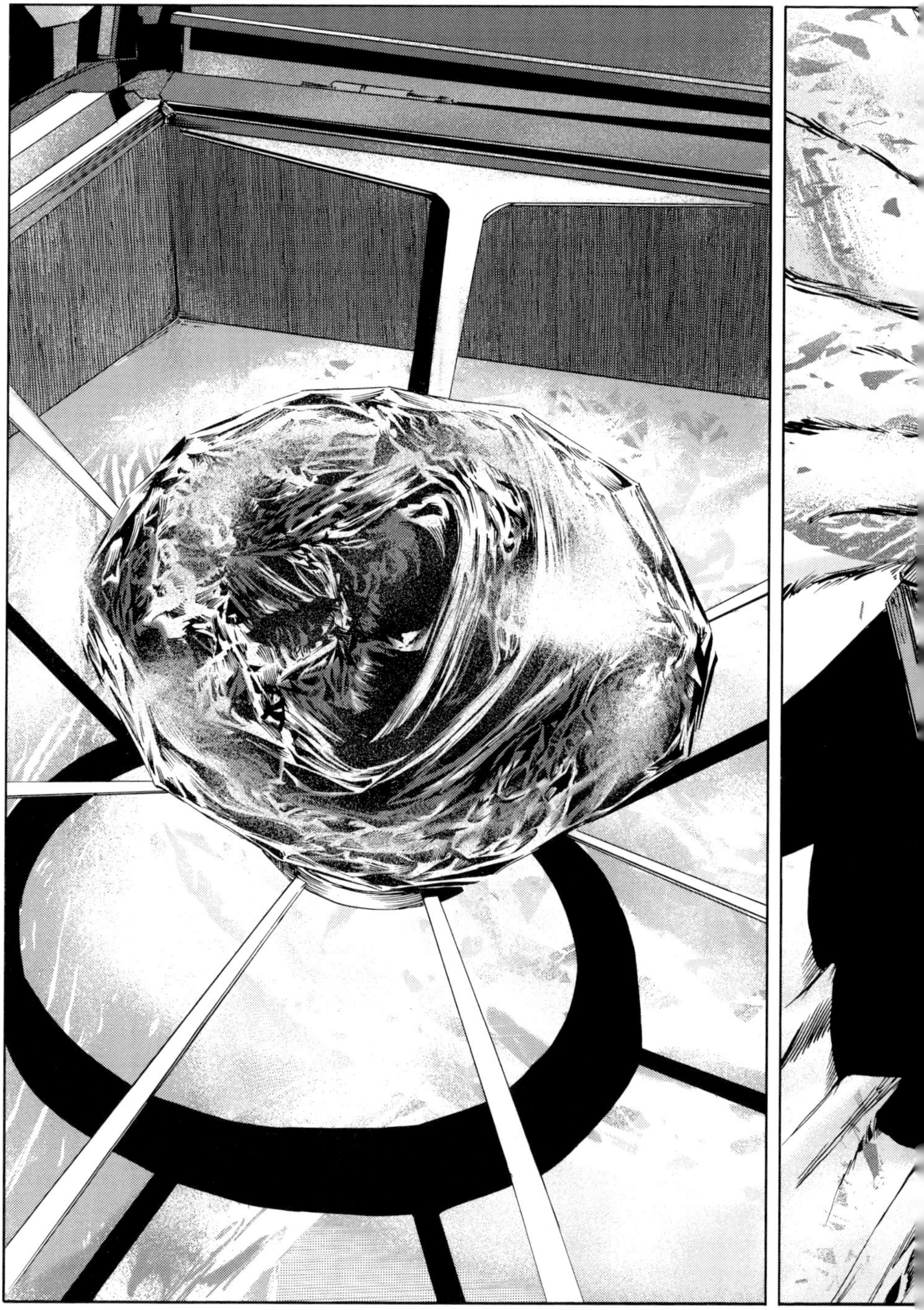

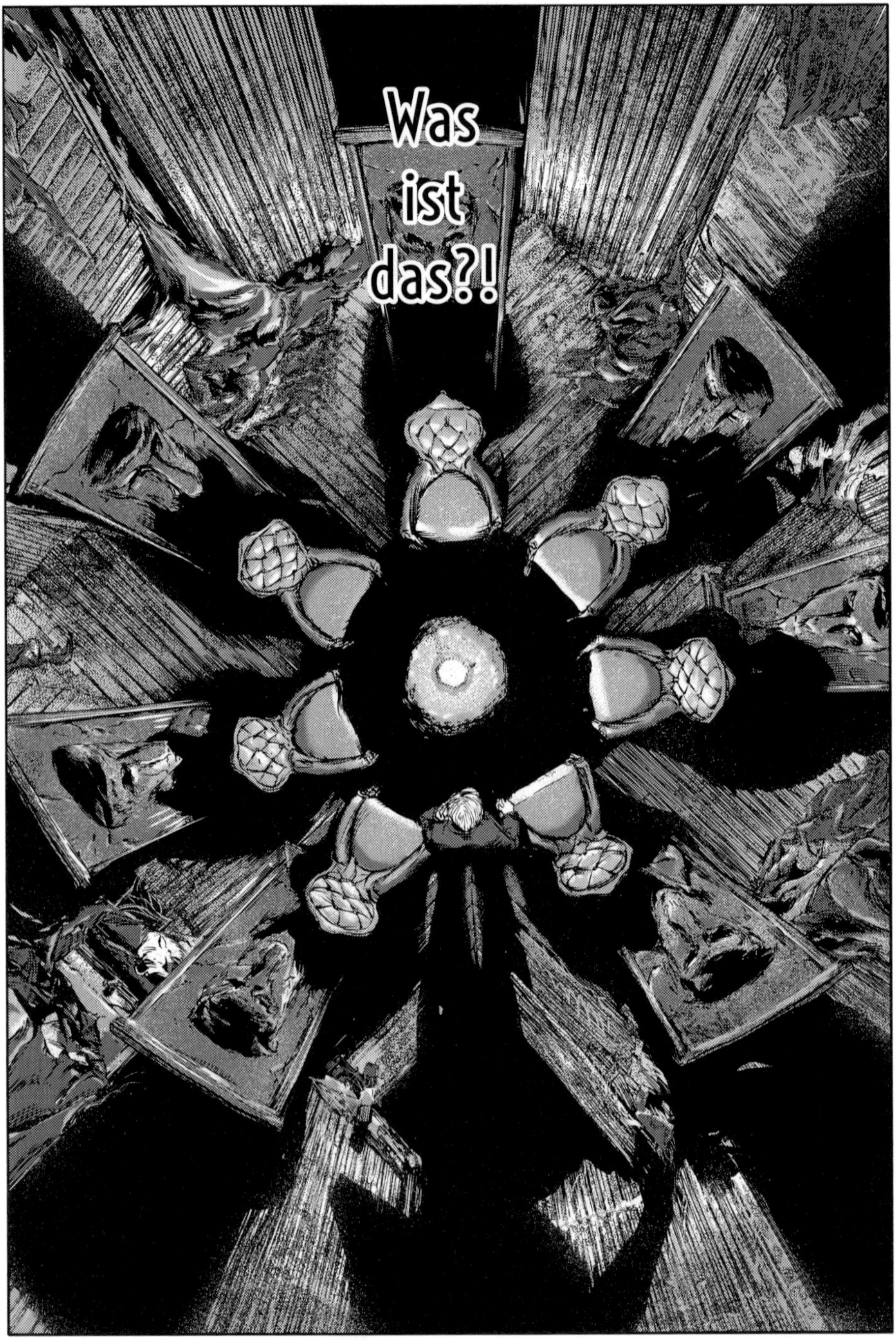
Was ist das?!

2 DER GEHEIMNISVOLLE STEIN

A Hidden Gem

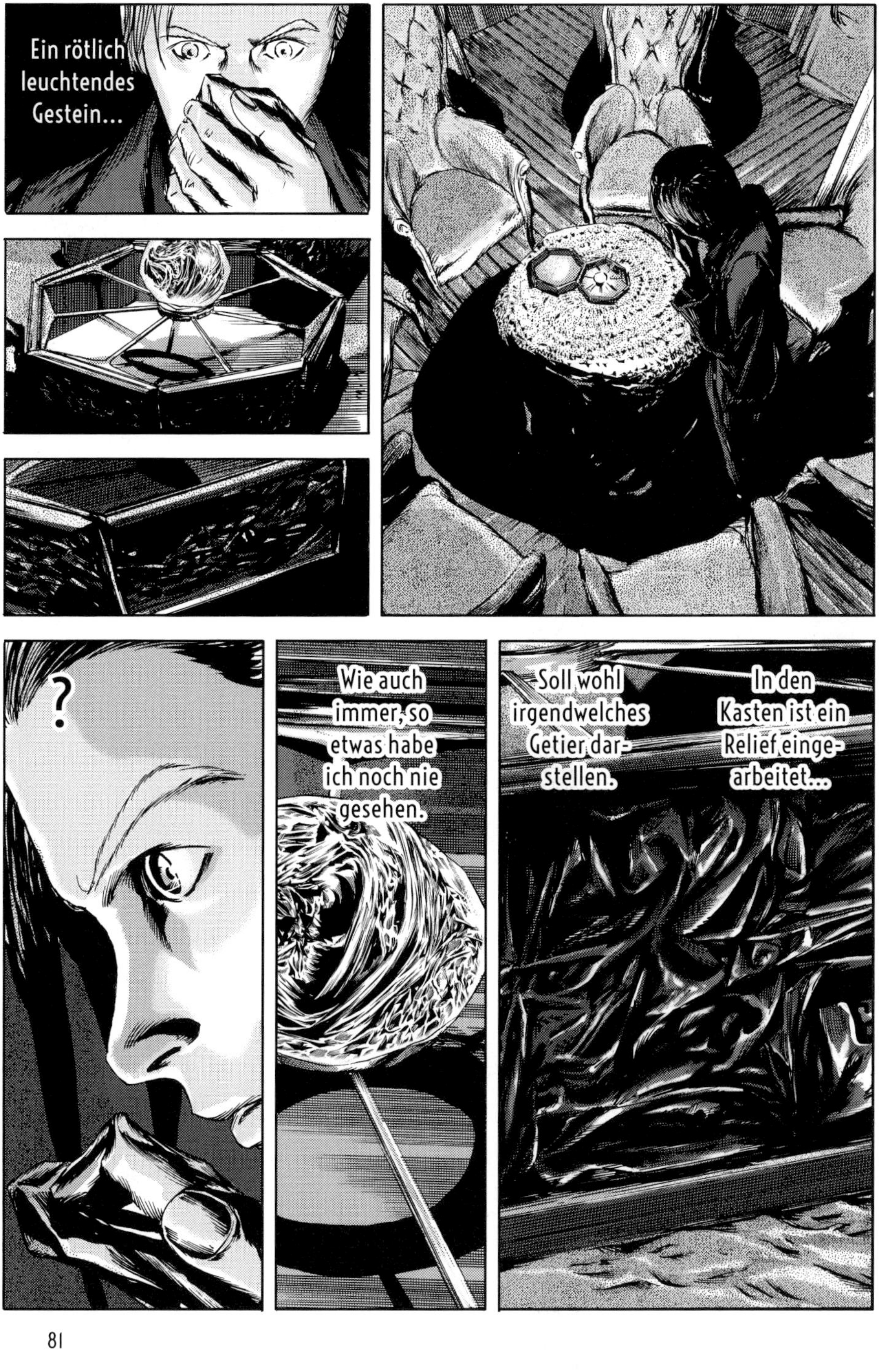
Ein rötlich leuchtendes Gestein…
In den Kasten ist ein Relief einge-arbeitet…
Soll wohl irgendwelches Getier dar-stellen.
Wie auch immer, so etwas habe ich noch nie gesehen.
?

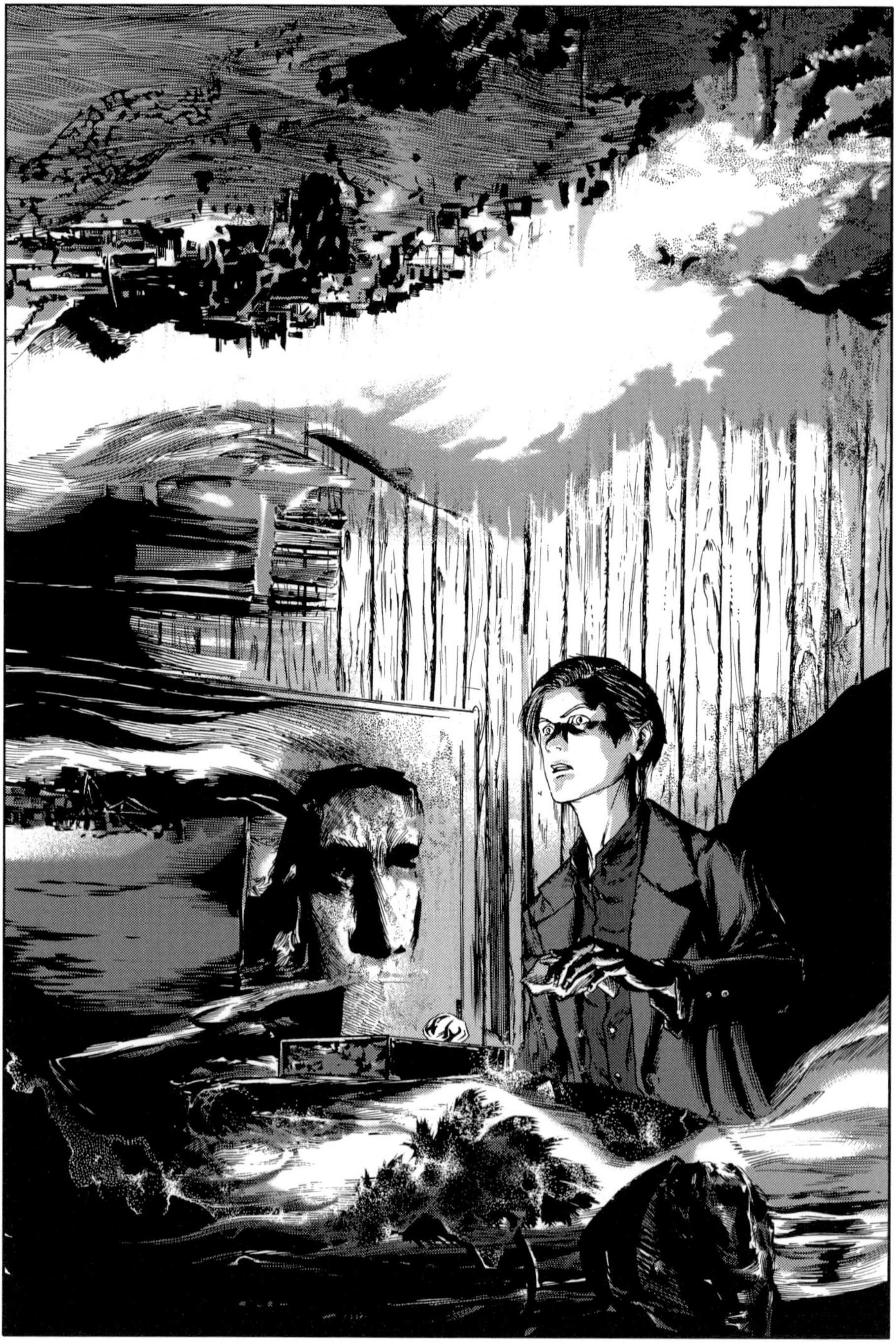

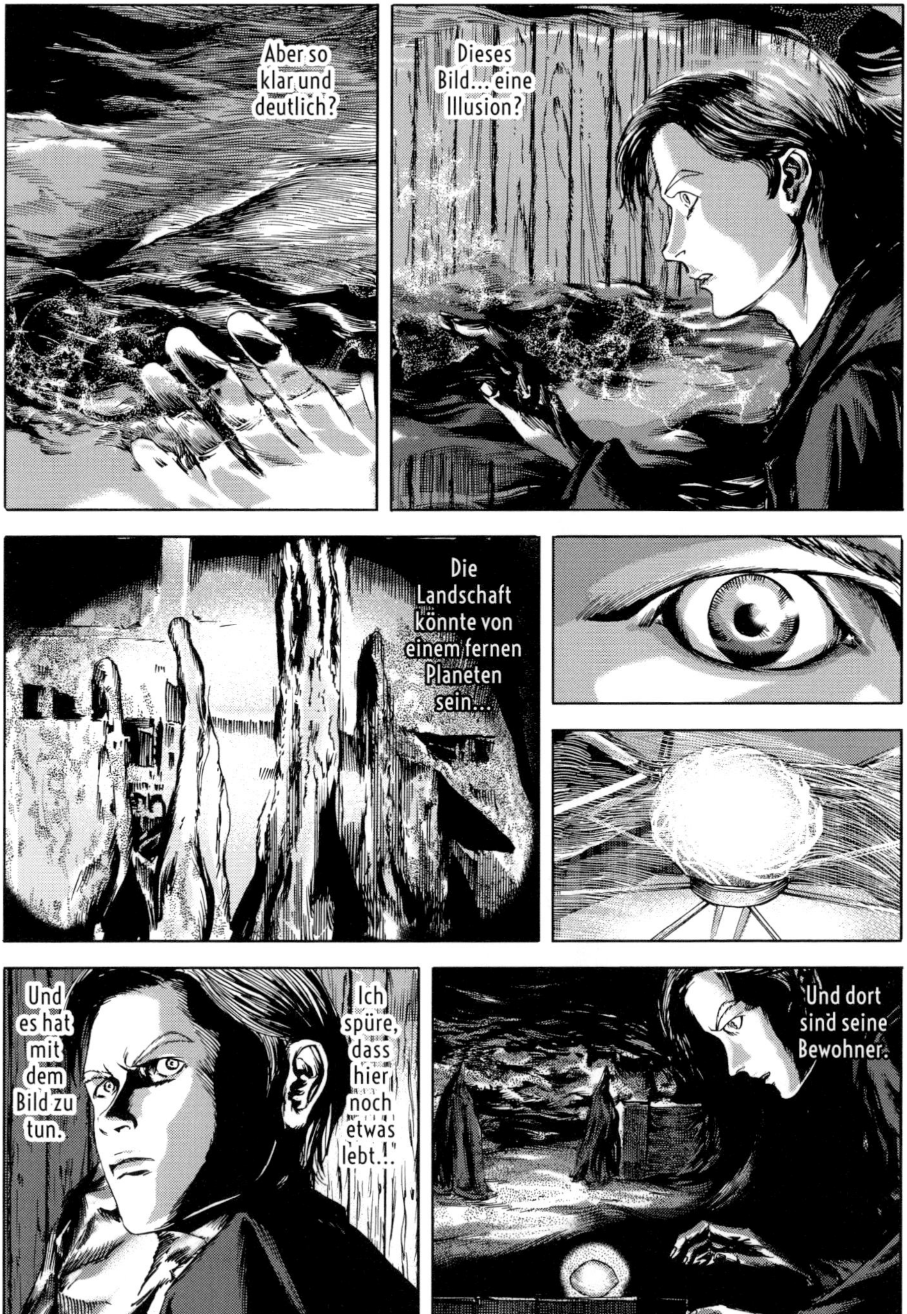
Dieses Bild... eine Illusion?
Aber so klar und deutlich?
Die Landschaft könnte von einem fernen Planeten sein...
Und dort sind seine Bewohner.
Ich spüre, dass hier noch etwas lebt...
Und es hat mit dem Bild zu tun.

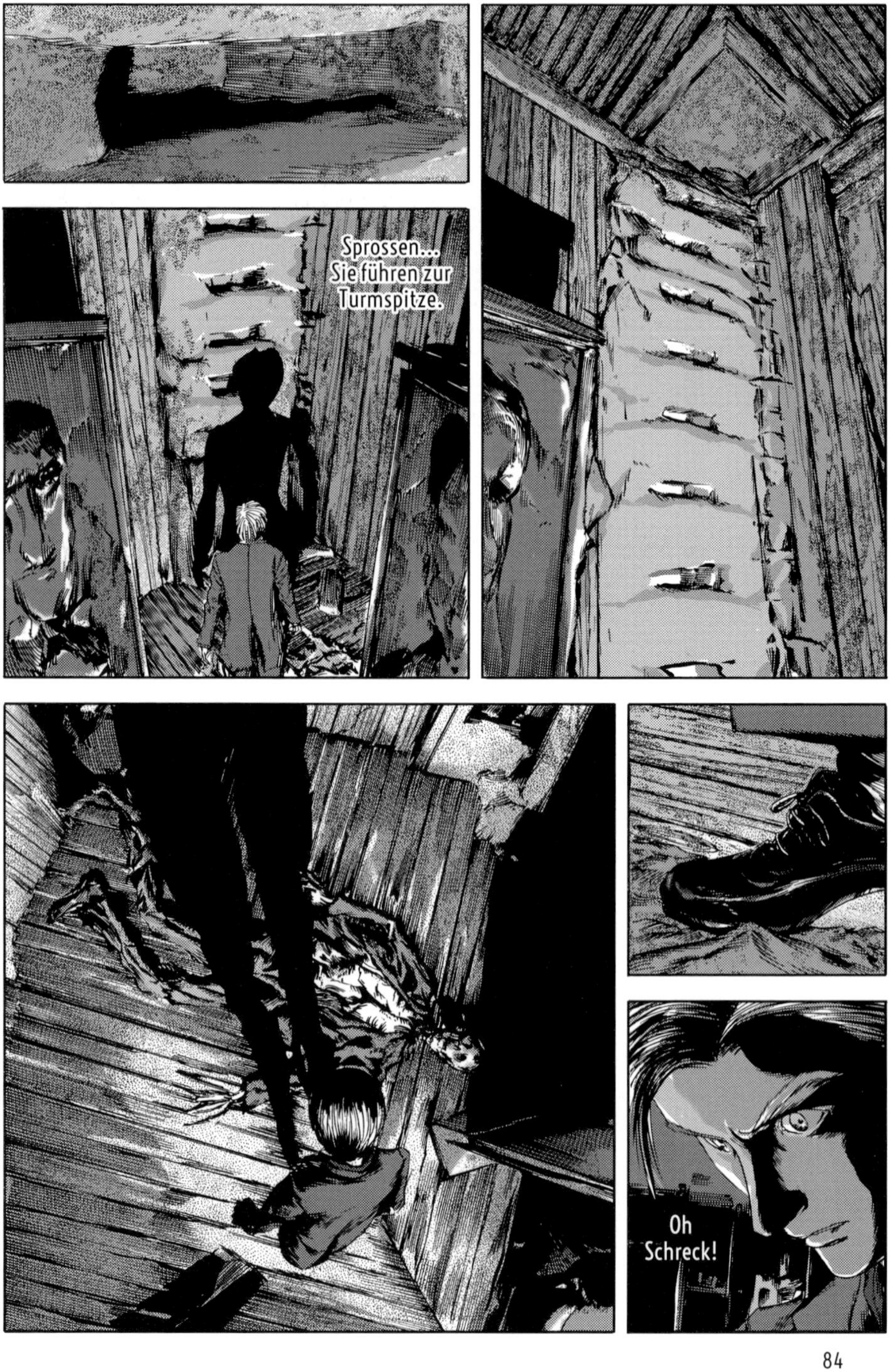
Sprossen… Sie führen zur Turmspitze.
Oh Schreck!

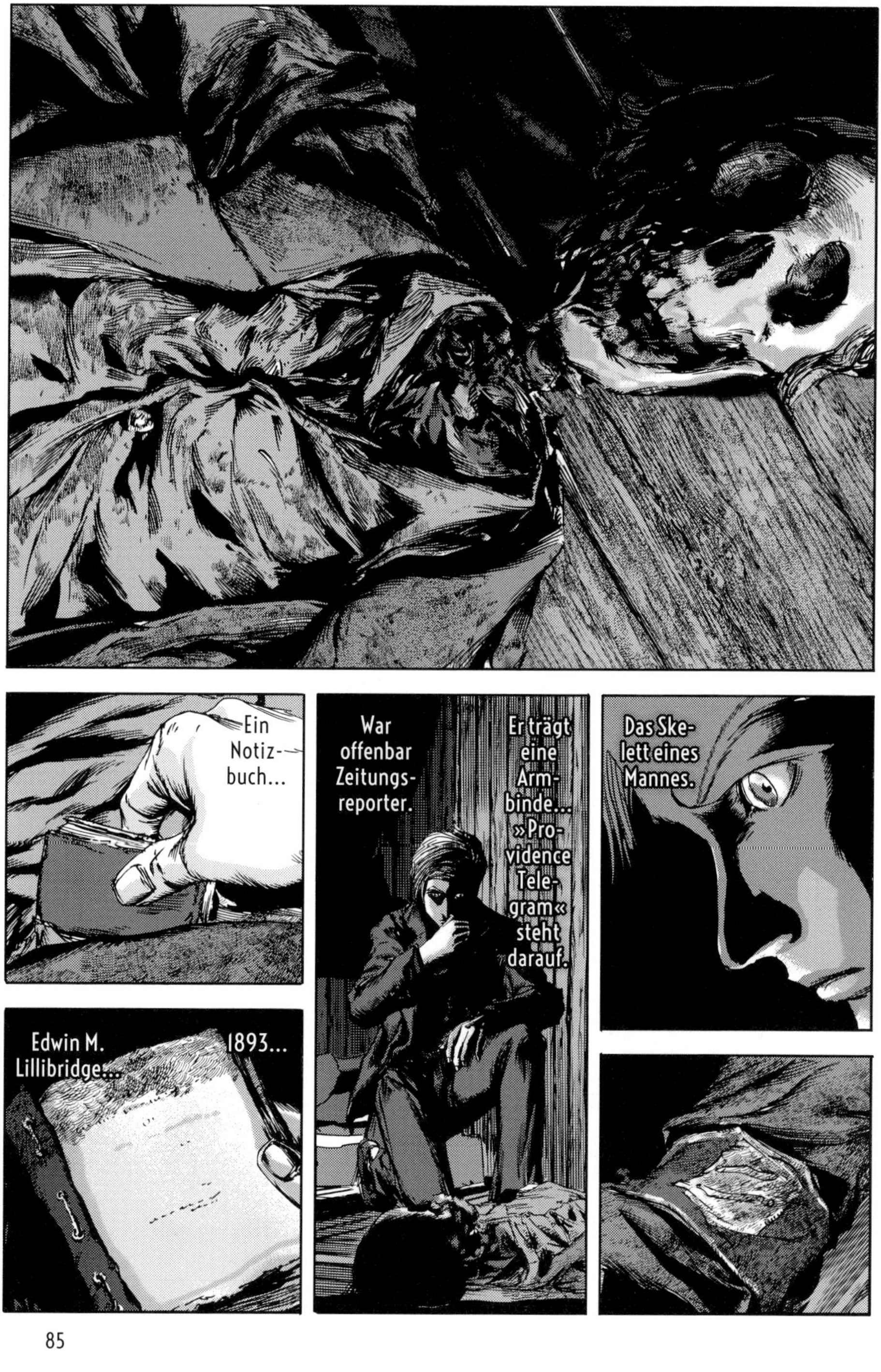
Das Skelett eines Mannes.
Er trägt eine Armbinde... »Providence Telegram« steht darauf.
War offenbar Zeitungsreporter.
Ein Notizbuch...
Edwin M. Lillibridge...
1893...

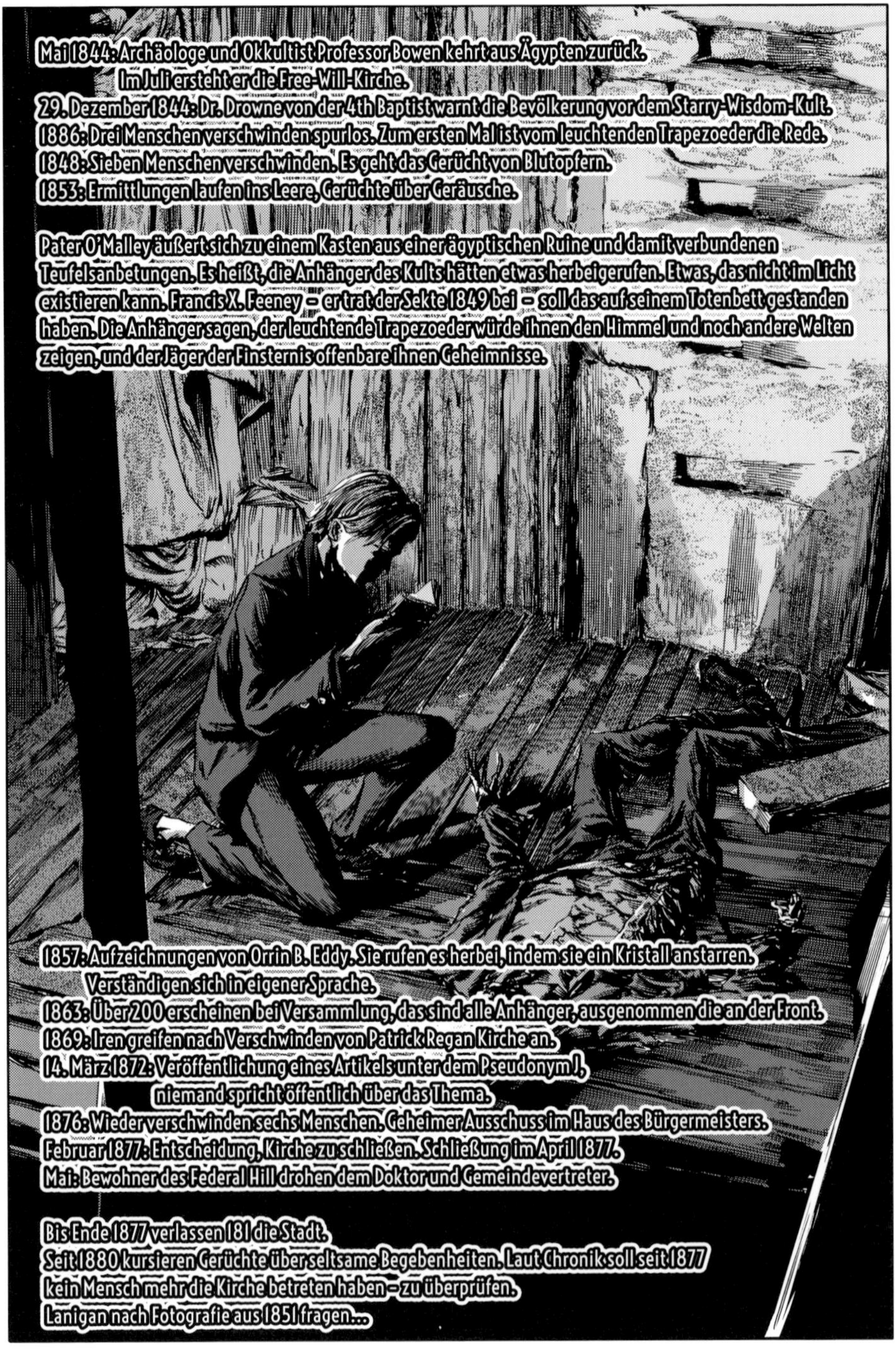
Mai 1844: Archäologe und Okkultist Professor Bowen kehrt aus Ägypten zurück.
Im Juli ersteht er die Free-Will-Kirche.
29. Dezember 1844: Dr. Drowne von der 4th Baptist warnt die Bevölkerung vor dem Starry-Wisdom-Kult.
1886: Drei Menschen verschwinden spurlos. Zum ersten Mal ist vom leuchtenden Trapezoeder die Rede.
1848: Sieben Menschen verschwinden. Es geht das Gerücht von Blutopfern.
1853: Ermittlungen laufen ins Leere, Gerüchte über Geräusche.
Pater O'Malley äußert sich zu einem Kasten aus einer ägyptischen Ruine und damit verbundenen Teufelsanbetungen. Es heißt, die Anhänger des Kults hätten etwas herbeigerufen. Etwas, das nicht im Licht existieren kann. Francis X. Feeney – er trat der Sekte 1849 bei – soll das auf seinem Totenbett gestanden haben. Die Anhänger sagen, der leuchtende Trapezoeder würde ihnen den Himmel und noch andere Welten zeigen, und der Jäger der Finsternis offenbare ihnen Geheimnisse.
1857: Aufzeichnungen von Orrin B. Eddy. Sie rufen es herbei, indem sie ein Kristall anstarren.
Verständigen sich in eigener Sprache.
1863: Über 200 erscheinen bei Versammlung, das sind alle Anhänger, ausgenommen die an der Front.
1869: Iren greifen nach Verschwinden von Patrick Regan Kirche an.
14. März 1872: Veröffentlichung eines Artikels unter dem Pseudonym J,
niemand spricht öffentlich über das Thema.
1876: Wieder verschwinden sechs Menschen. Geheimer Ausschuss im Haus des Bürgermeisters.
Februar 1877: Entscheidung, Kirche zu schließen. Schließung im April 1877.
Mai: Bewohner des Federal Hill drohen dem Doktor und Gemeindevertreter.
Bis Ende 1877 verlassen 181 die Stadt.
Seit 1880 kursieren Gerüchte über seltsame Begebenheiten. Laut Chronik soll seit 1877 kein Mensch mehr die Kirche betreten haben – zu überprüfen.
Lanigan nach Fotografie aus 1851 fragen…

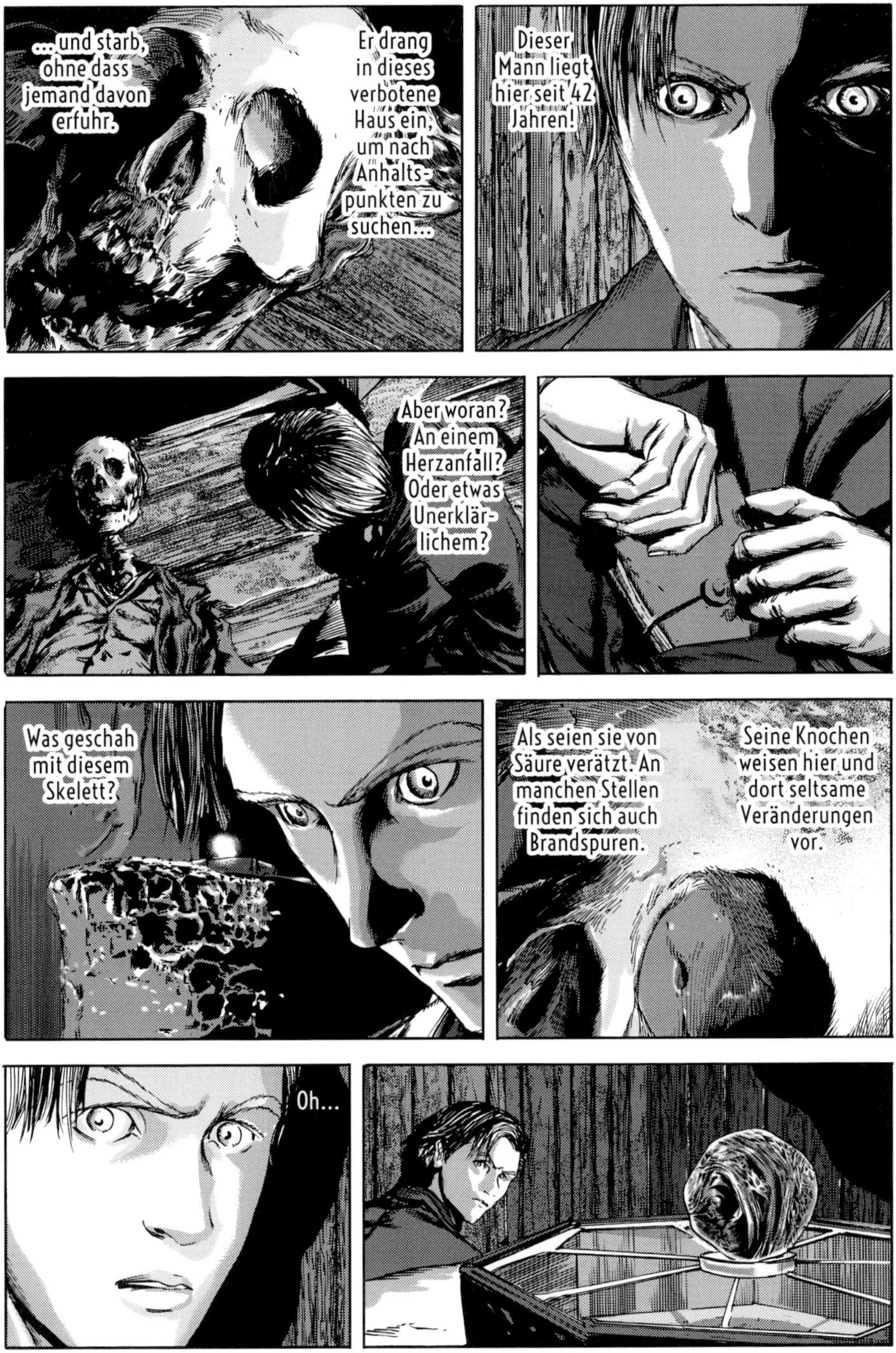
Dieser Mann liegt hier seit 42 Jahren!
Er drang in dieses verbotene Haus ein, um nach Anhalts-punkten zu suchen...
... und starb, ohne dass jemand davon erfuhr.
Aber woran? An einem Herzanfall? Oder etwas Unerklär-lichem?
Seine Knochen weisen hier und dort seltsame Veränderungen vor.
Als seien sie von Säure verätzt. An manchen Stellen finden sich auch Brandspuren.
Was geschah mit diesem Skelett?
Oh...

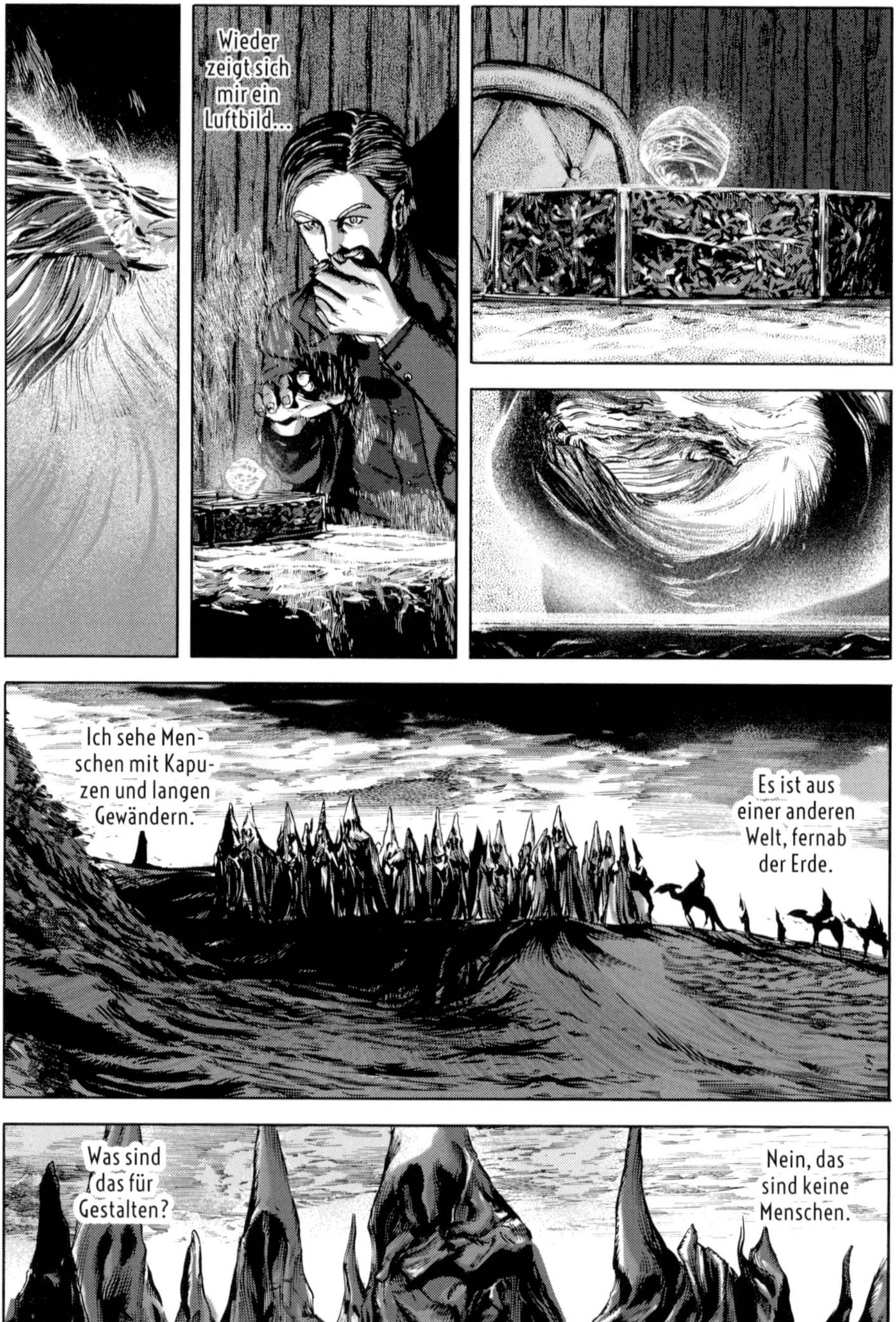
Wieder zeigt sich mir ein Luftbild...
Ich sehe Menschen mit Kapuzen und langen Gewändern.
Es ist aus einer anderen Welt, fernab der Erde.
Was sind das für Gestalten?
Nein, das sind keine Menschen.

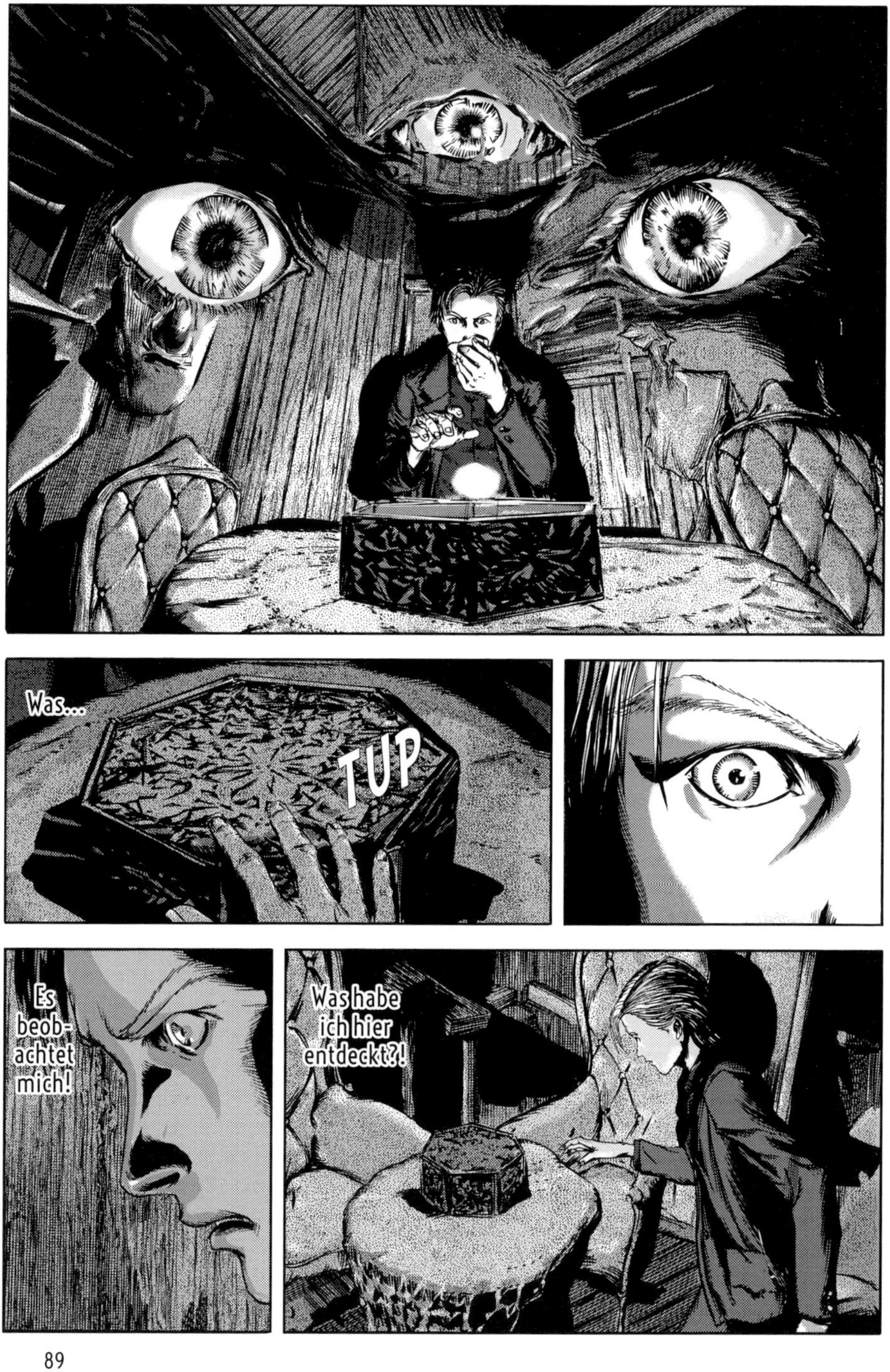
Was...
TUP
Es beob-achtet mich!
Was habe ich hier entdeckt?!

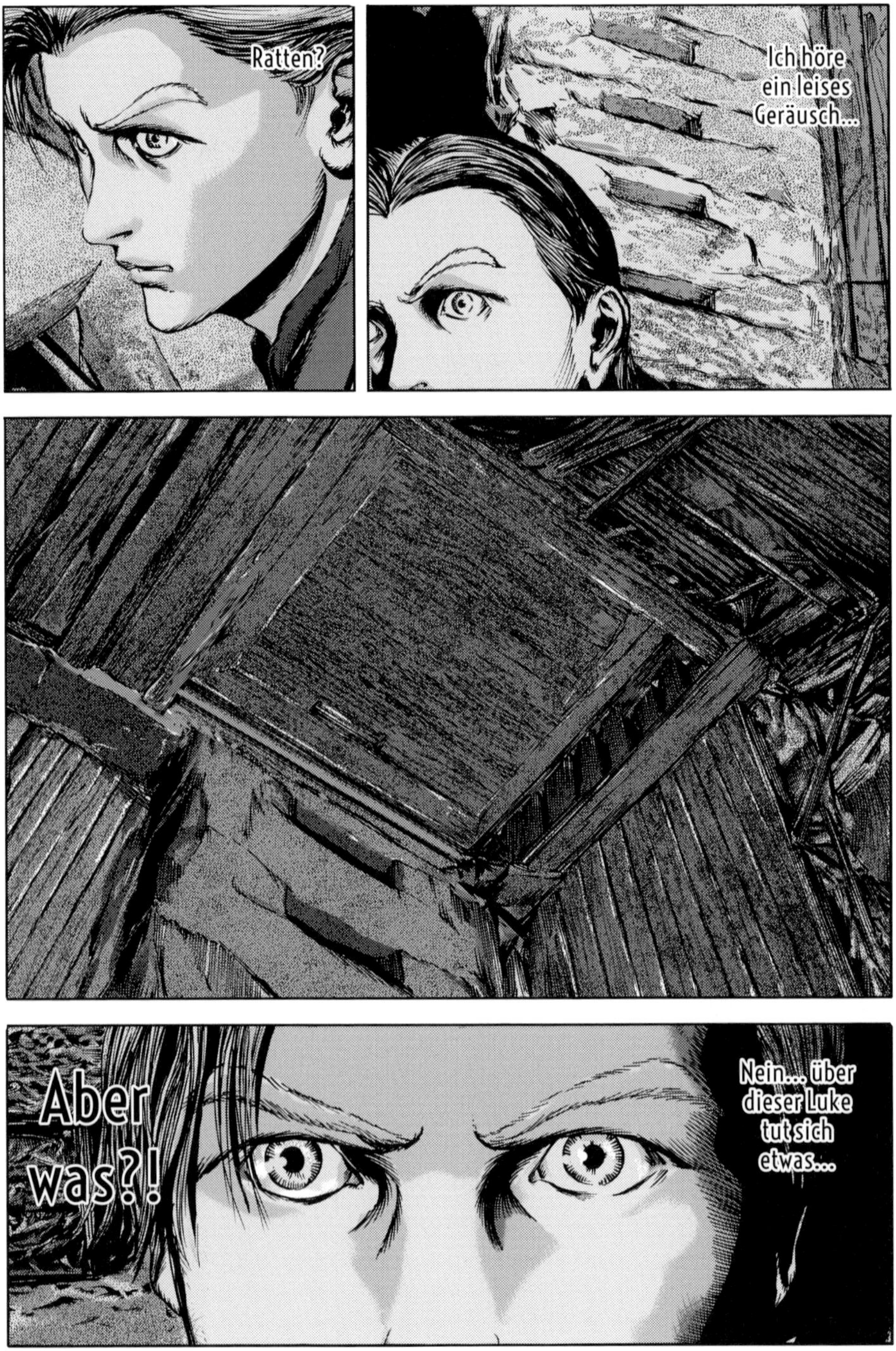
Ich höre ein leises Geräusch...
Ratten?
Nein... über dieser Luke tut sich etwas...
Aber was?!

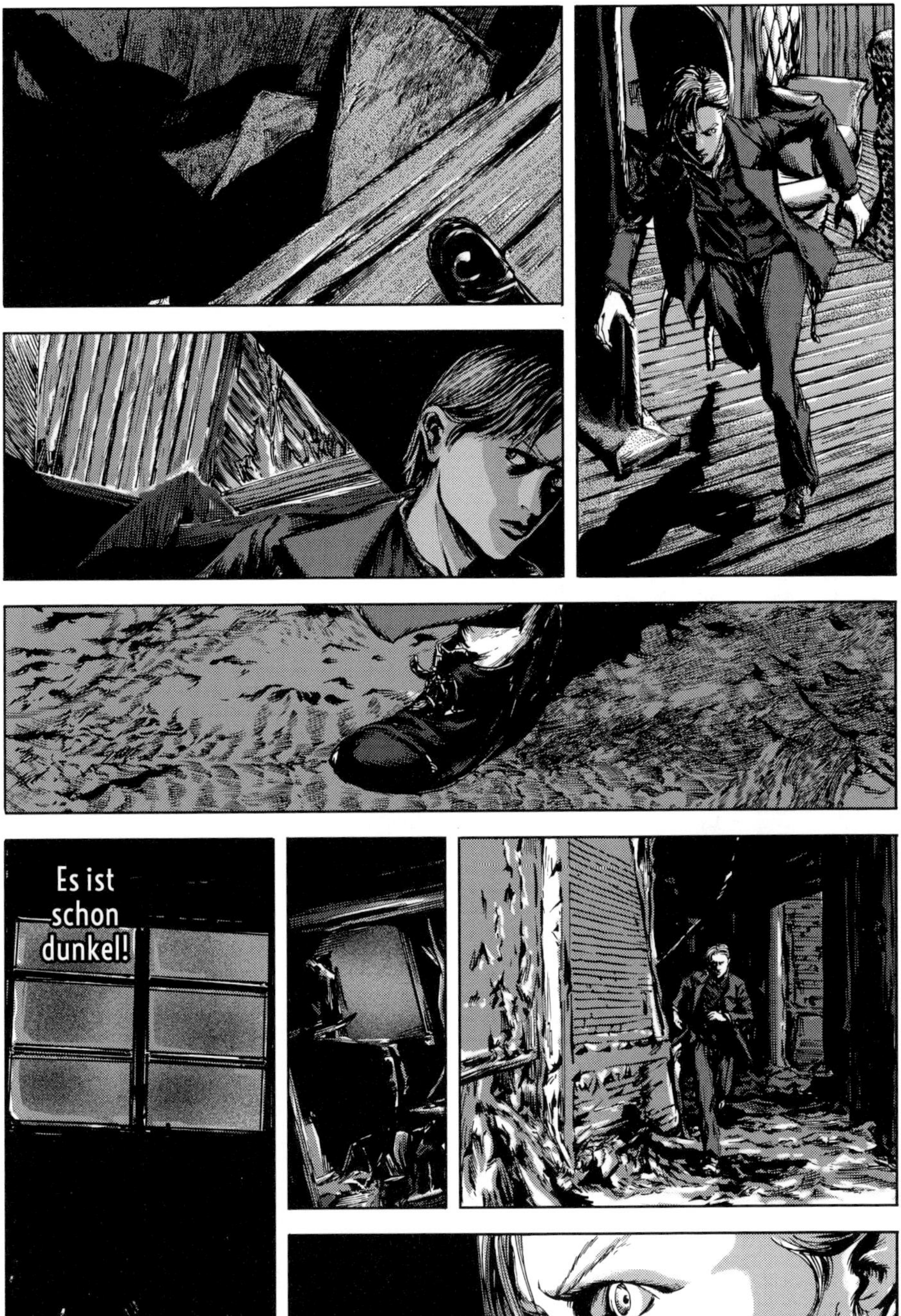
Es ist schon dunkel!

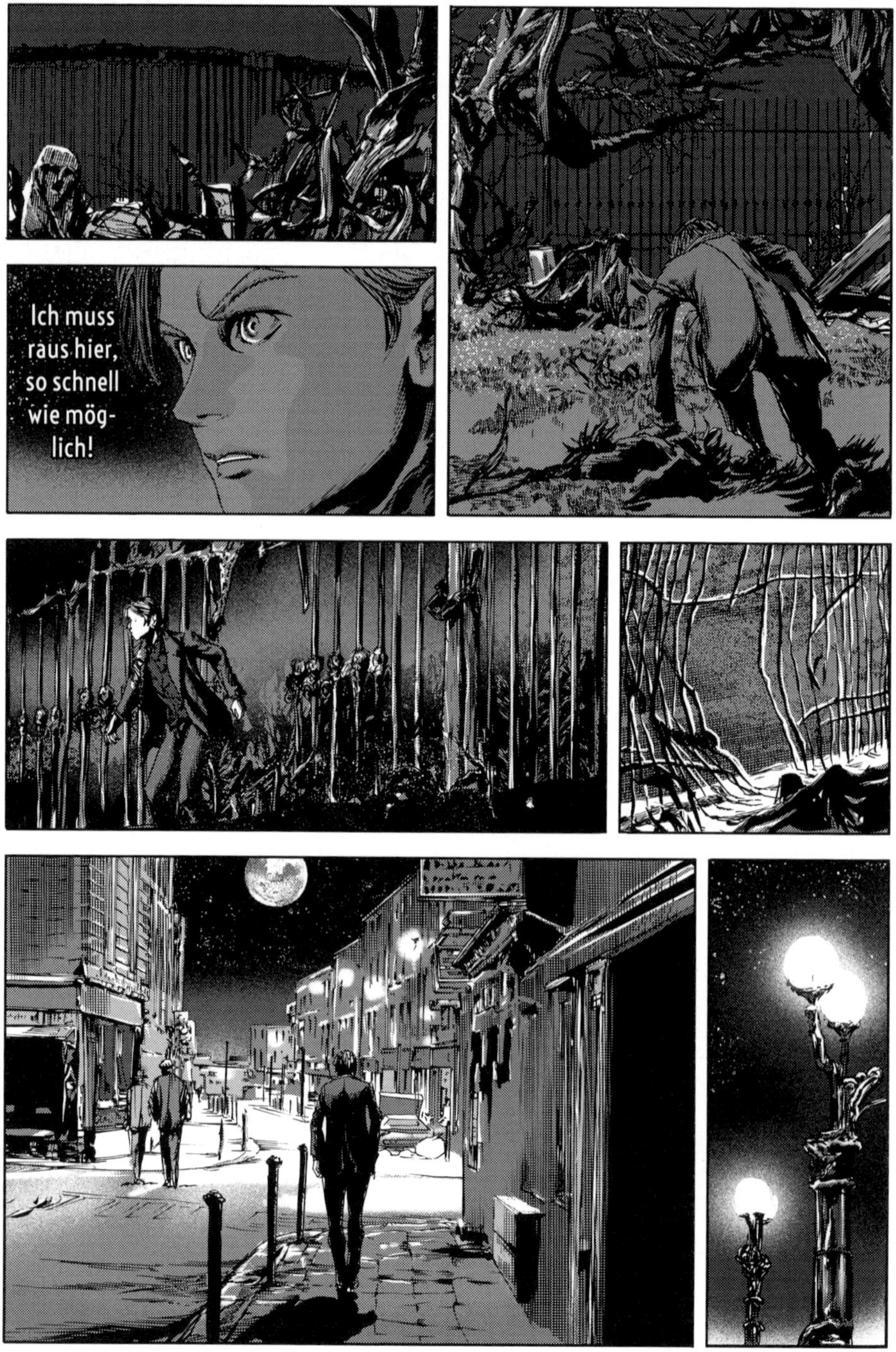
Ich muss raus hier, so schnell wie mög-lich!

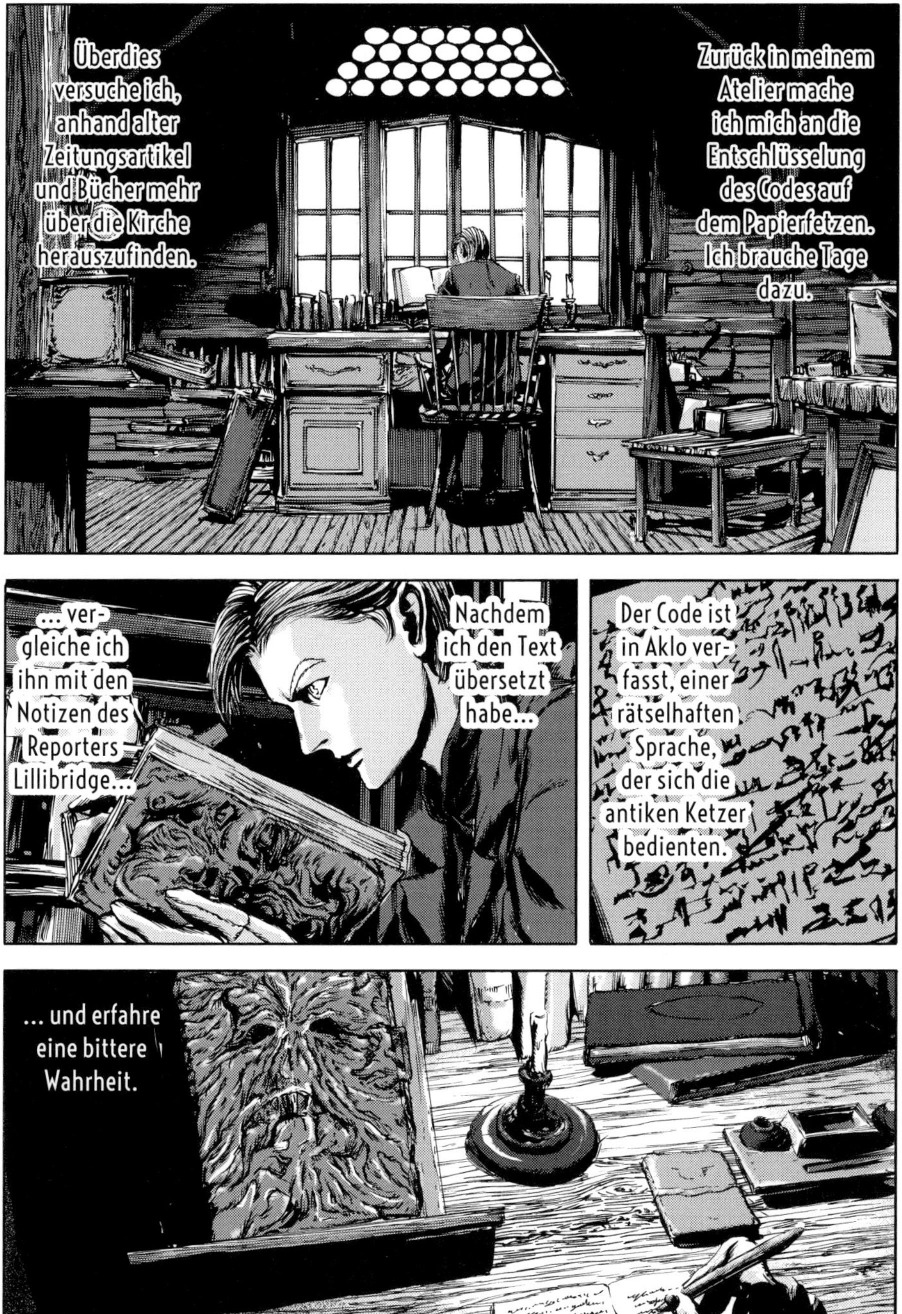
Überdies versuche ich, anhand alter Zeitungsartikel und Bücher mehr über die Kirche herauszufinden.
Zurück in meinem Atelier mache ich mich an die Entschlüsselung des Codes auf dem Papierfetzen. Ich brauche Tage dazu.
Nachdem ich den Text übersetzt habe…
… vergleiche ich ihn mit den Notizen des Reporters Lillibridge…
Der Code ist in Aklo verfasst, einer rätselhaften Sprache, der sich die antiken Ketzer bedienten.
… und erfahre eine bittere Wahrheit.

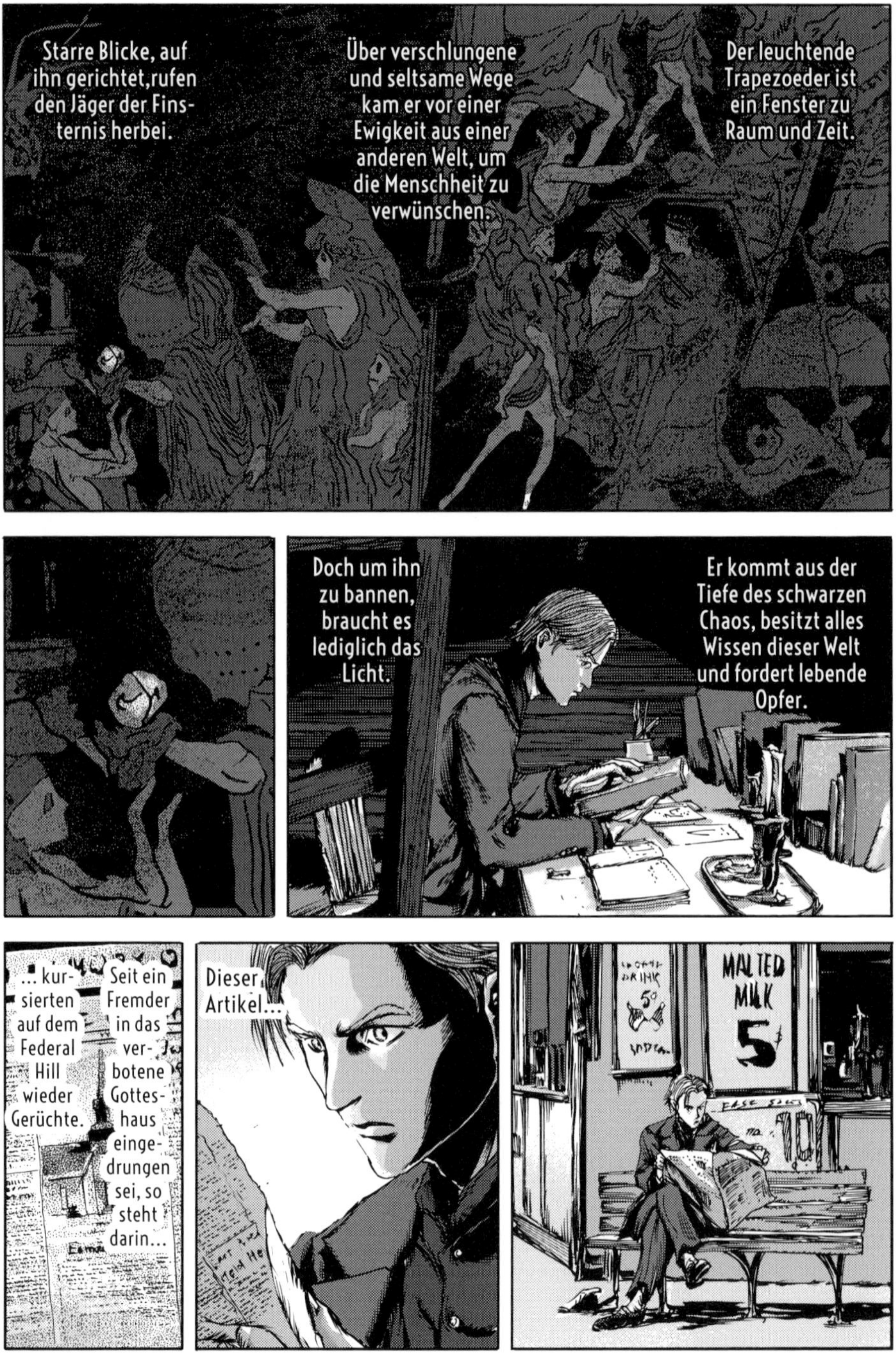

Der leuchtende Trapezoeder ist ein Fenster zu Raum und Zeit.
Über verschlungene und seltsame Wege kam er vor einer Ewigkeit aus einer anderen Welt, um die Menschheit zu verwünschen.
Starre Blicke, auf ihn gerichtet,rufen den Jäger der Finsternis herbei.
Er kommt aus der Tiefe des schwarzen Chaos, besitzt alles Wissen dieser Welt und fordert lebende Opfer.
Doch um ihn zu bannen, braucht es lediglich das Licht.
MALTED MILK 5¢
Dieser Artikel...
Seit ein Fremder in das verbotene Gotteshaus eingedrungen sei, so steht darin...
... kursierten auf dem Federal Hill wieder Gerüchte.

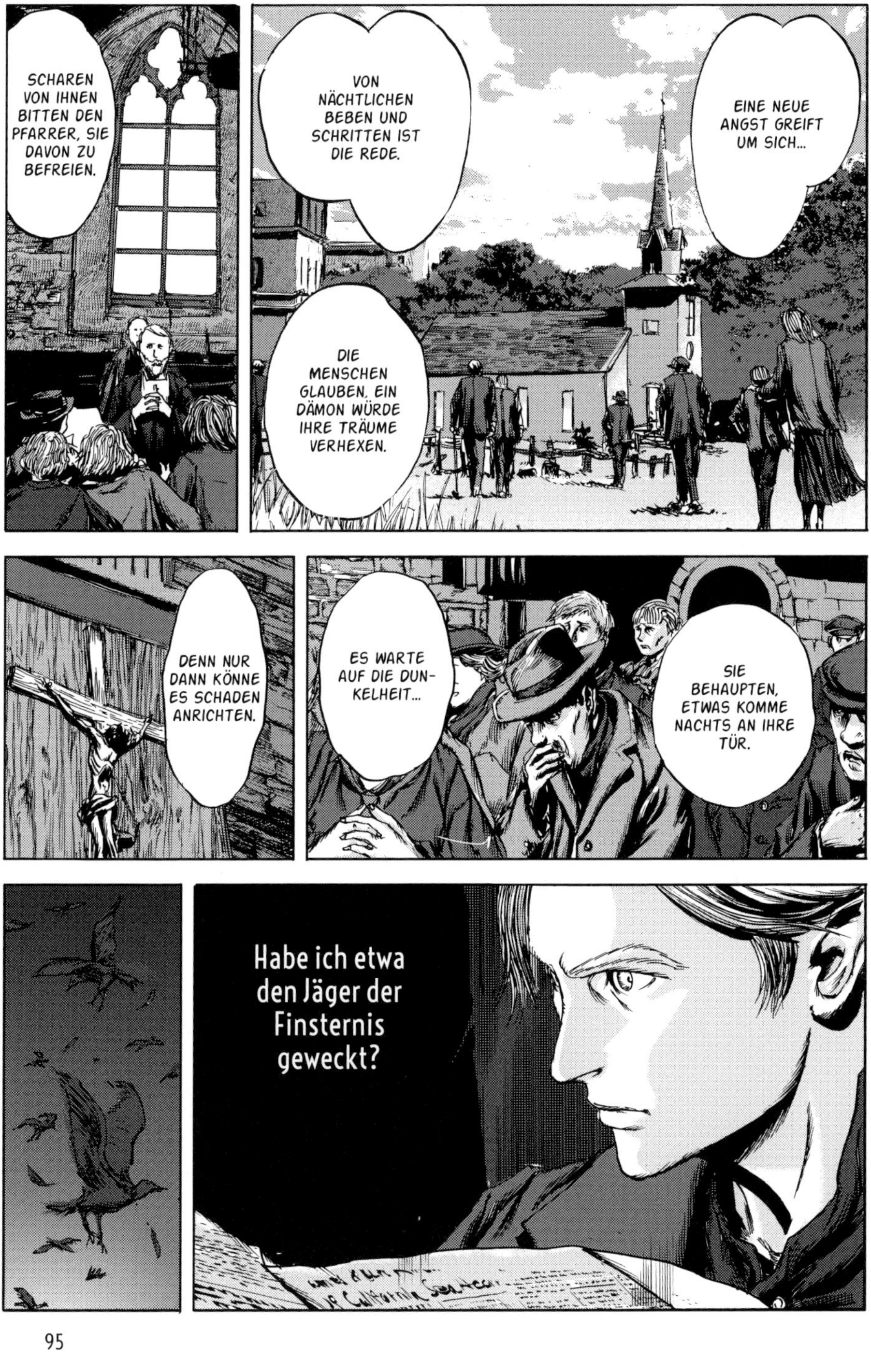
SCHAREN VON IHNEN BITTEN DEN PFARRER, SIE DAVON ZU BEFREIEN.
VON NÄCHTLICHEN BEBEN UND SCHRITTEN IST DIE REDE.
EINE NEUE ANGST GREIFT UM SICH...
DIE MENSCHEN GLAUBEN, EIN DÄMON WÜRDE IHRE TRÄUME VERHEXEN.
DENN NUR DANN KÖNNE ES SCHADEN ANRICHTEN.
ES WARTE AUF DIE DUNKELHEIT...
SIE BEHAUPTEN, ETWAS KOMME NACHTS AN IHRE TÜR.
Habe ich etwa den Jäger der Finsternis geweckt?

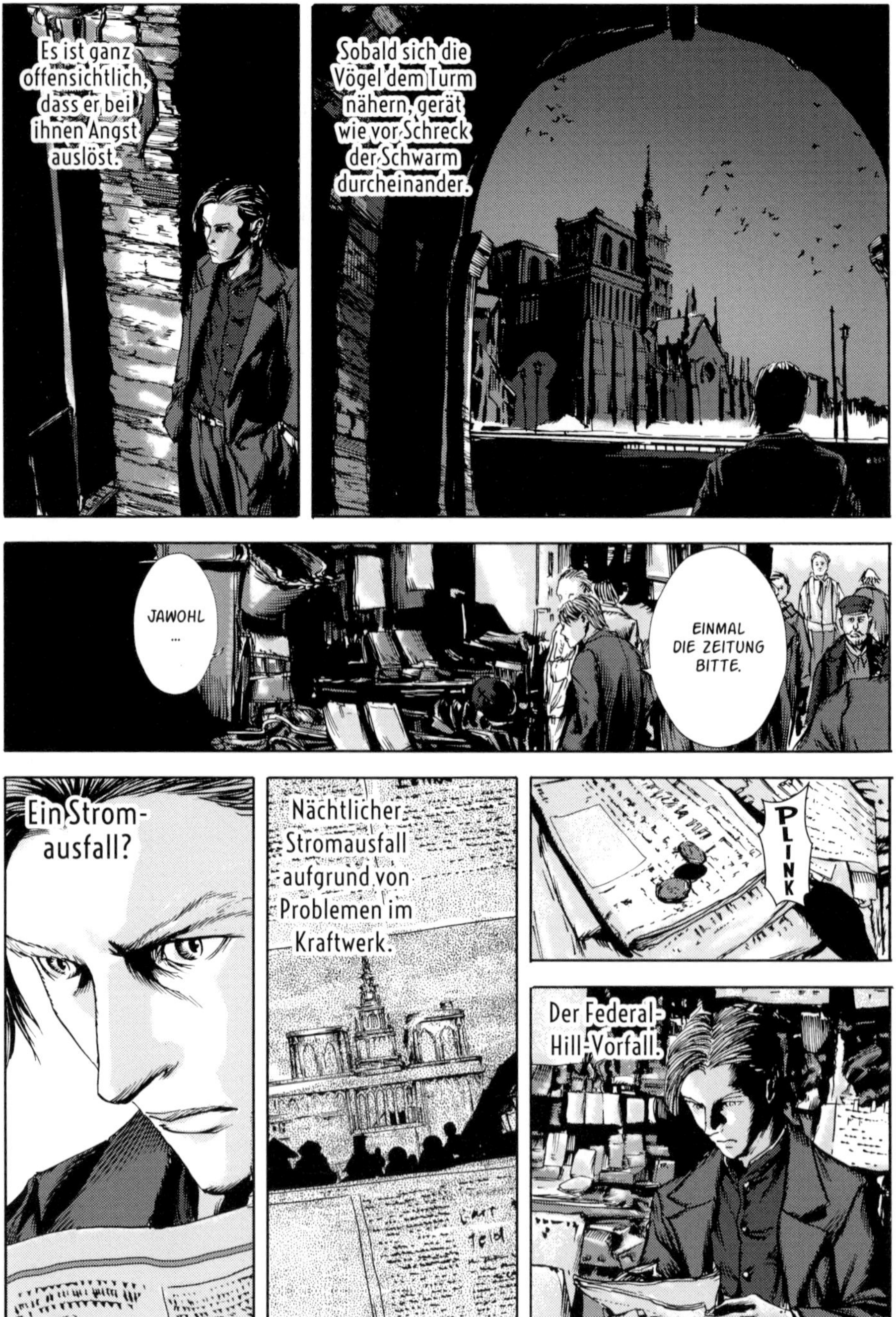
Sobald sich die Vögel dem Turm nähern, gerät wie vor Schreck der Schwarm durcheinander.
Es ist ganz offensichtlich, dass er bei ihnen Angst auslöst.
EINMAL DIE ZEITUNG BITTE.
JAWOHL ...
PLINK
Der Federal-Hill-Vorfall.
Nächtlicher Stromausfall aufgrund von Problemen im Kraftwerk.
Ein Strom-ausfall?

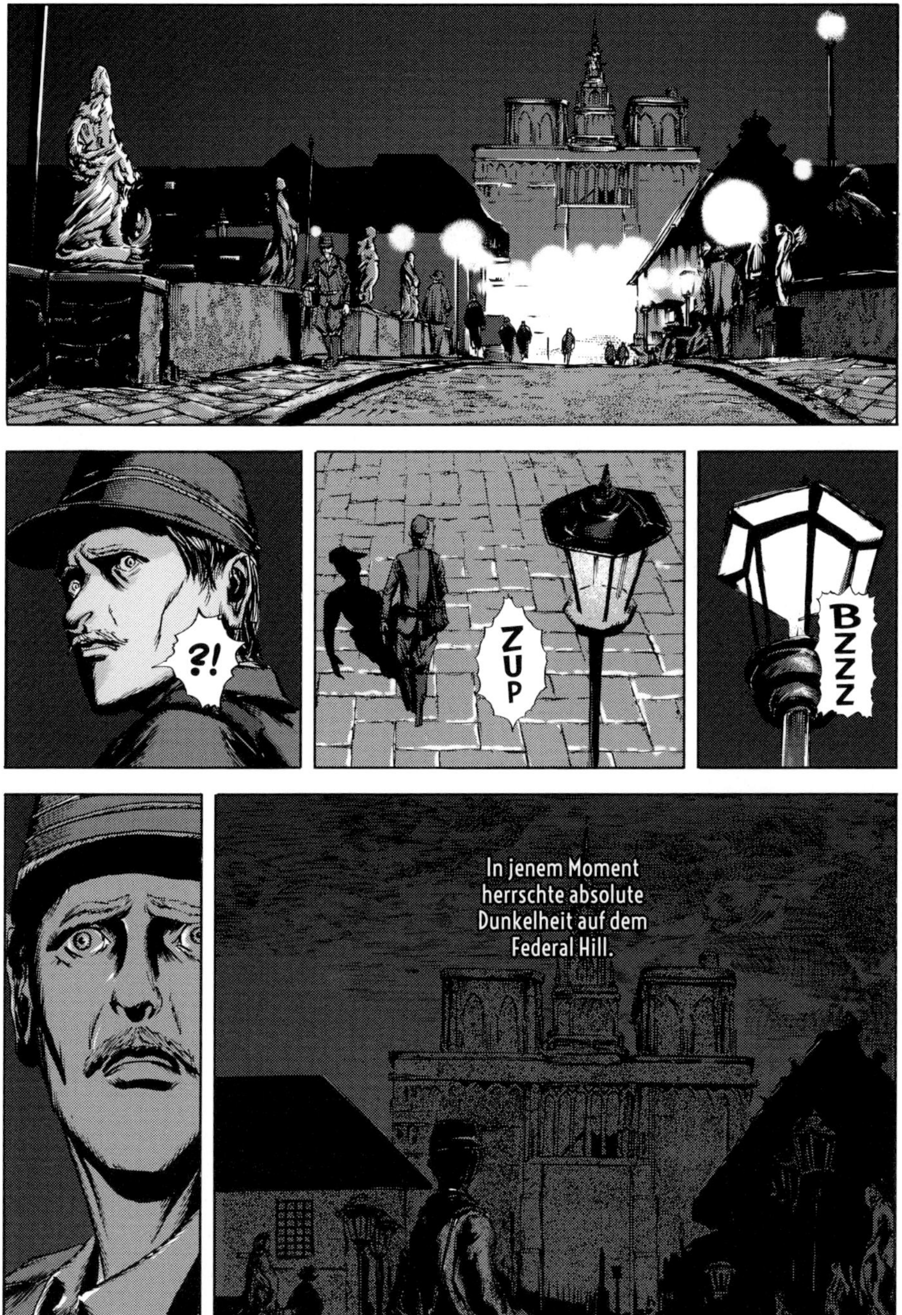
?!
ZUP
BZZZ
In jenem Moment herrschte absolute Dunkelheit auf dem Federal Hill.

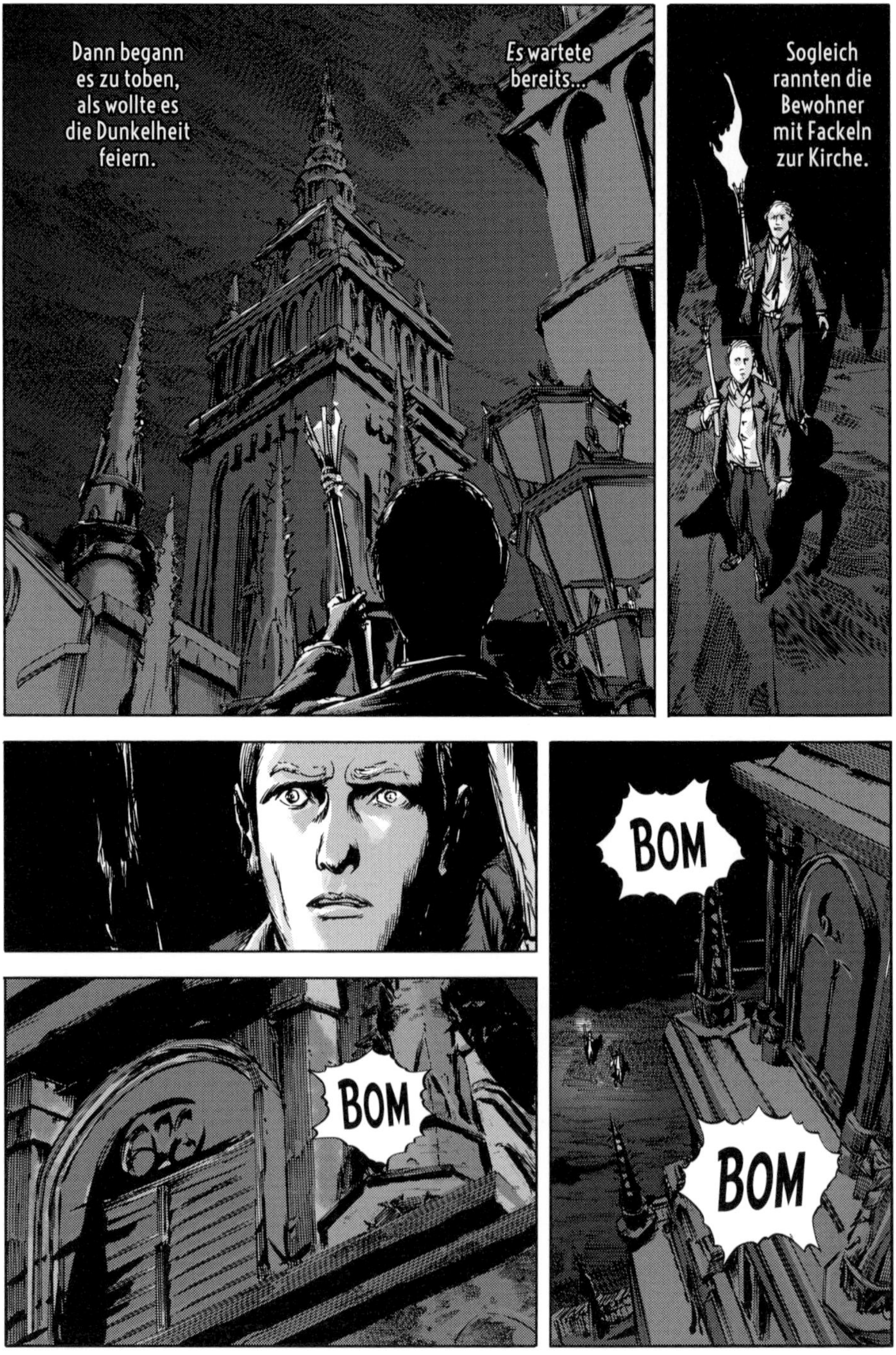
Dann begann
es zu toben,
als wollte es
die Dunkelheit
feiern.
Es wartete
bereits...
Sogleich
rannten die
Bewohner
mit Fackeln
zur Kirche.
BOM
BOM
BOM

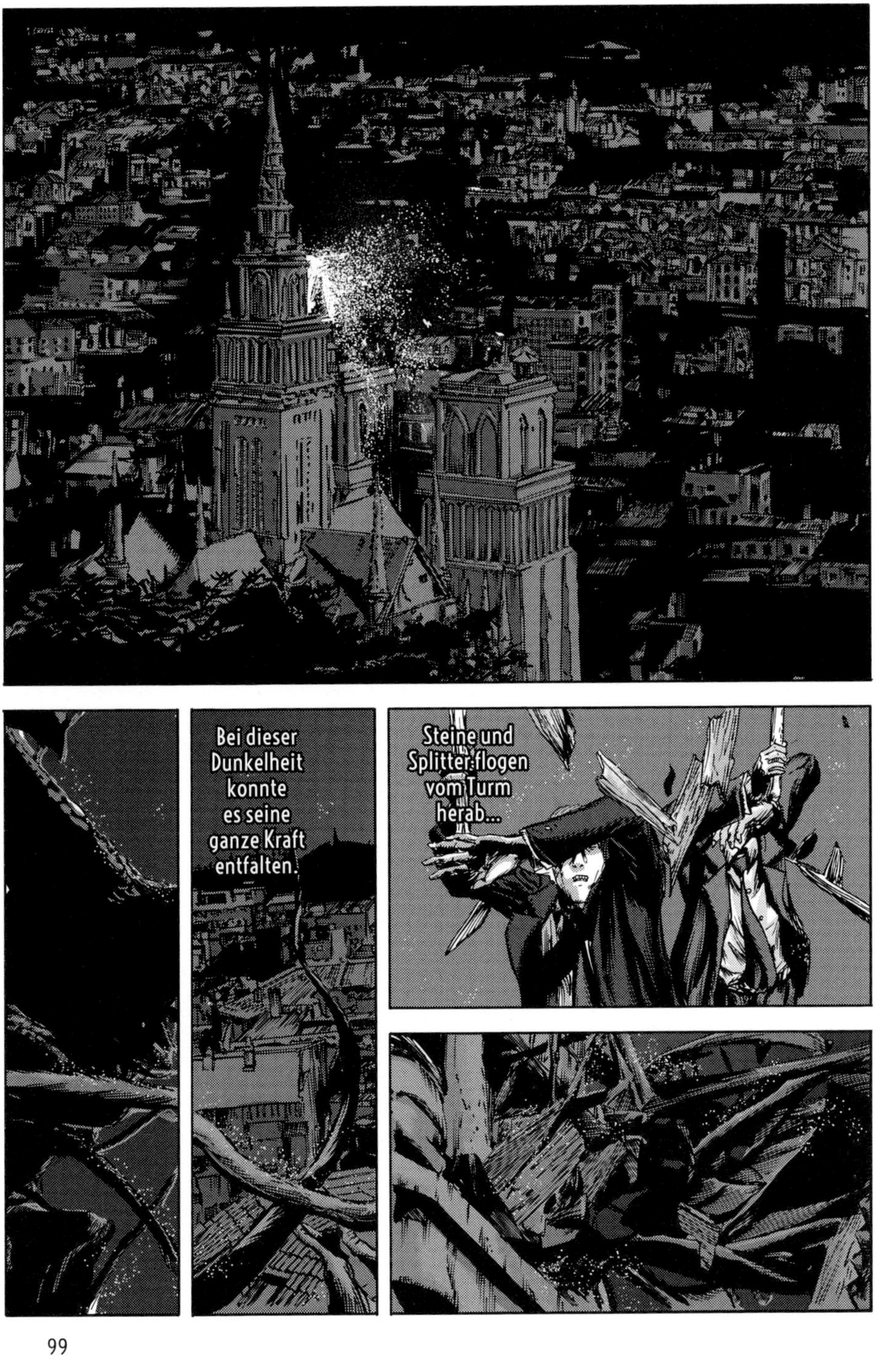
Steine und Splitter flogen vom Turm herab...
Bei dieser Dunkelheit konnte es seine ganze Kraft entfalten.

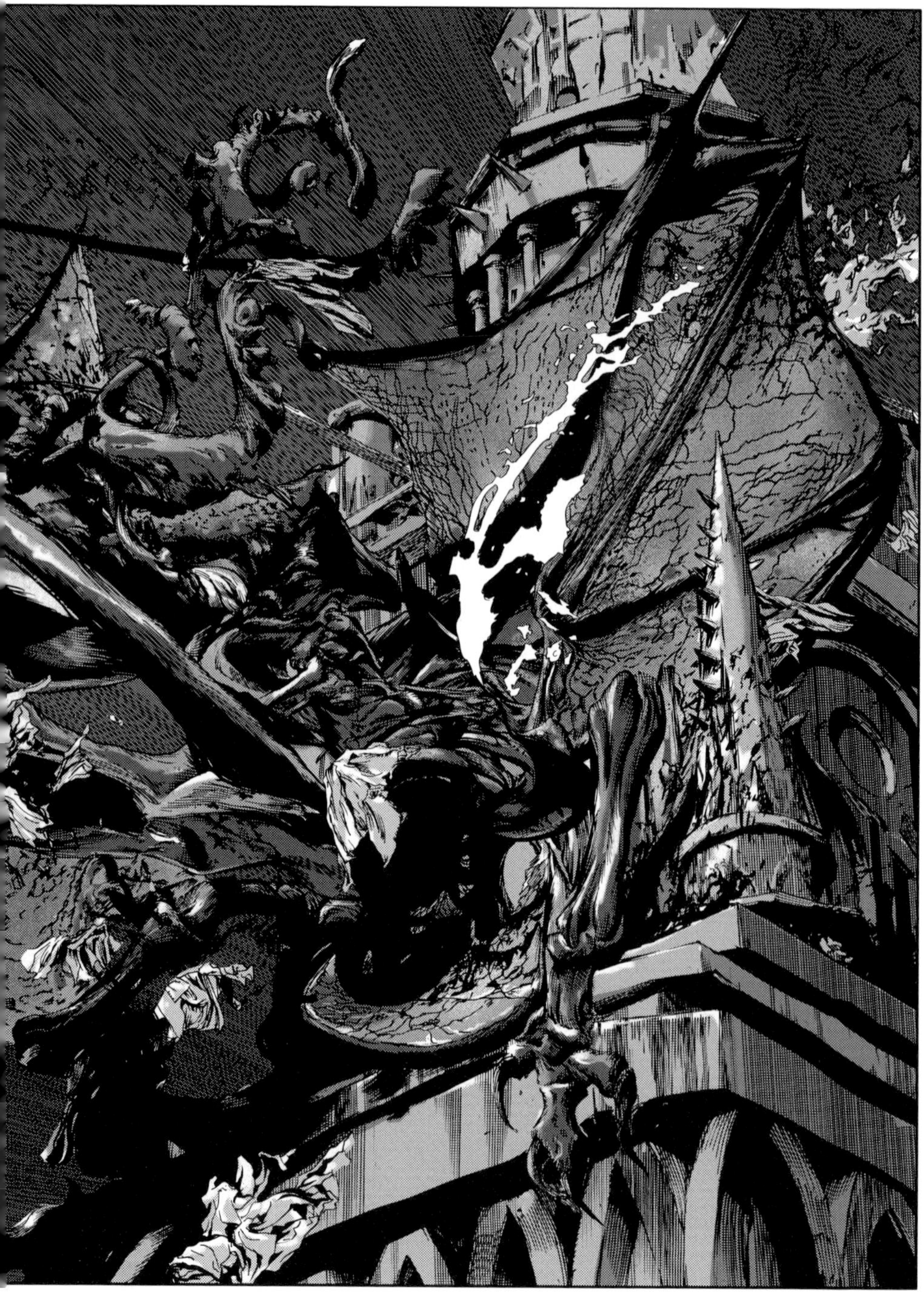

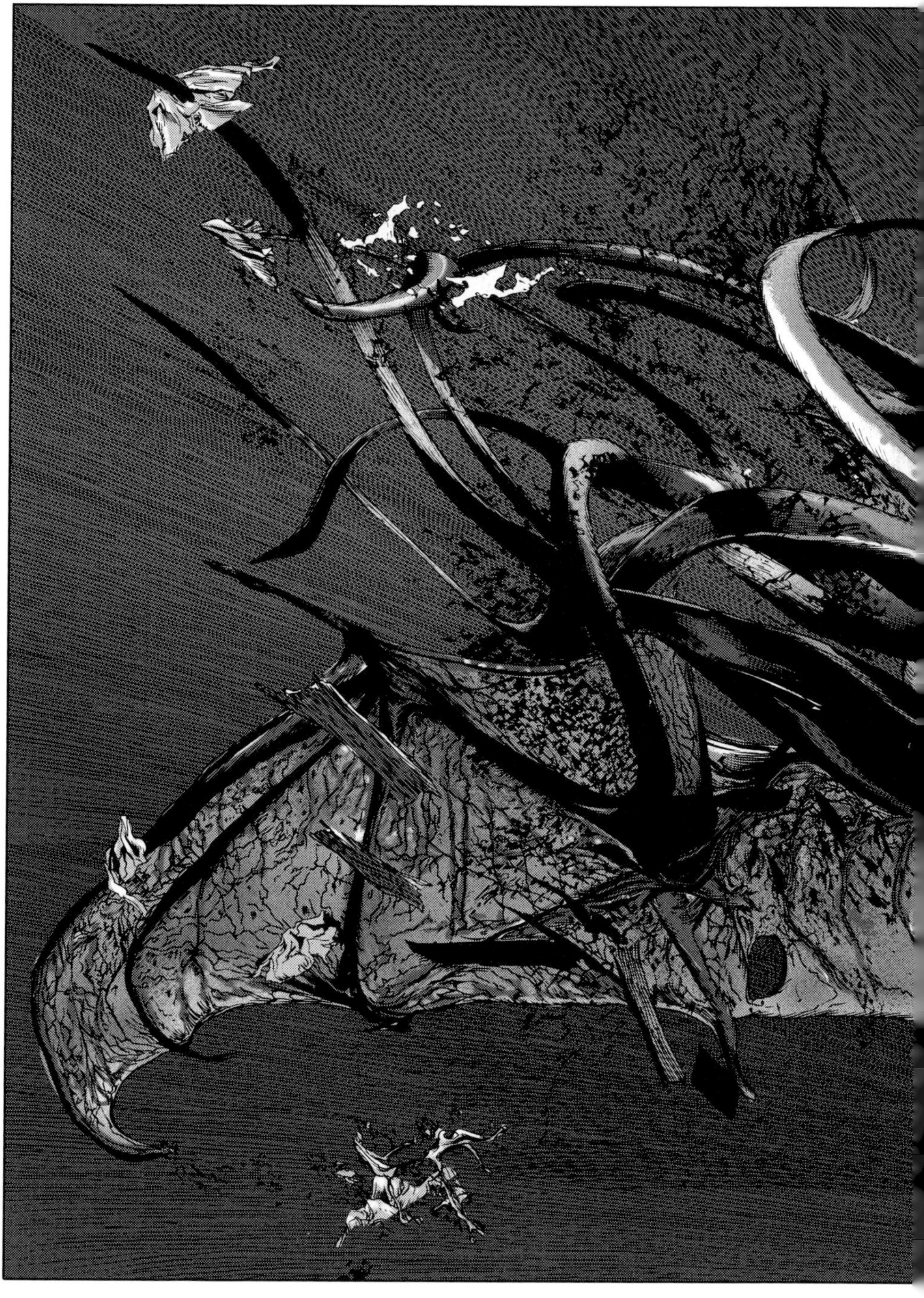

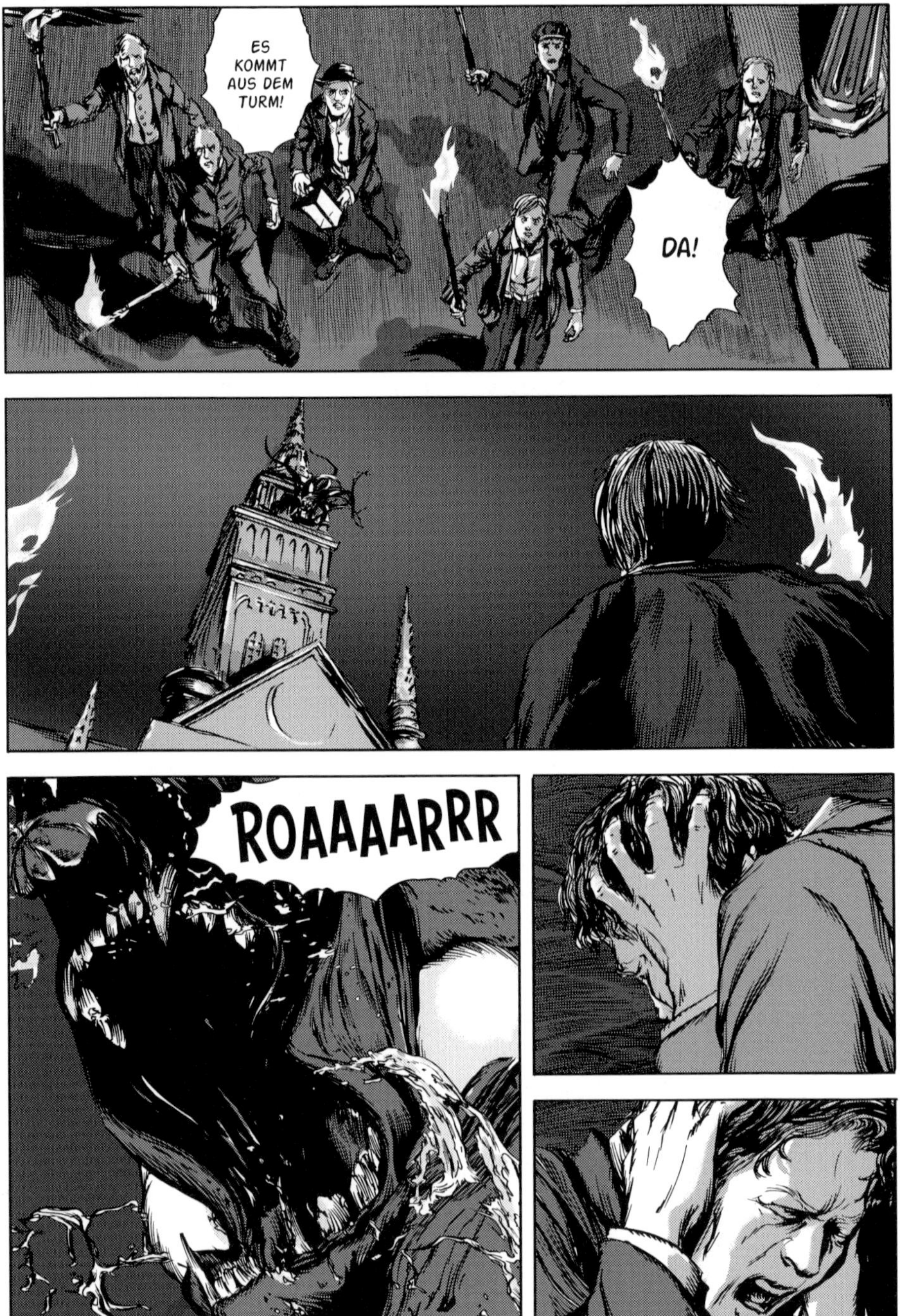
ES KOMMT AUS DEM TURM!
DA!
ROAAAARRR

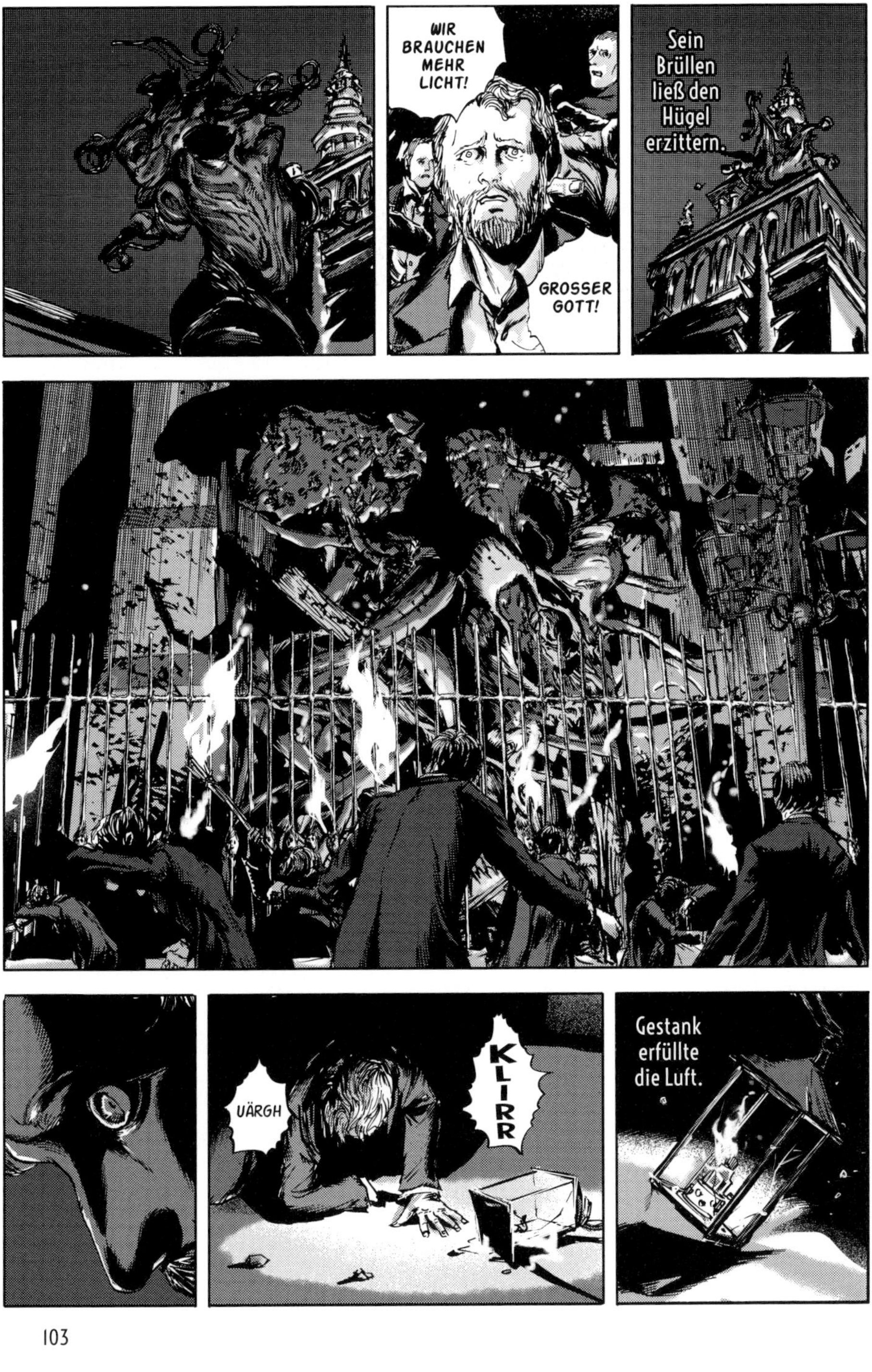
WIR BRAUCHEN MEHR LICHT!
GROSSER GOTT!
Sein Brüllen ließ den Hügel erzittern.
UÄRGH
KLIRR
Gestank erfüllte die Luft.

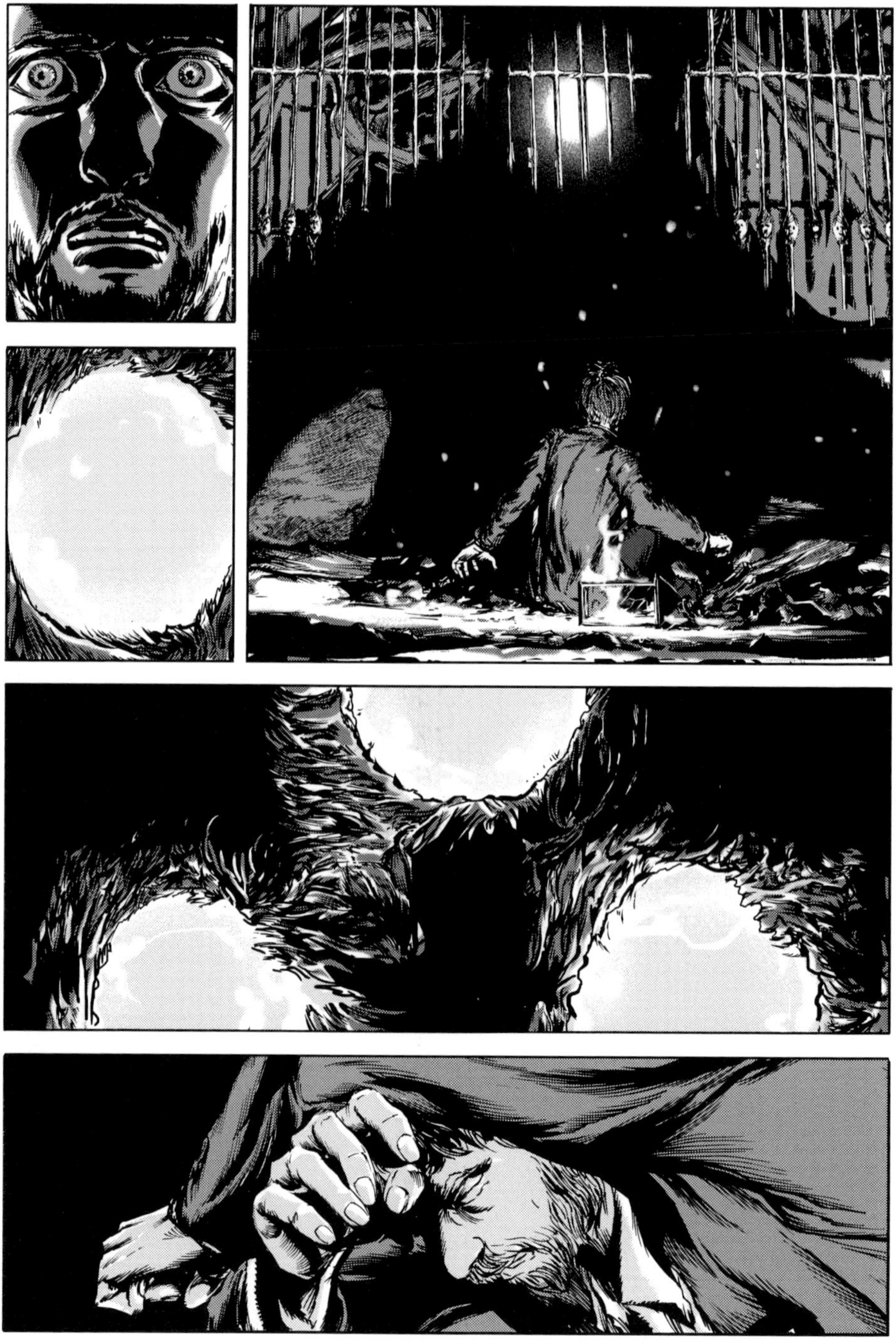

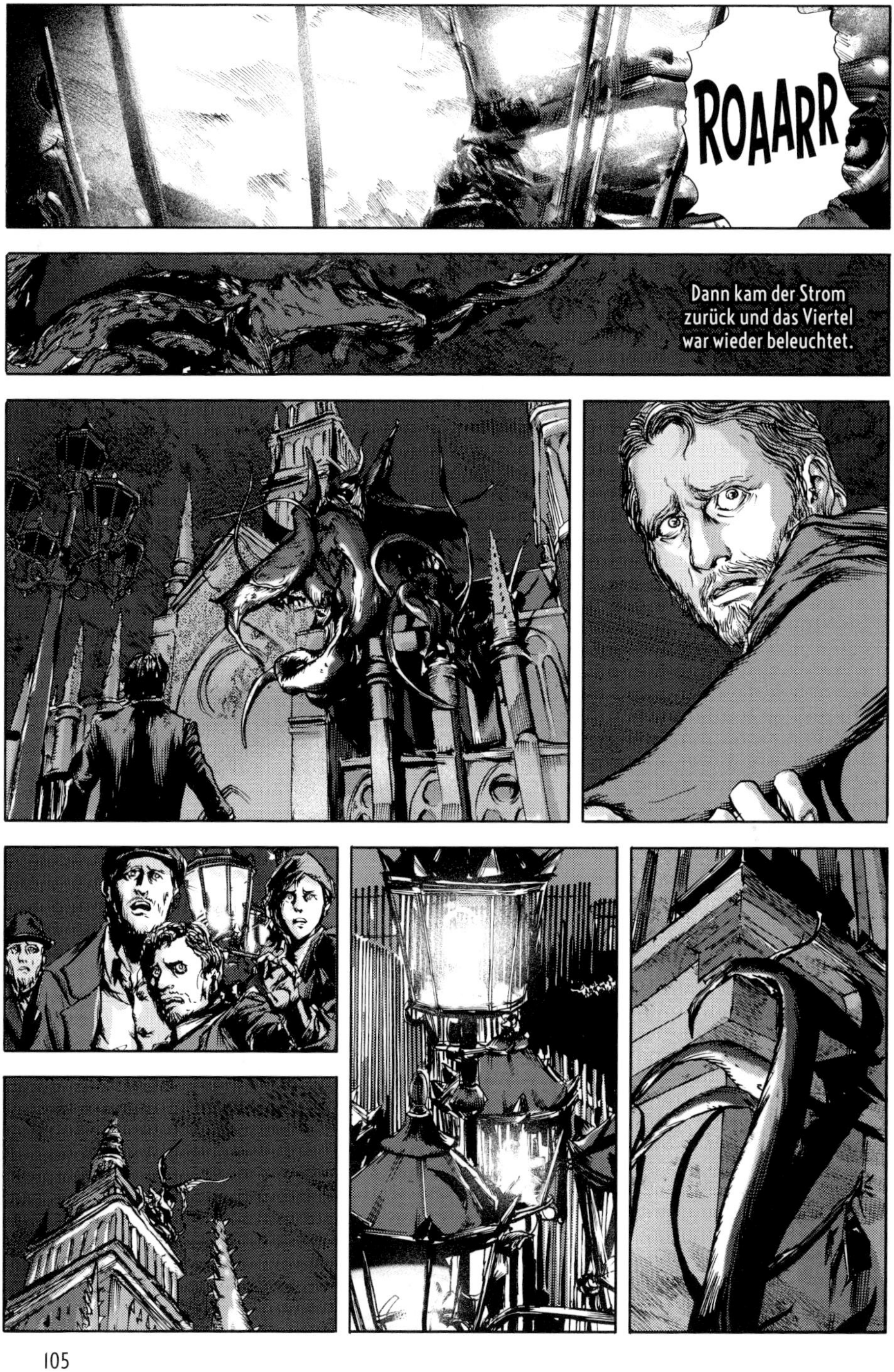
ROAARR
Dann kam der Strom zurück und das Viertel war wieder beleuchtet.

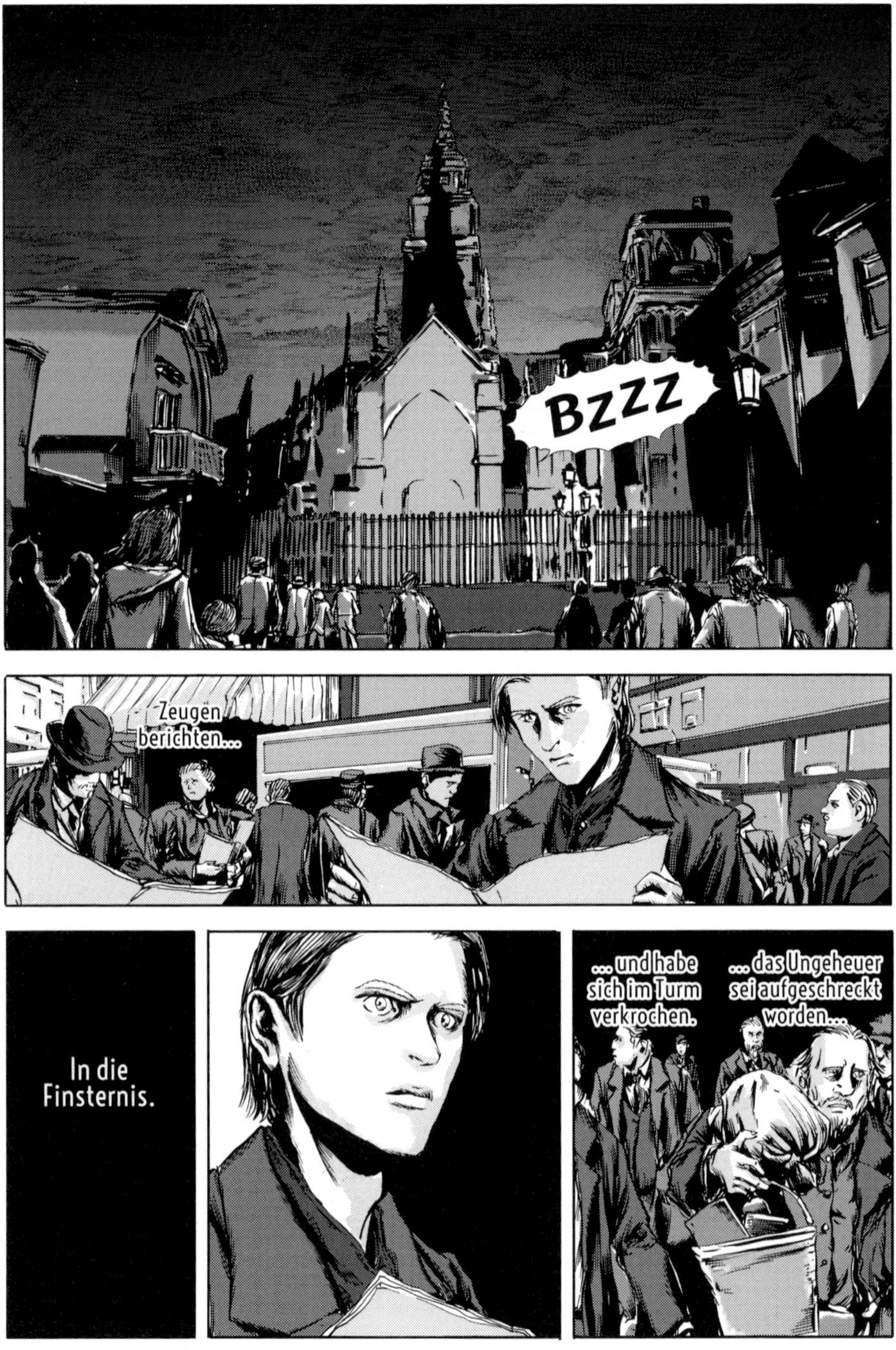
Bzzz
Zeugen berichten...
In die Finsternis.
... das Ungeheuer sei aufgeschreckt worden...
... und habe sich im Turm verkrochen.

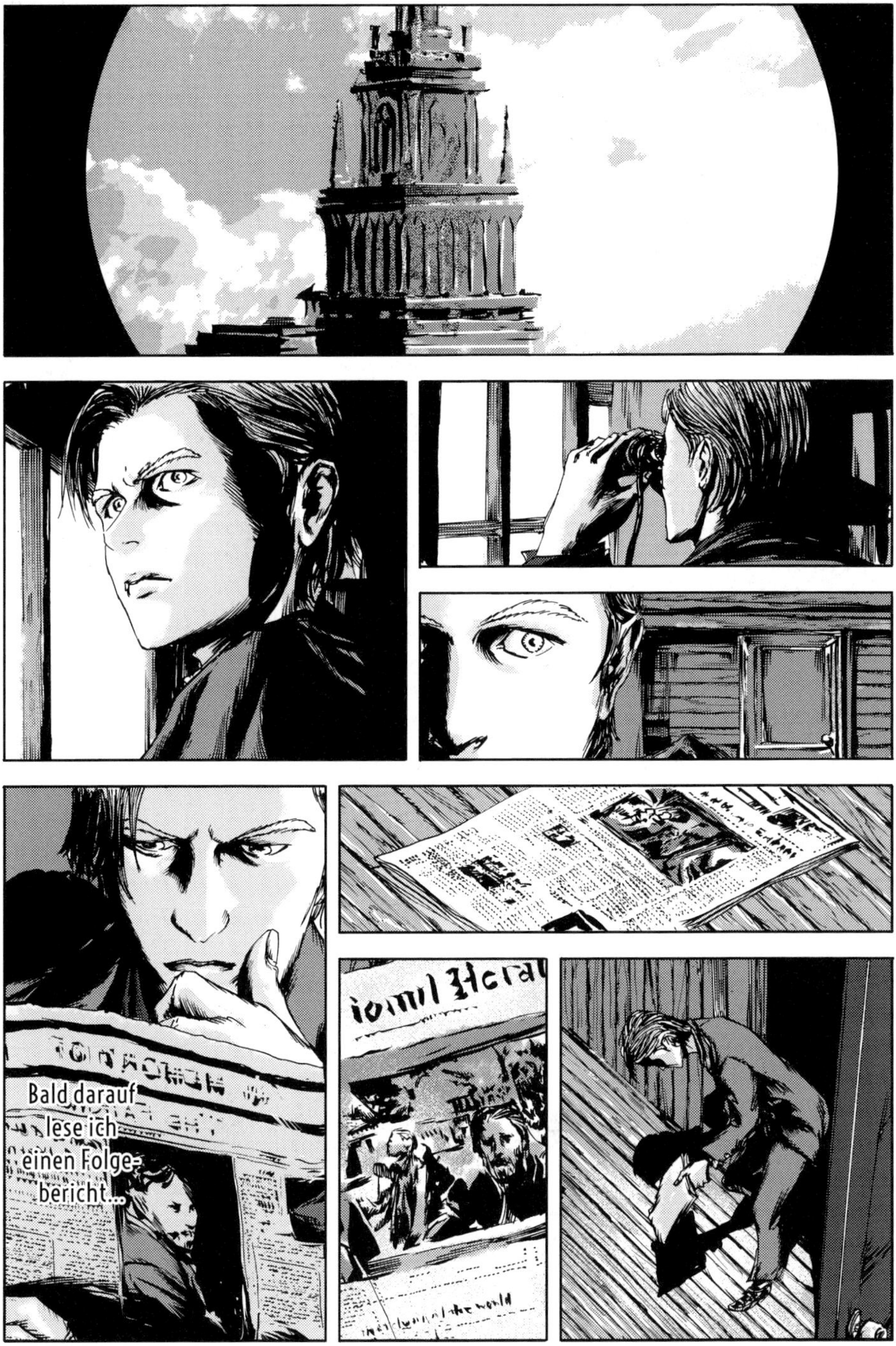
Bald darauf lese ich einen Folge-bericht…

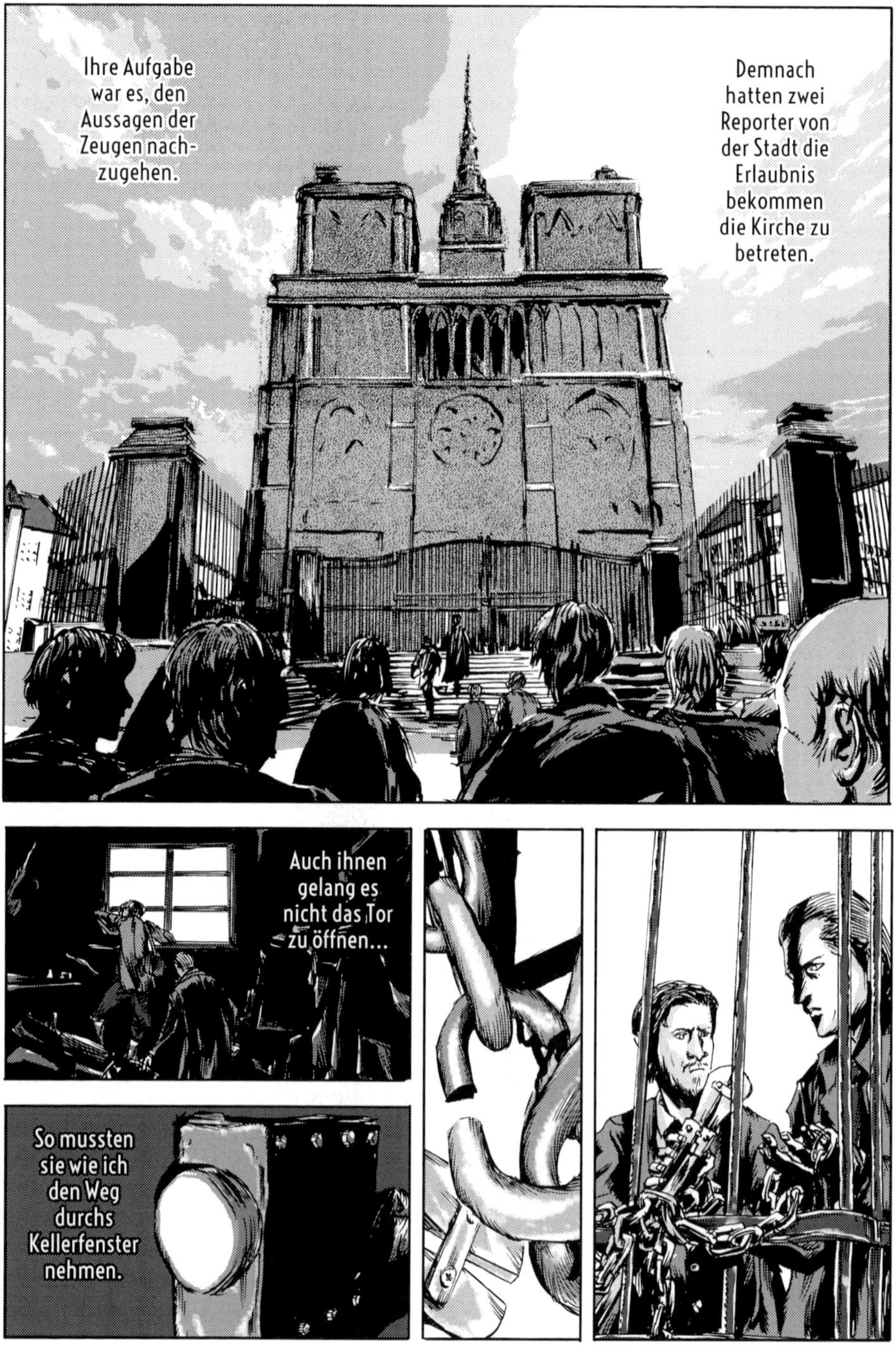
Ihre Aufgabe war es, den Aussagen der Zeugen nachzugehen.
Demnach hatten zwei Reporter von der Stadt die Erlaubnis bekommen die Kirche zu betreten.
Auch ihnen gelang es nicht das Tor zu öffnen...
So mussten sie wie ich den Weg durchs Kellerfenster nehmen.

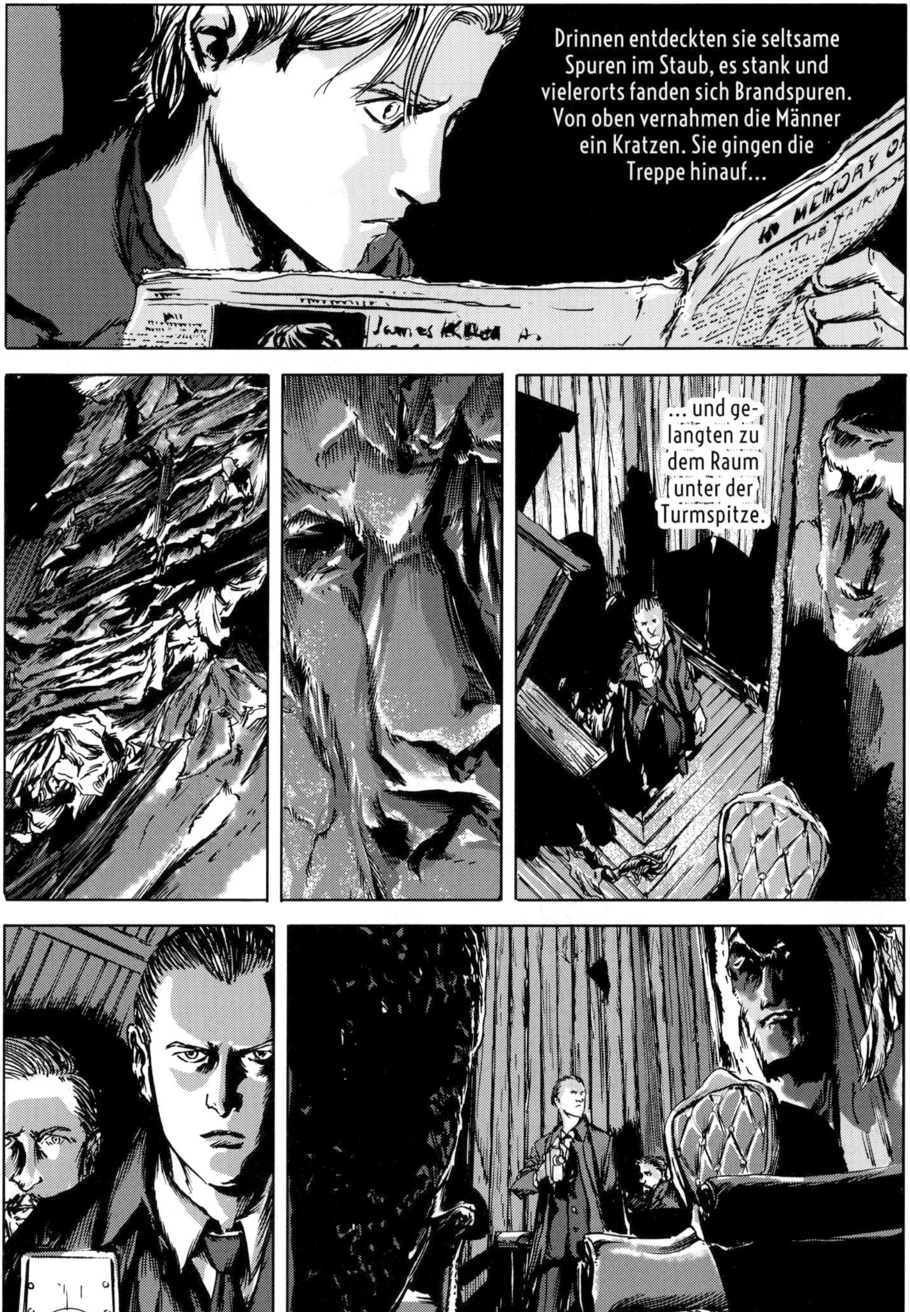
Drinnen entdeckten sie seltsame Spuren im Staub, es stank und vielerorts fanden sich Brandspuren. Von oben vernahmen die Männer ein Kratzen. Sie gingen die Treppe hinauf…
… und gelangten zu dem Raum unter der Turmspitze.

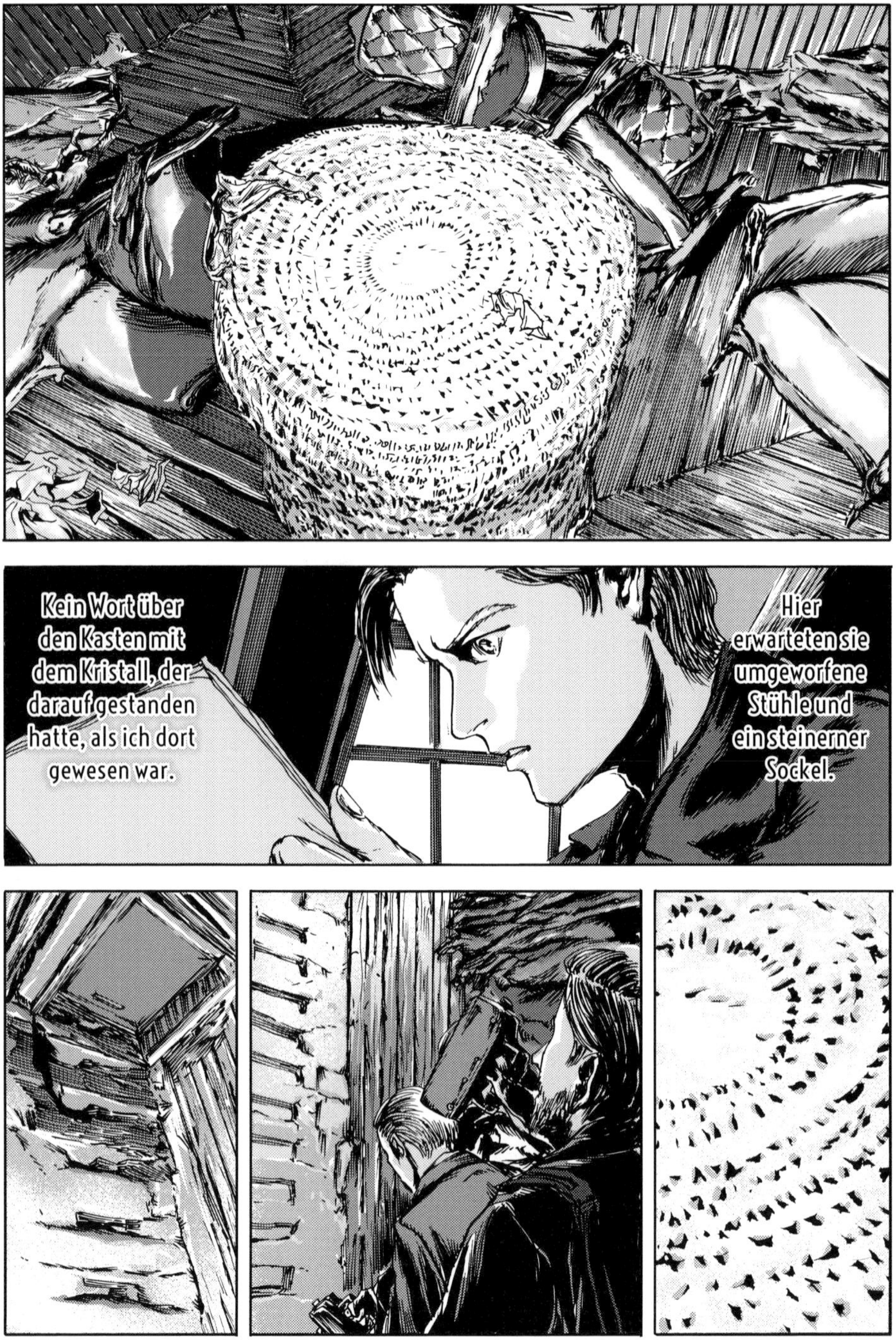
Hier erwarteten sie umgeworfene Stühle und ein steinerner Sockel.
Kein Wort über den Kasten mit dem Kristall, der darauf gestanden hatte, als ich dort gewesen war.

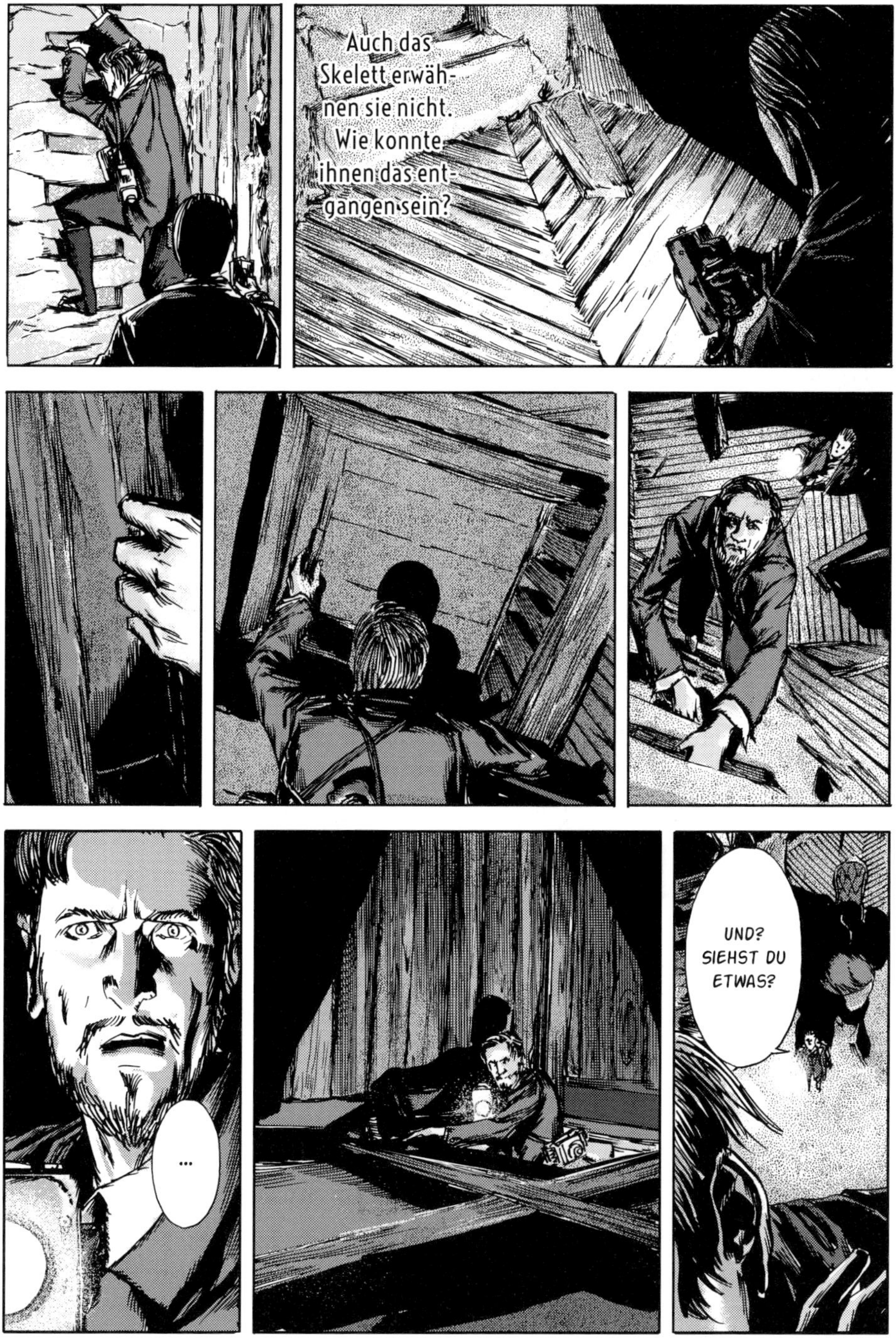
Auch das Skelett erwähnen sie nicht. Wie konnte ihnen das entgangen sein?
...
UND? SIEHST DU ETWAS?

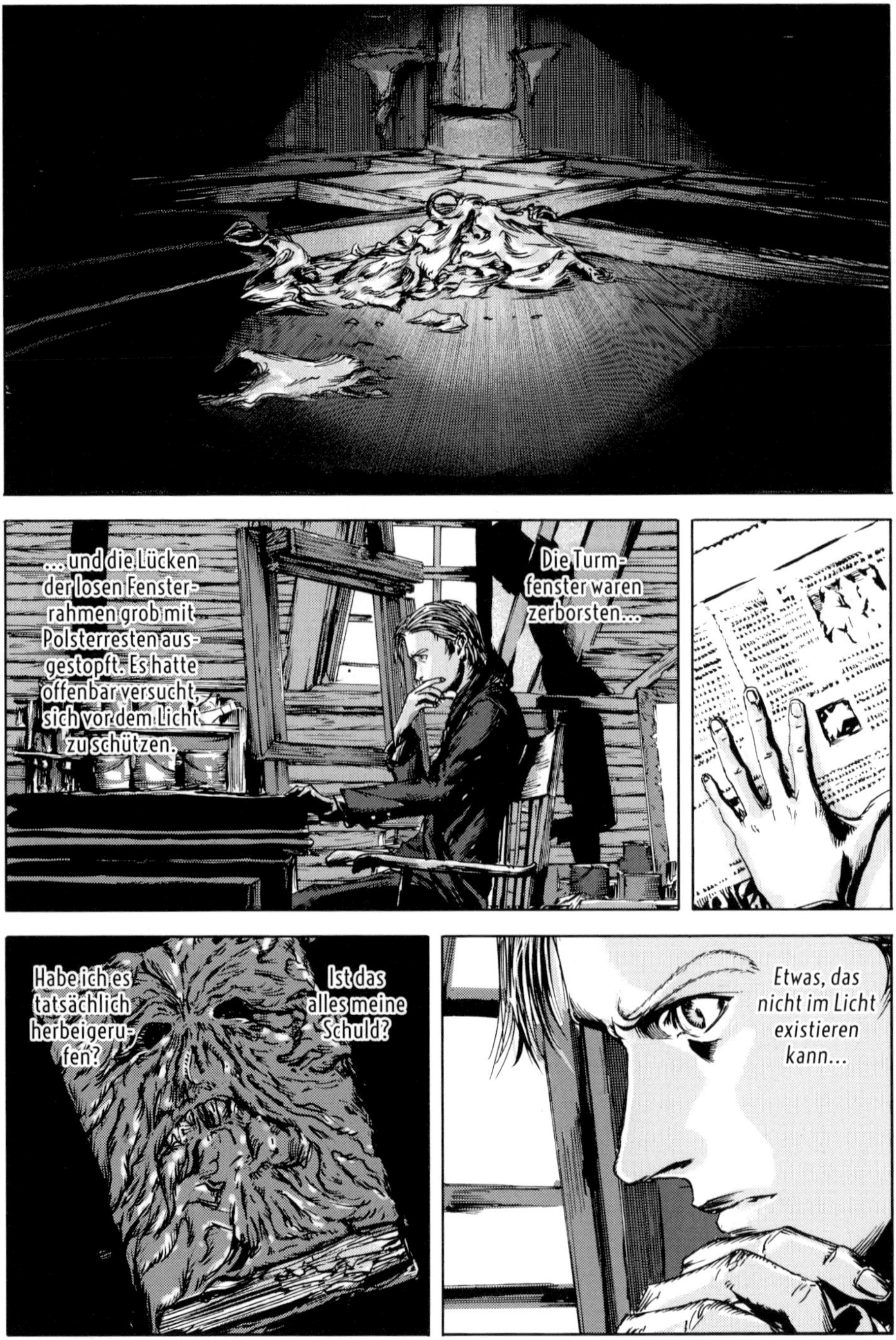

Die Turmfenster waren zerborsten...
... und die Lücken der losen Fensterrahmen grob mit Polsterresten ausgestopft. Es hatte offenbar versucht, sich vor dem Licht zu schützen.
Etwas, das nicht im Licht existieren kann...
Ist das alles meine Schuld?
Habe ich es tatsächlich herbeigerufen?

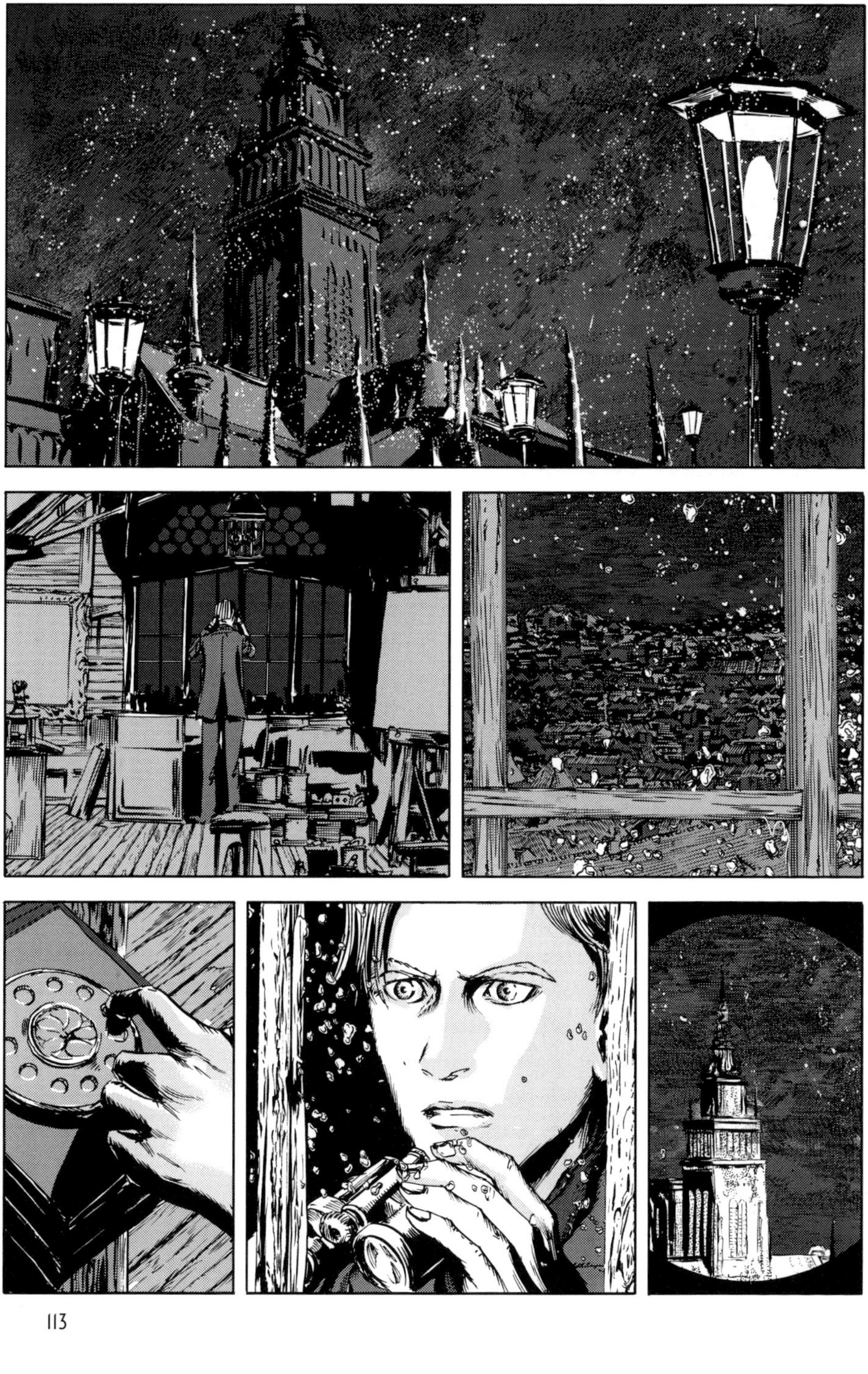

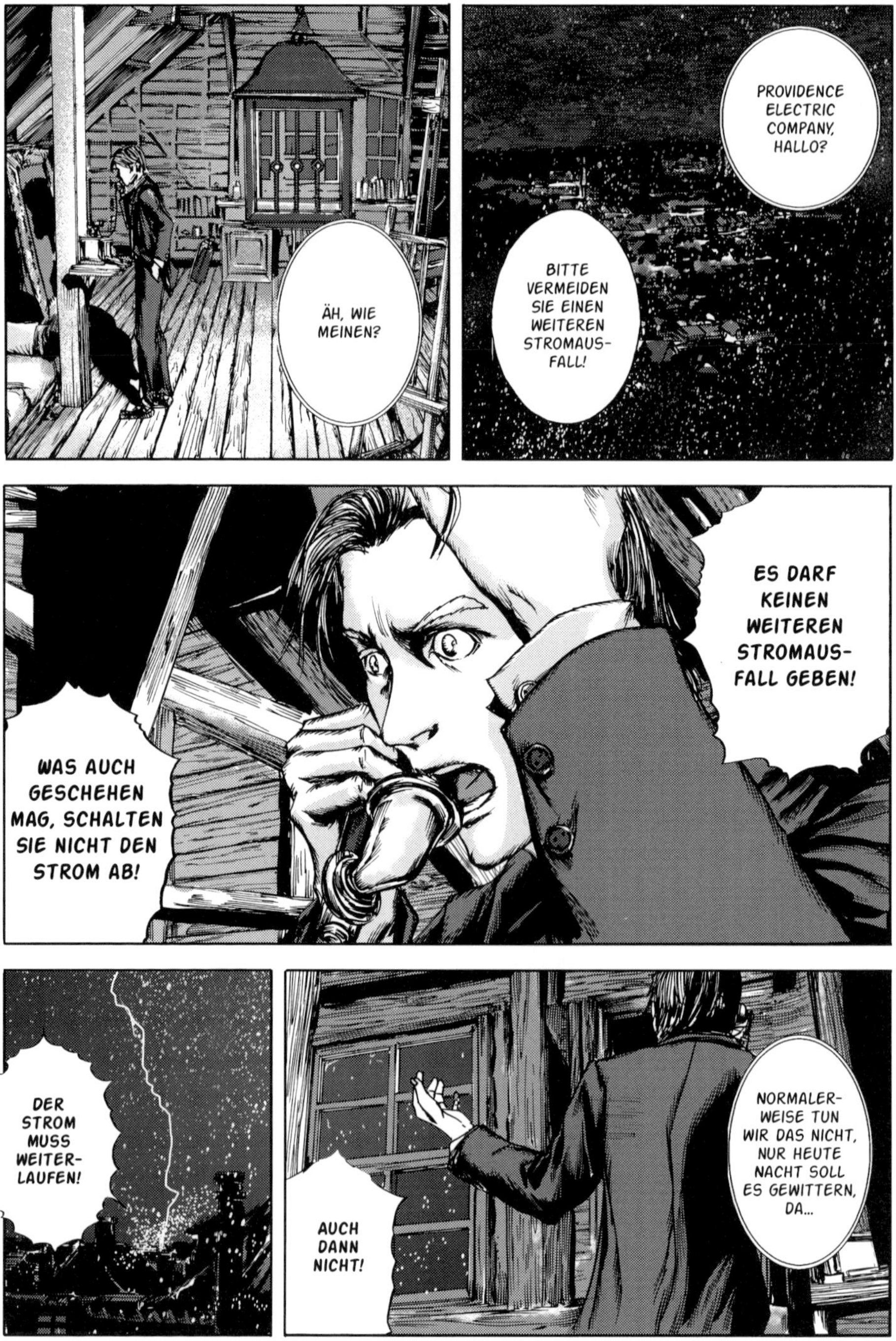
PROVIDENCE ELECTRIC COMPANY, HALLO?
BITTE VERMEIDEN SIE EINEN WEITEREN STROMAUS-FALL!
ÄH, WIE MEINEN?
ES DARF KEINEN WEITEREN STROMAUS-FALL GEBEN!
WAS AUCH GESCHEHEN MAG, SCHALTEN SIE NICHT DEN STROM AB!
NORMALER-WEISE TUN WIR DAS NICHT, NUR HEUTE NACHT SOLL ES GEWITTERN, DA...
AUCH DANN NICHT!
DER STROM MUSS WEITER-LAUFEN!

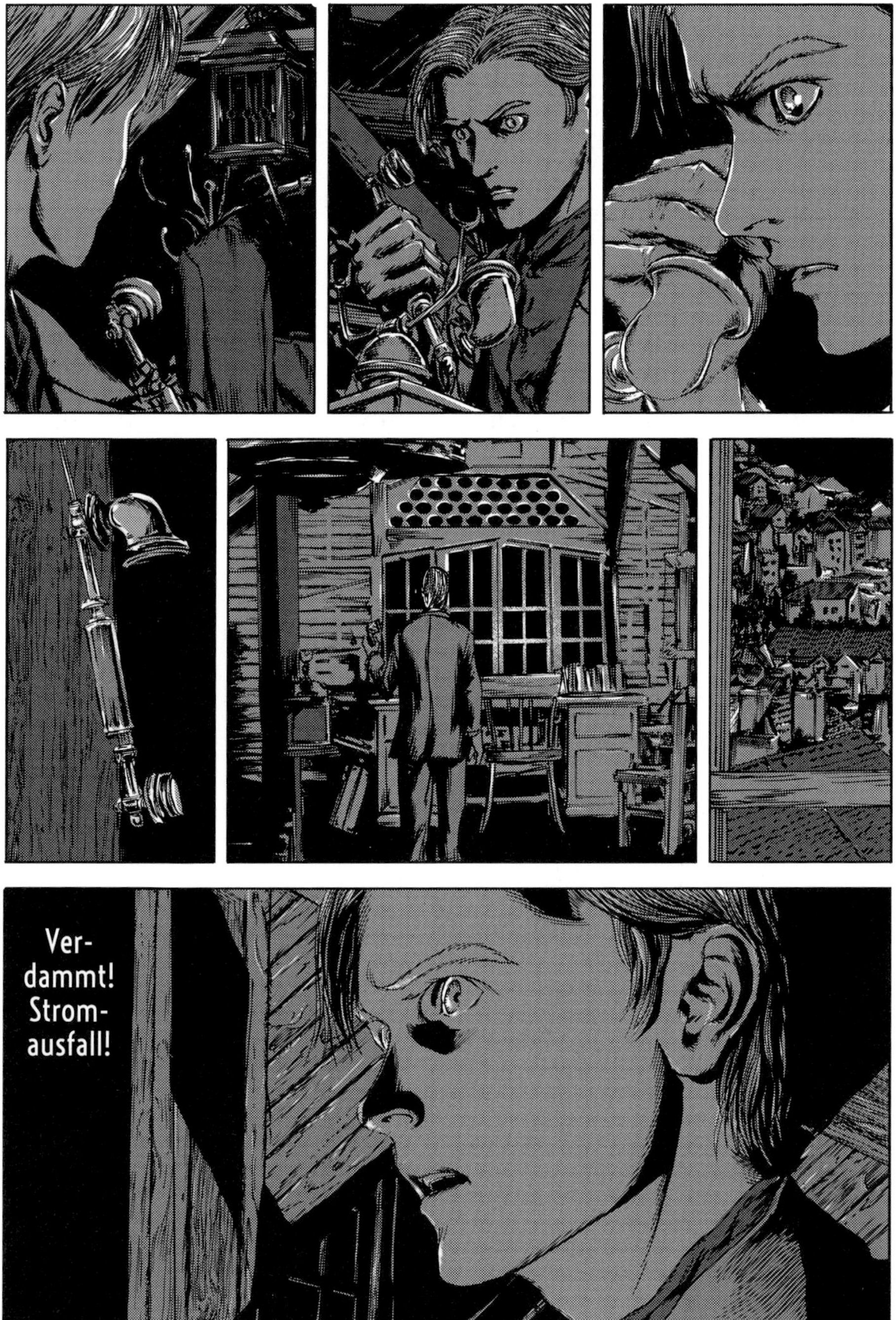
Verdammt! Stromausfall!

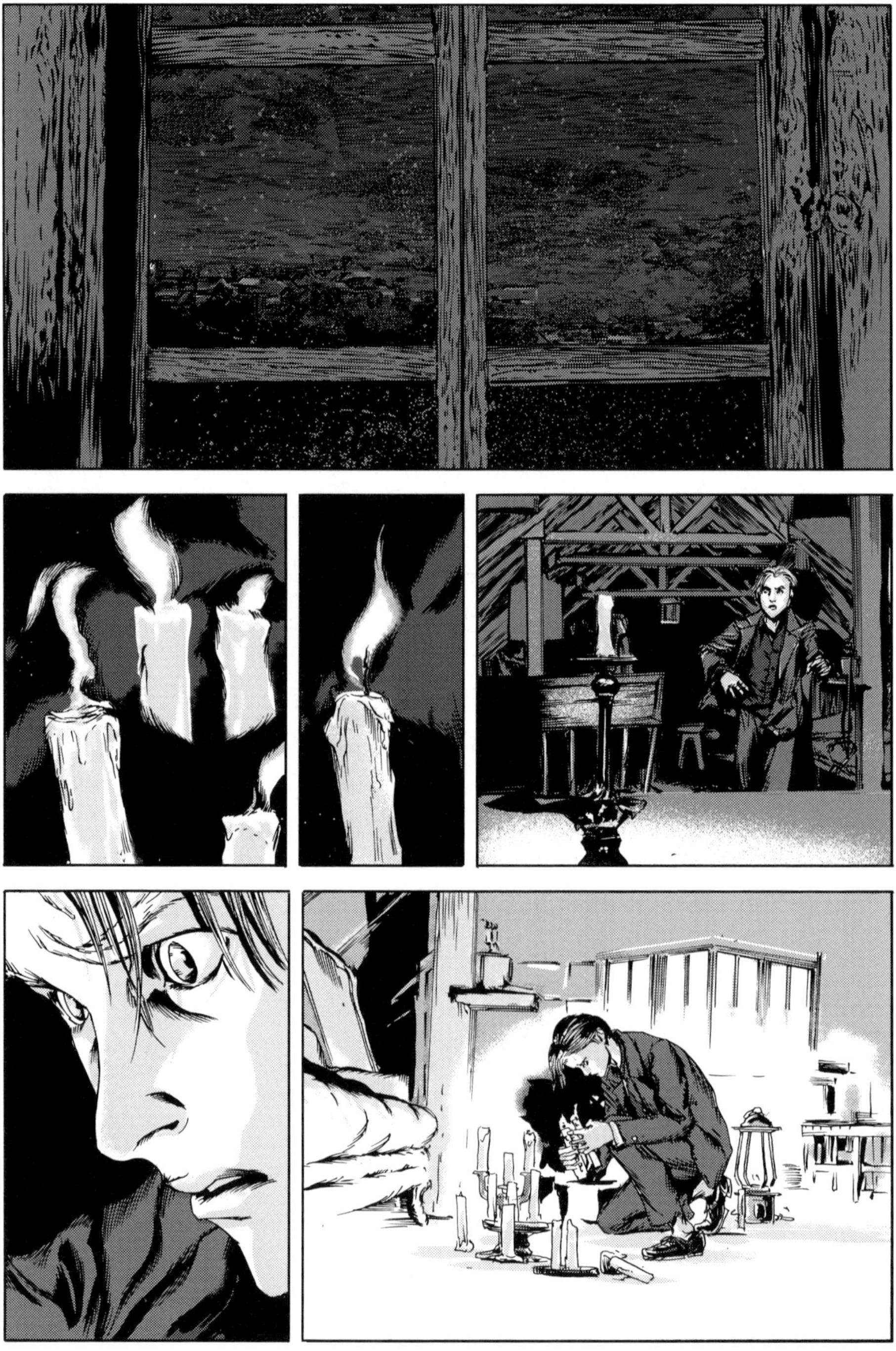

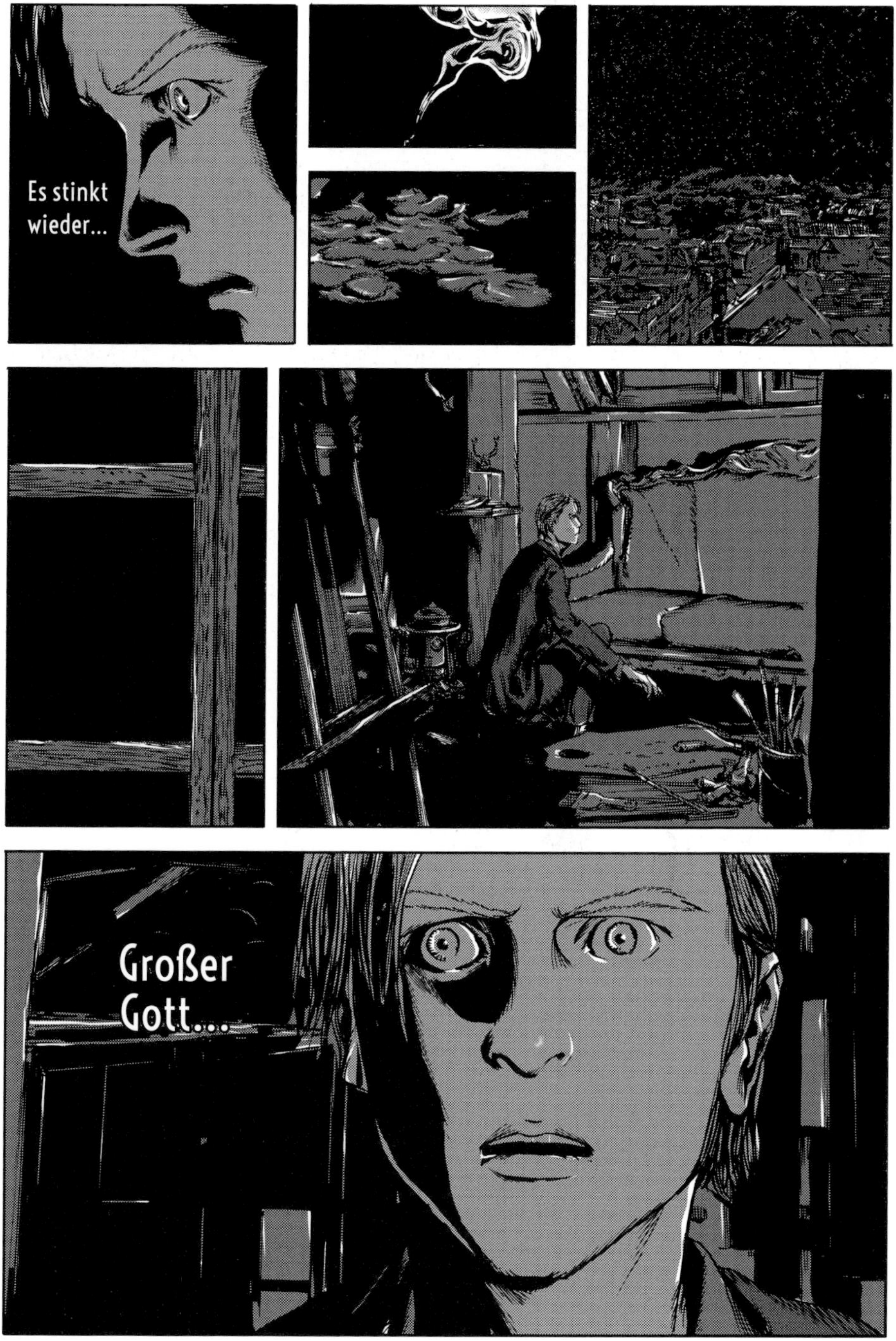

Es stinkt wieder...
Großer Gott...

Da
kommt
etwas!

3 DIE STRAFE AUS DER TIEFE

Punishment from the Depths

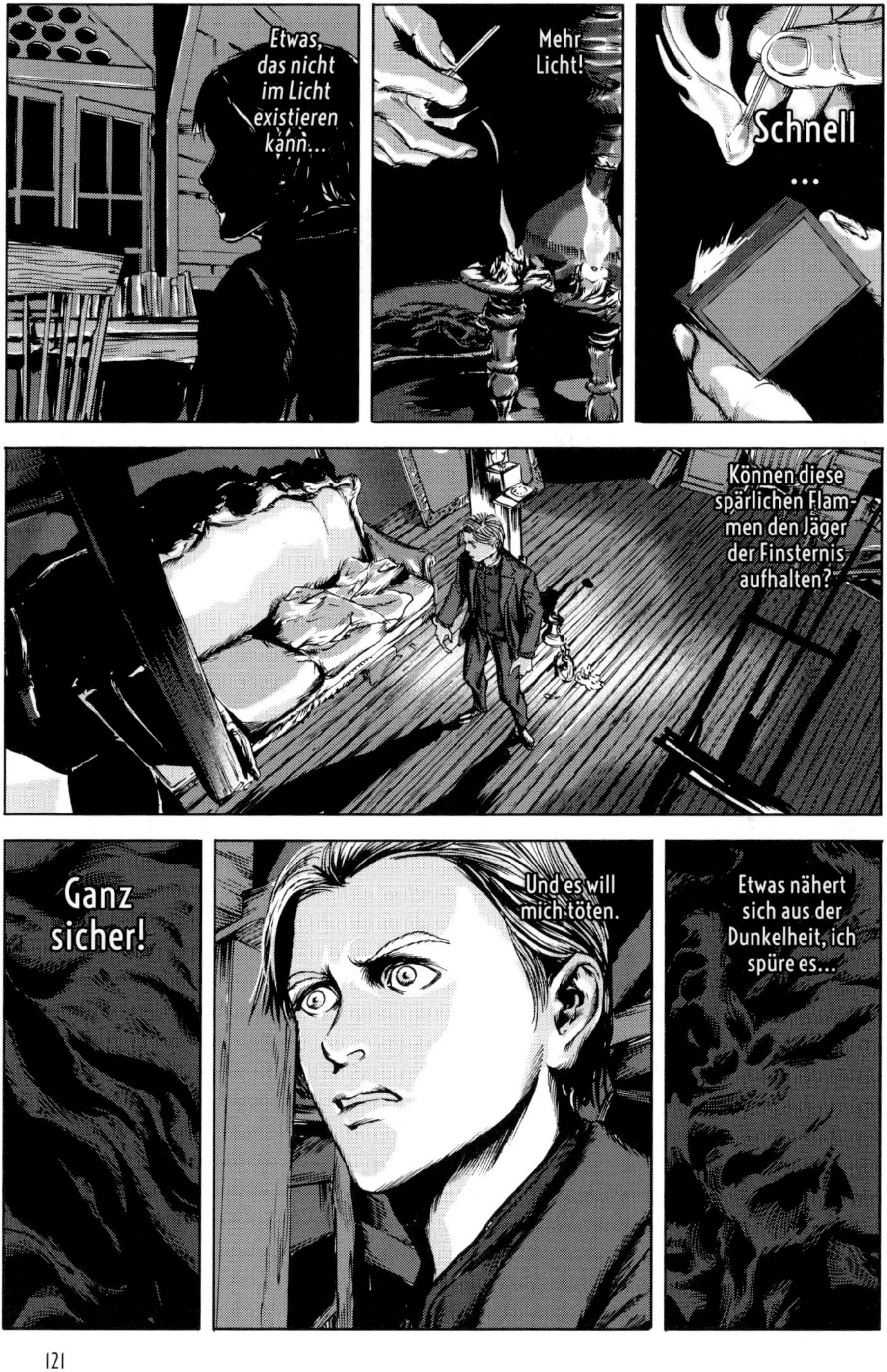
Etwas, das nicht im Licht existieren kann…
Mehr Licht!
Schnell …
Können diese spärlichen Flammen den Jäger der Finsternis aufhalten?
Ganz sicher!
Und es will mich töten.
Etwas nähert sich aus der Dunkelheit, ich spüre es…

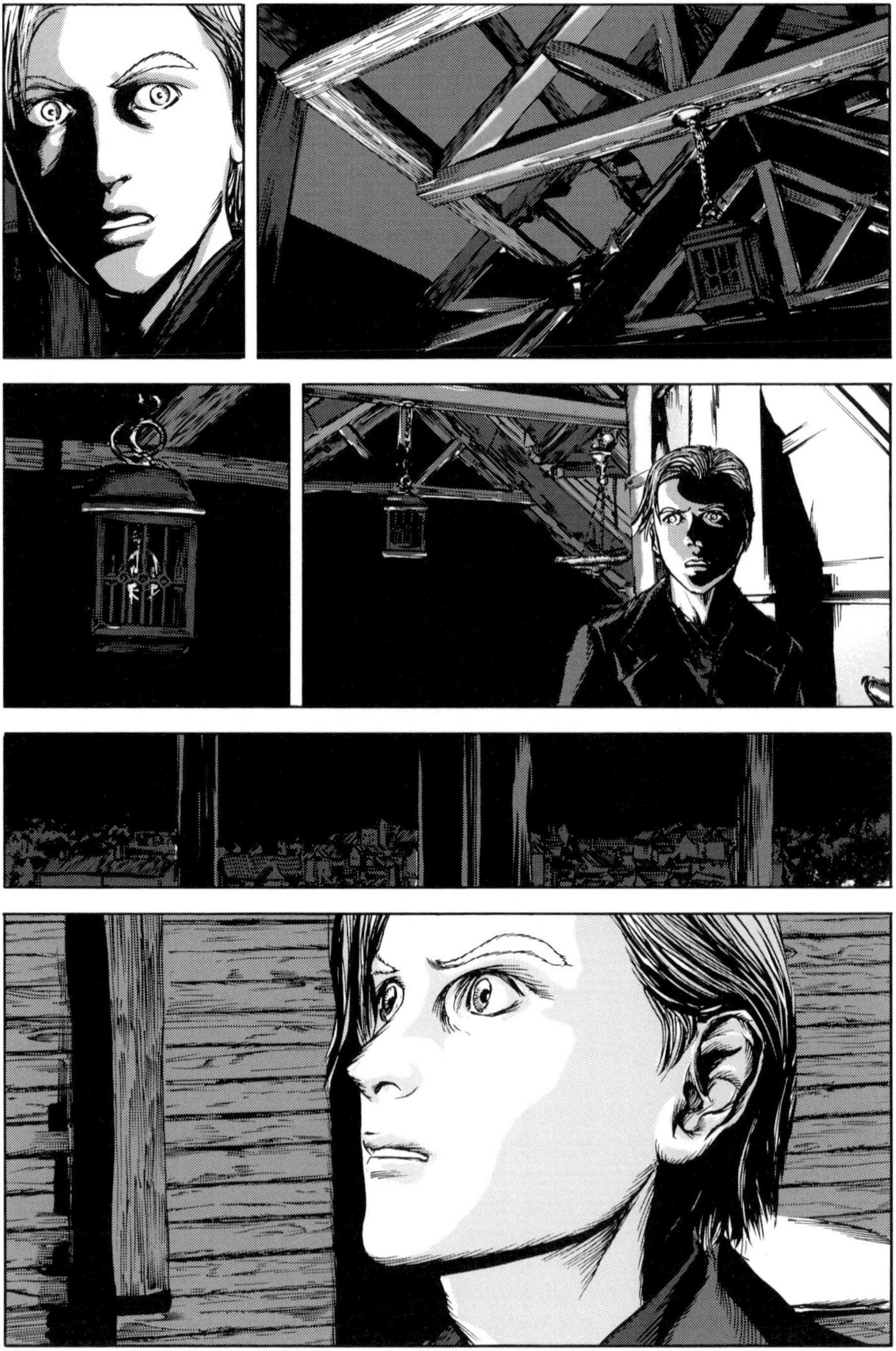

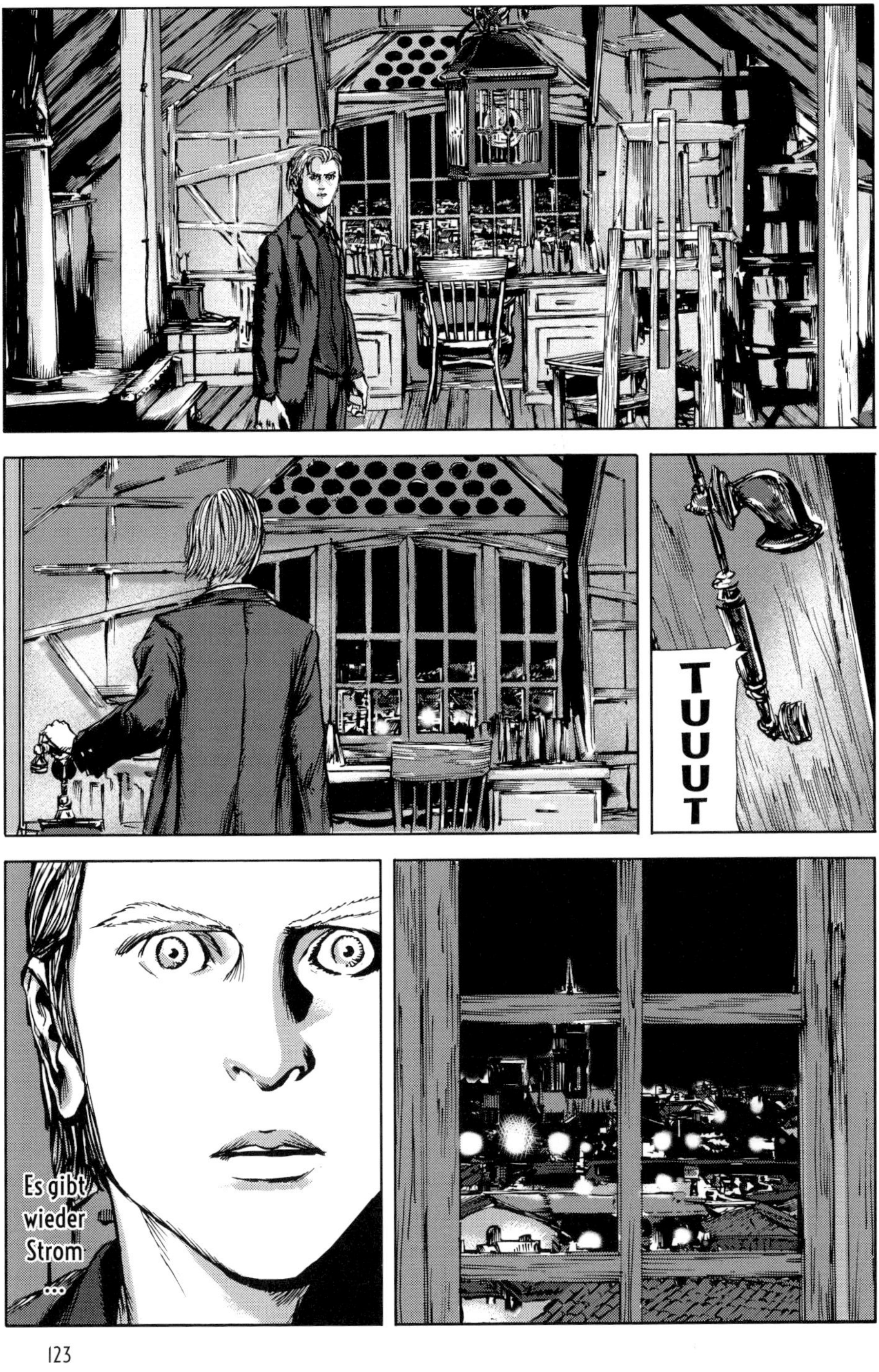
TUUUT
Es gibt wieder Strom ...

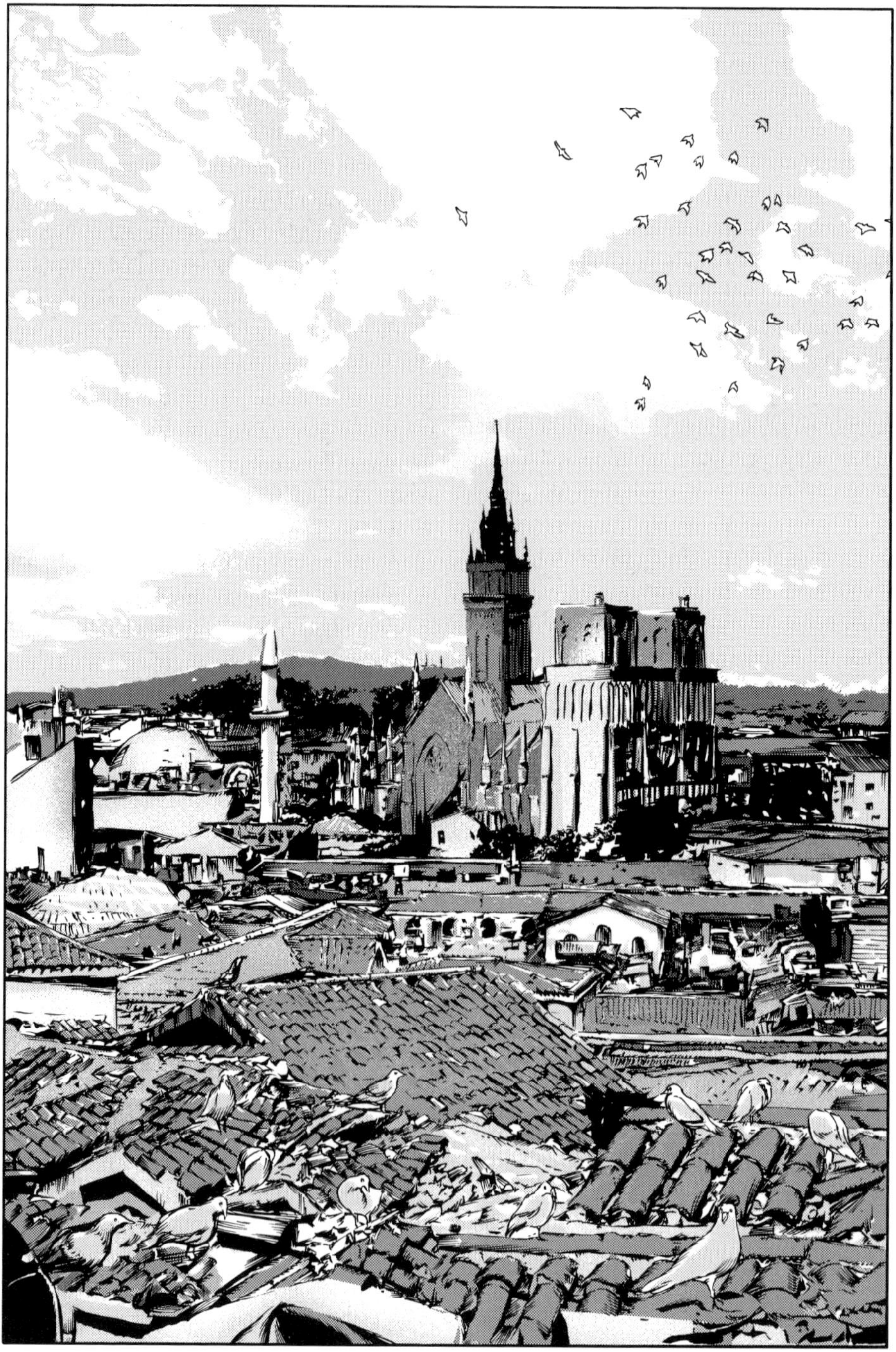

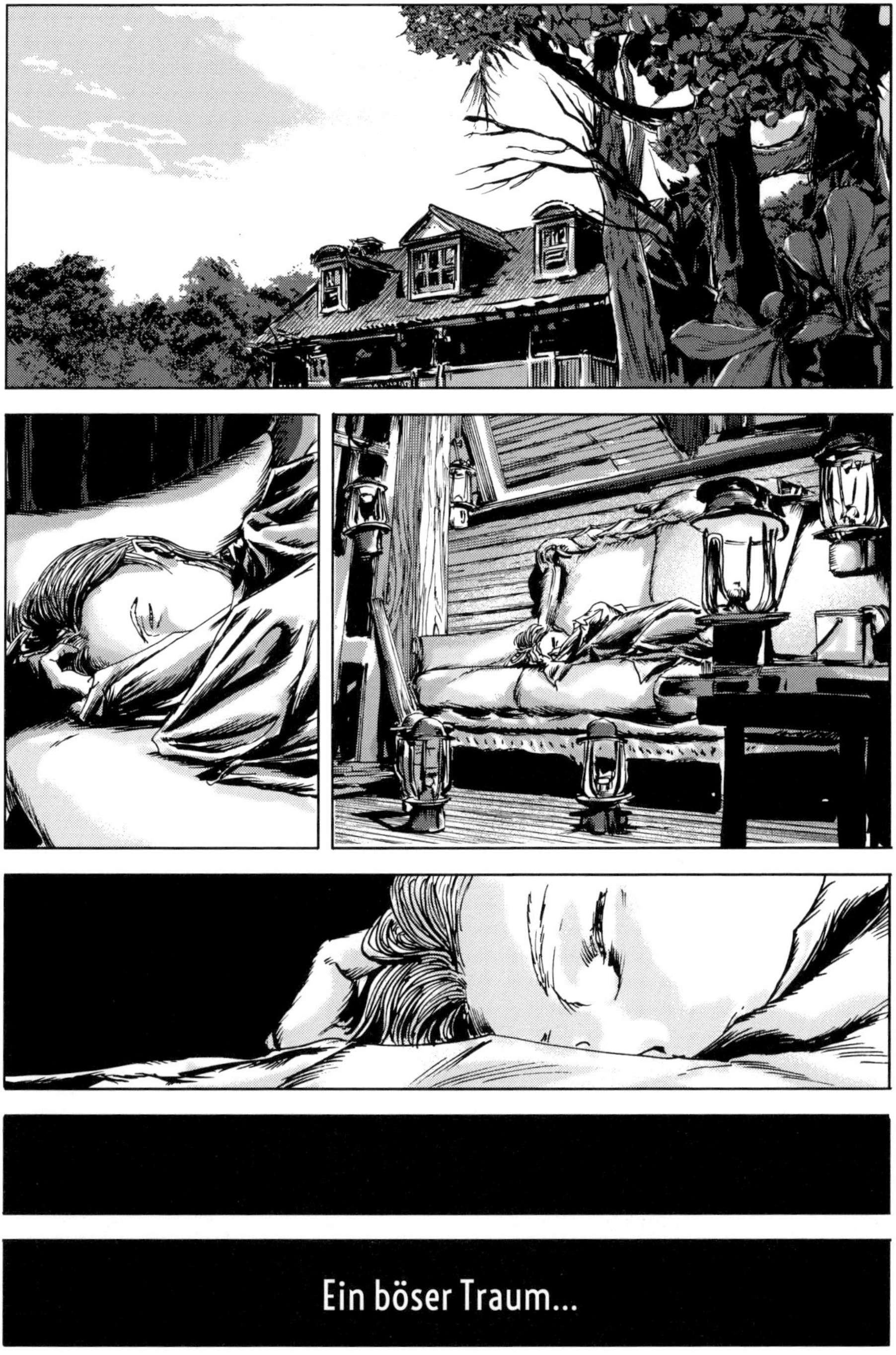
Ein böser Traum...

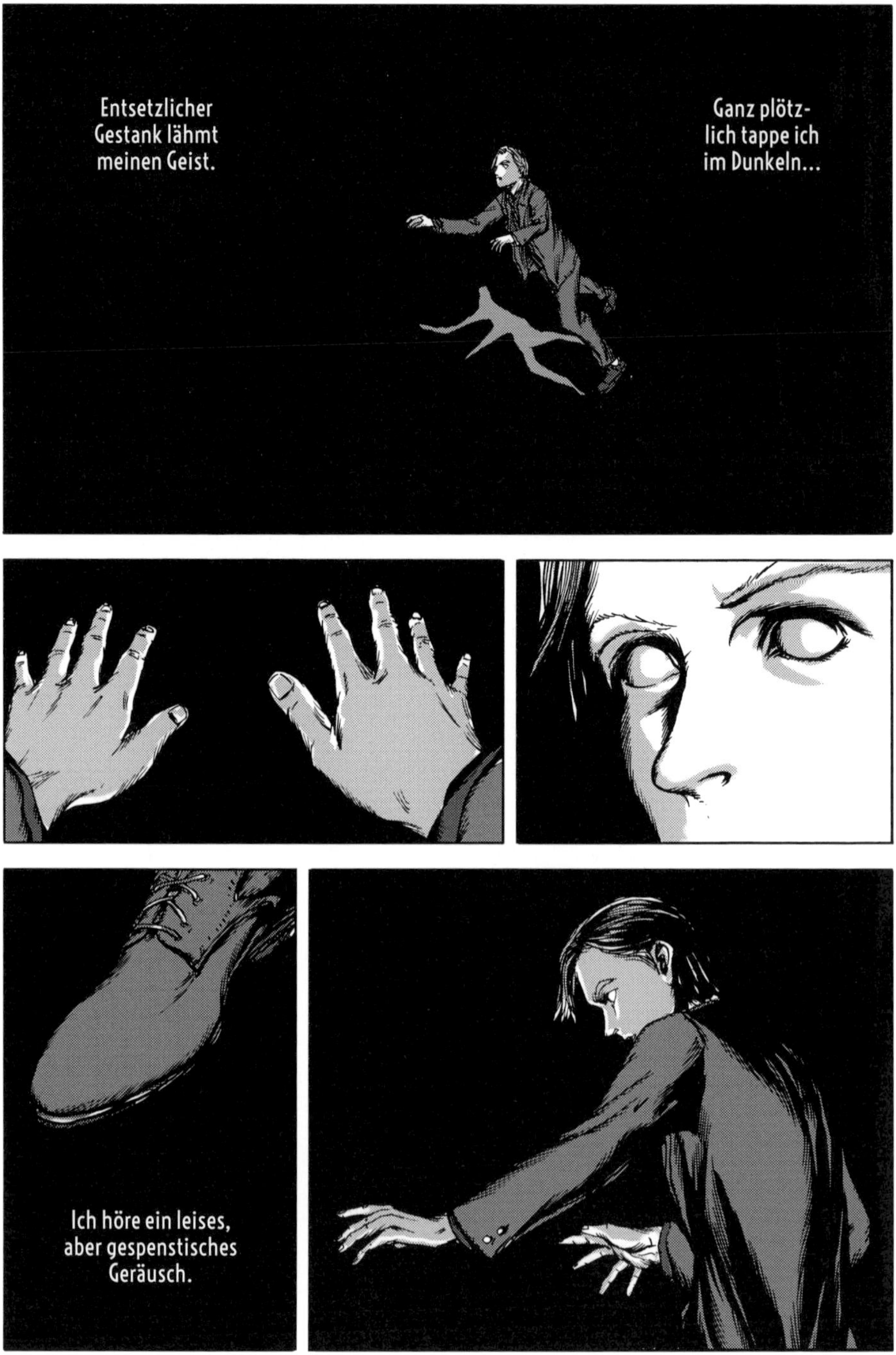
Entsetzlicher Gestank lähmt meinen Geist.
Ganz plötzlich tappe ich im Dunkeln…
Ich höre ein leises, aber gespenstisches Geräusch.

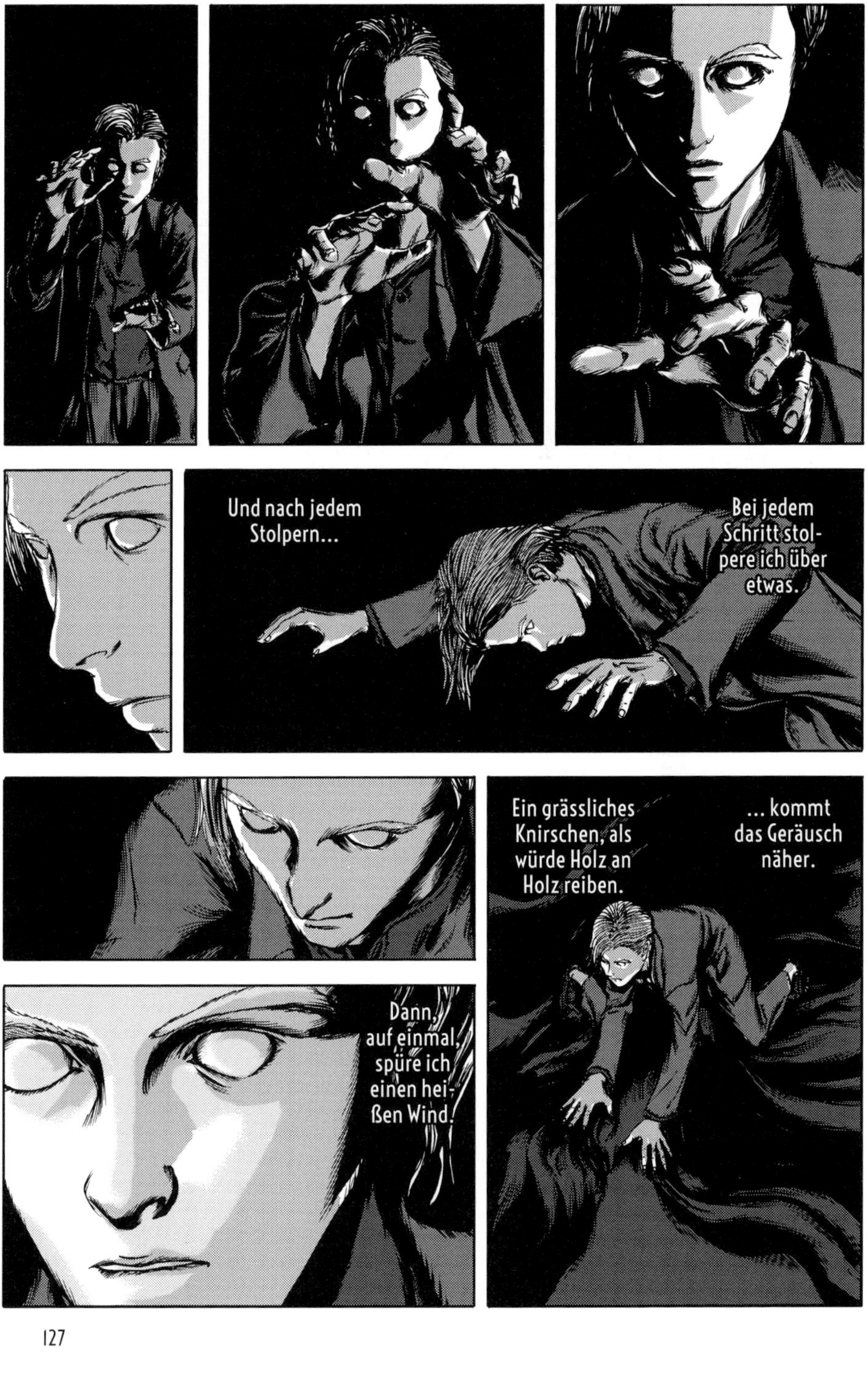
Bei jedem Schritt stolpere ich über etwas.
Und nach jedem Stolpern...
... kommt das Geräusch näher.
Ein grässliches Knirschen, als würde Holz an Holz reiben.
Dann, auf einmal, spüre ich einen heißen Wind.

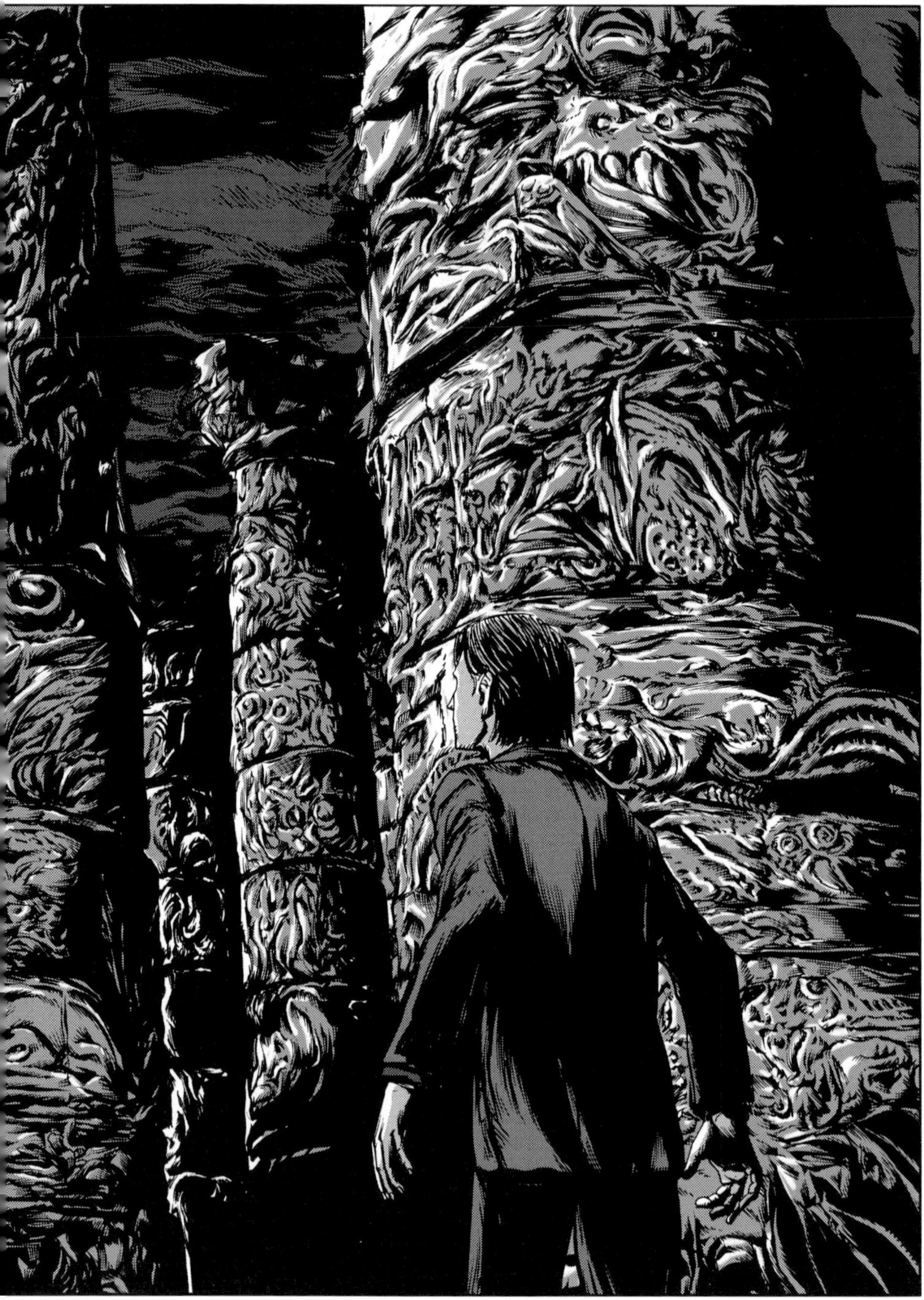

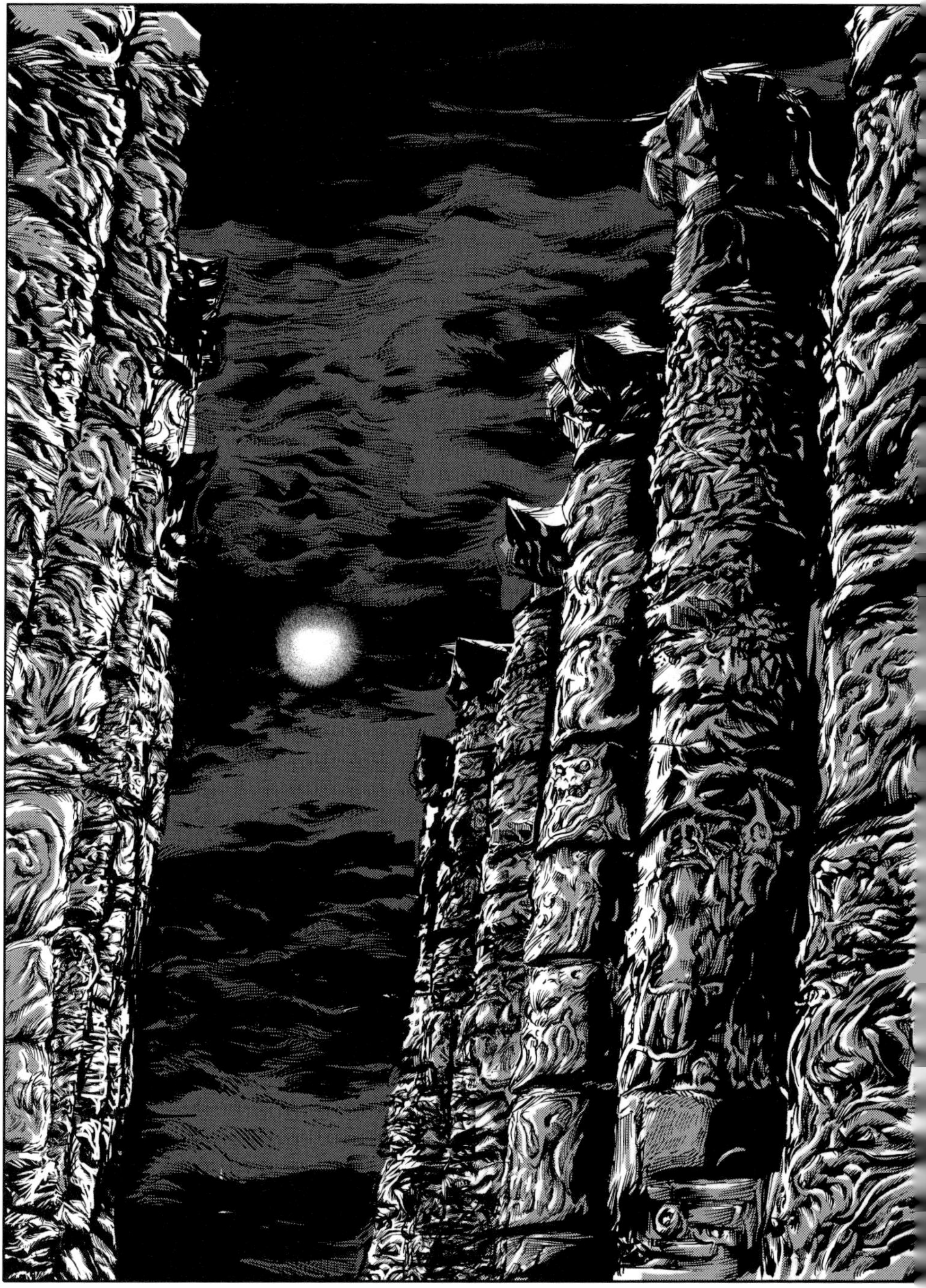

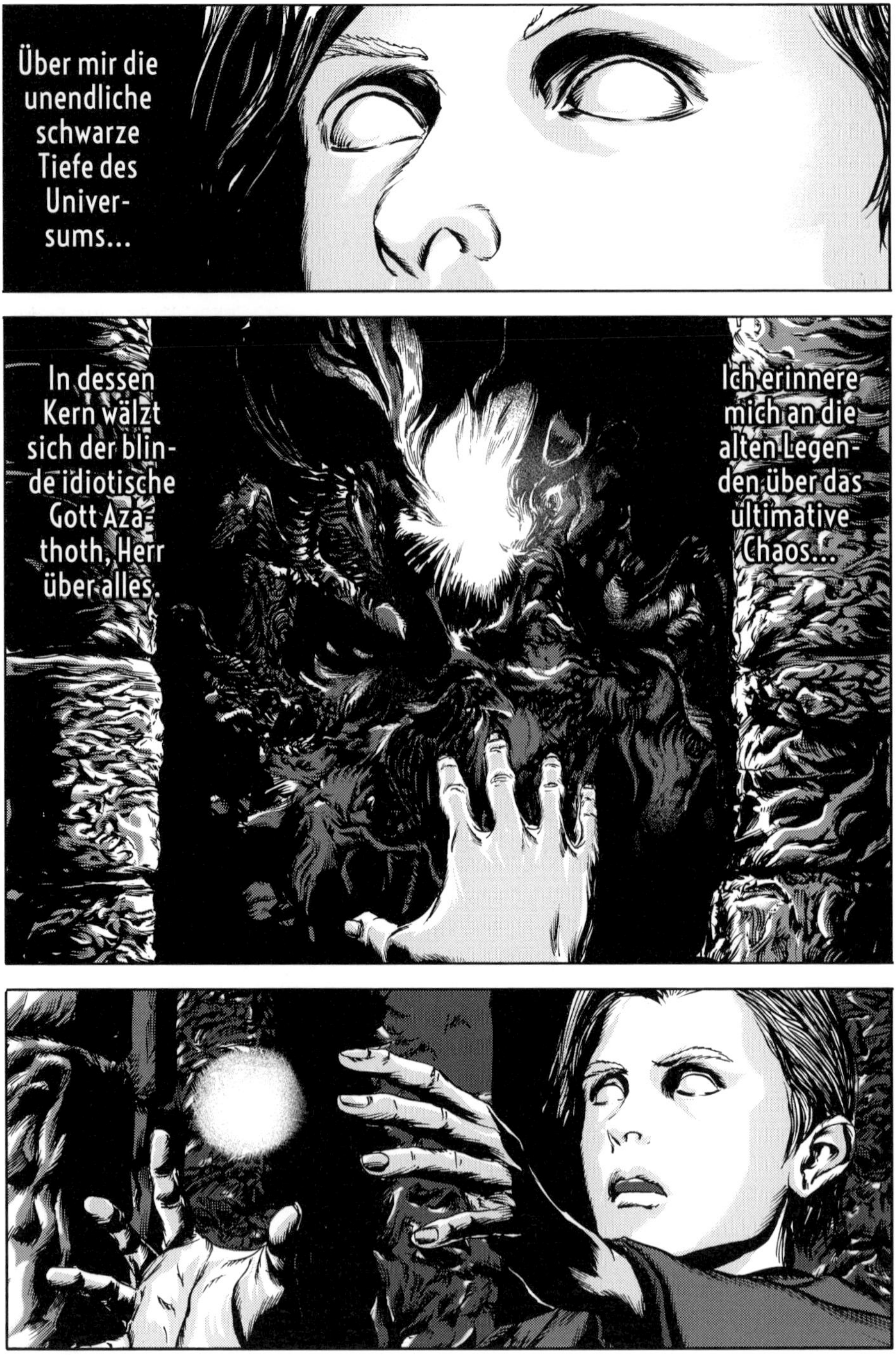
Über mir die unendliche schwarze Tiefe des Univer-sums...
In dessen Kern wälzt sich der blin-de idiotische Gott Aza-thoth, Herr über alles.
Ich erinnere mich an die alten Legen-den über das ultimative Chaos...

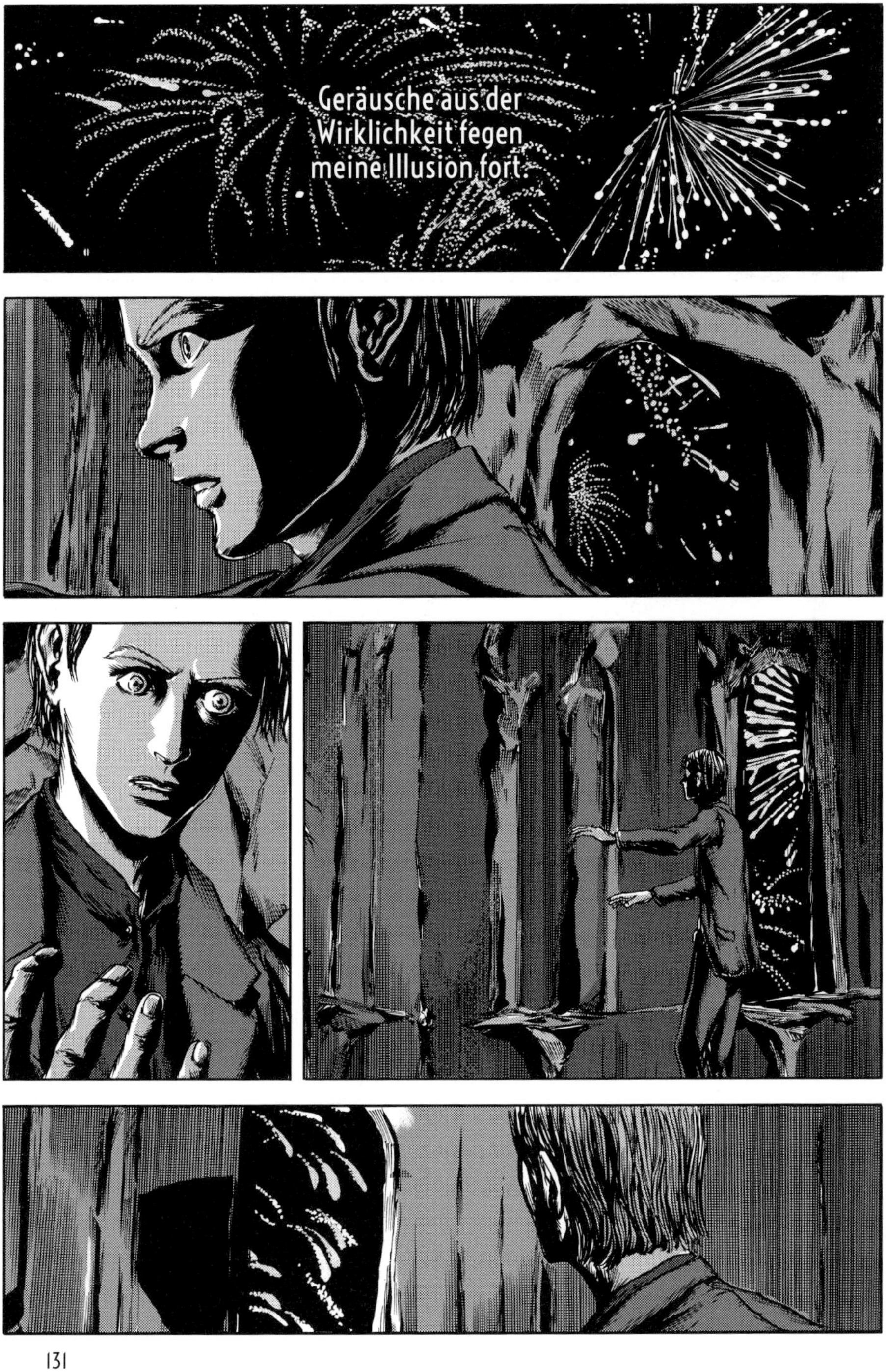
Geräusche aus der
Wirklichkeit fegen
meine Illusion fort.

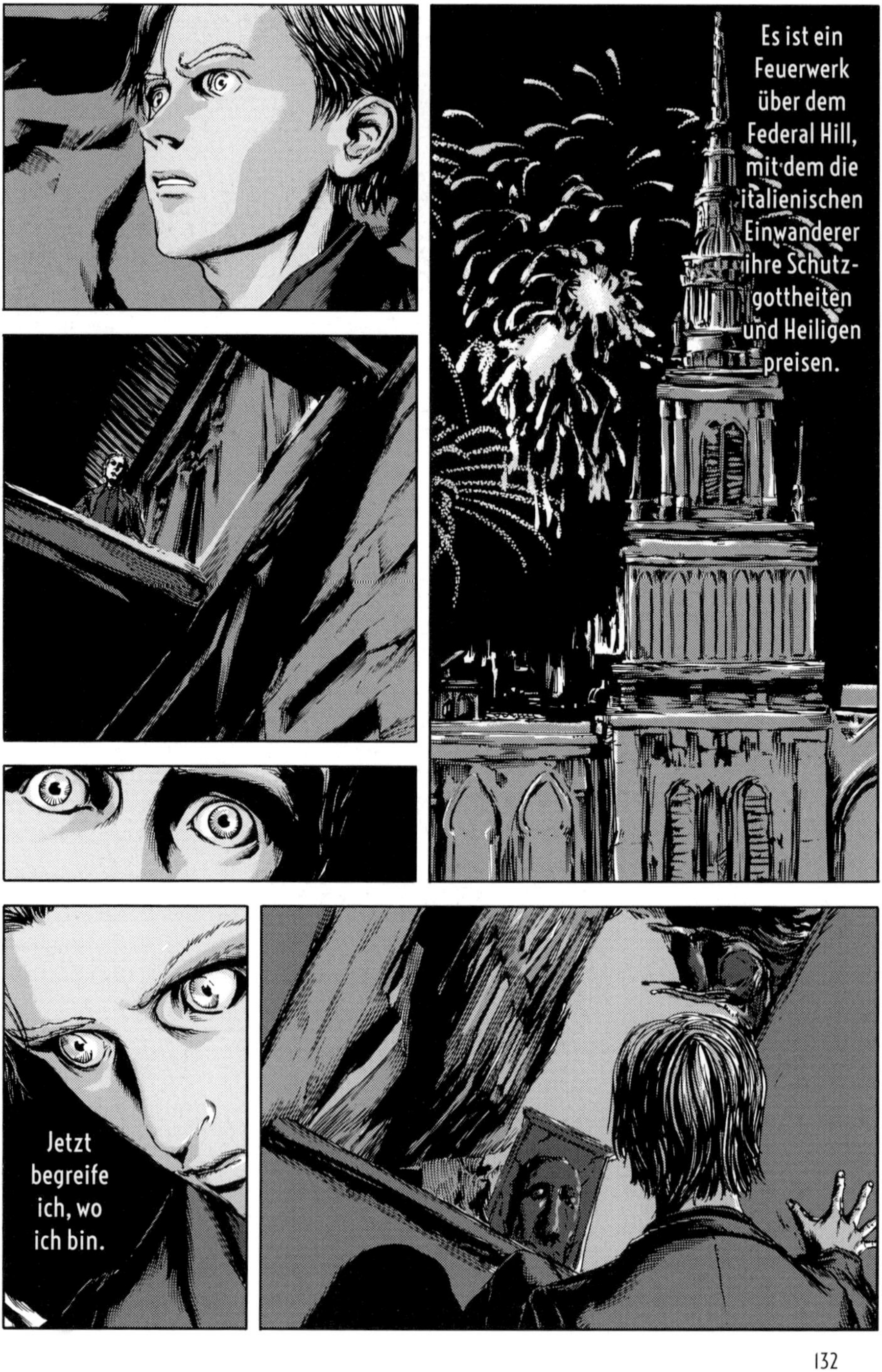
Es ist ein Feuerwerk über dem Federal Hill, mit dem die italienischen Einwanderer ihre Schutz-gottheiten und Heiligen preisen.
Jetzt begreife ich, wo ich bin.

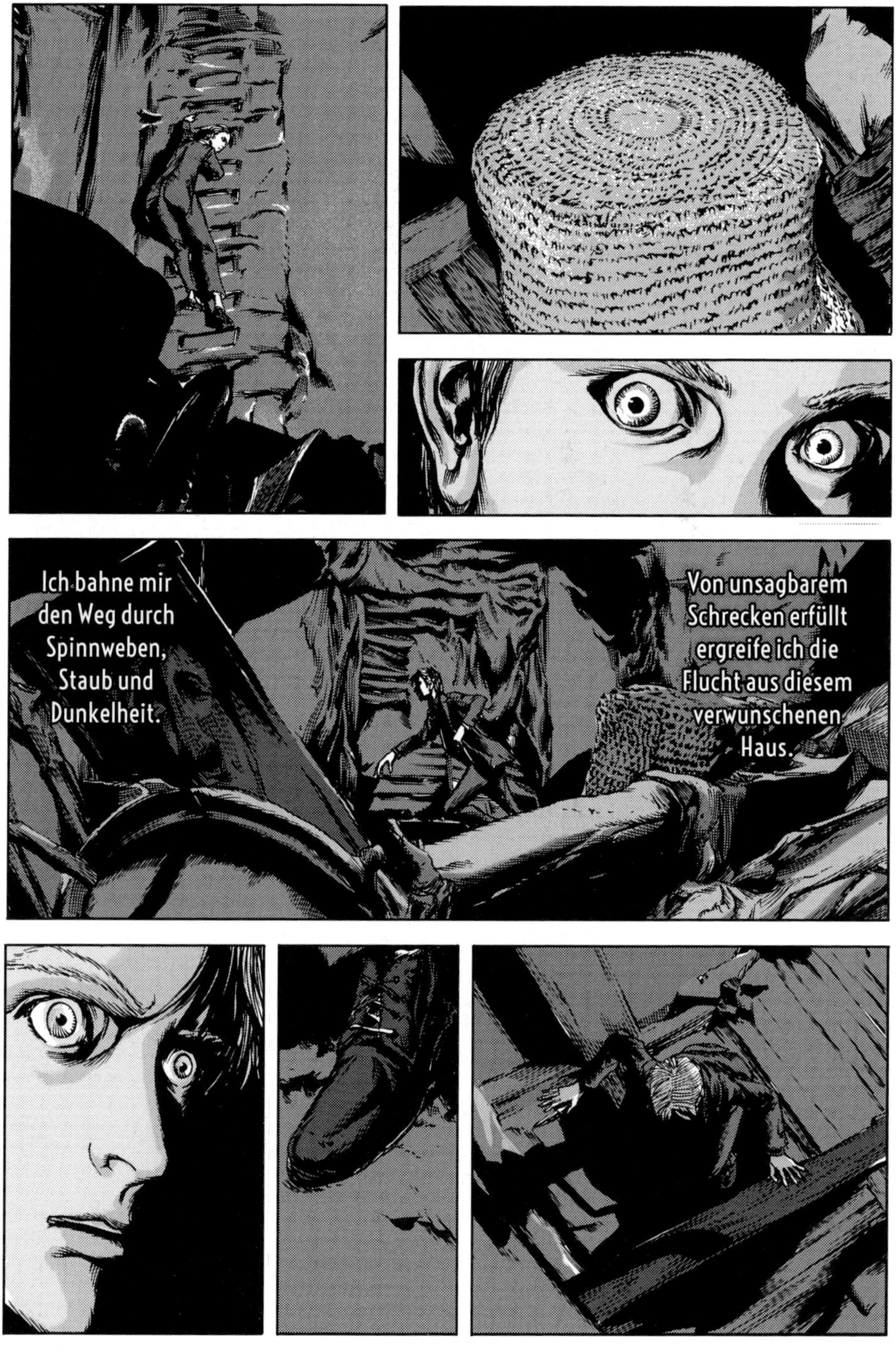
Ich bahne mir den Weg durch Spinnweben, Staub und Dunkelheit.
Von unsagbarem Schrecken erfüllt ergreife ich die Flucht aus diesem verwunschenen Haus.

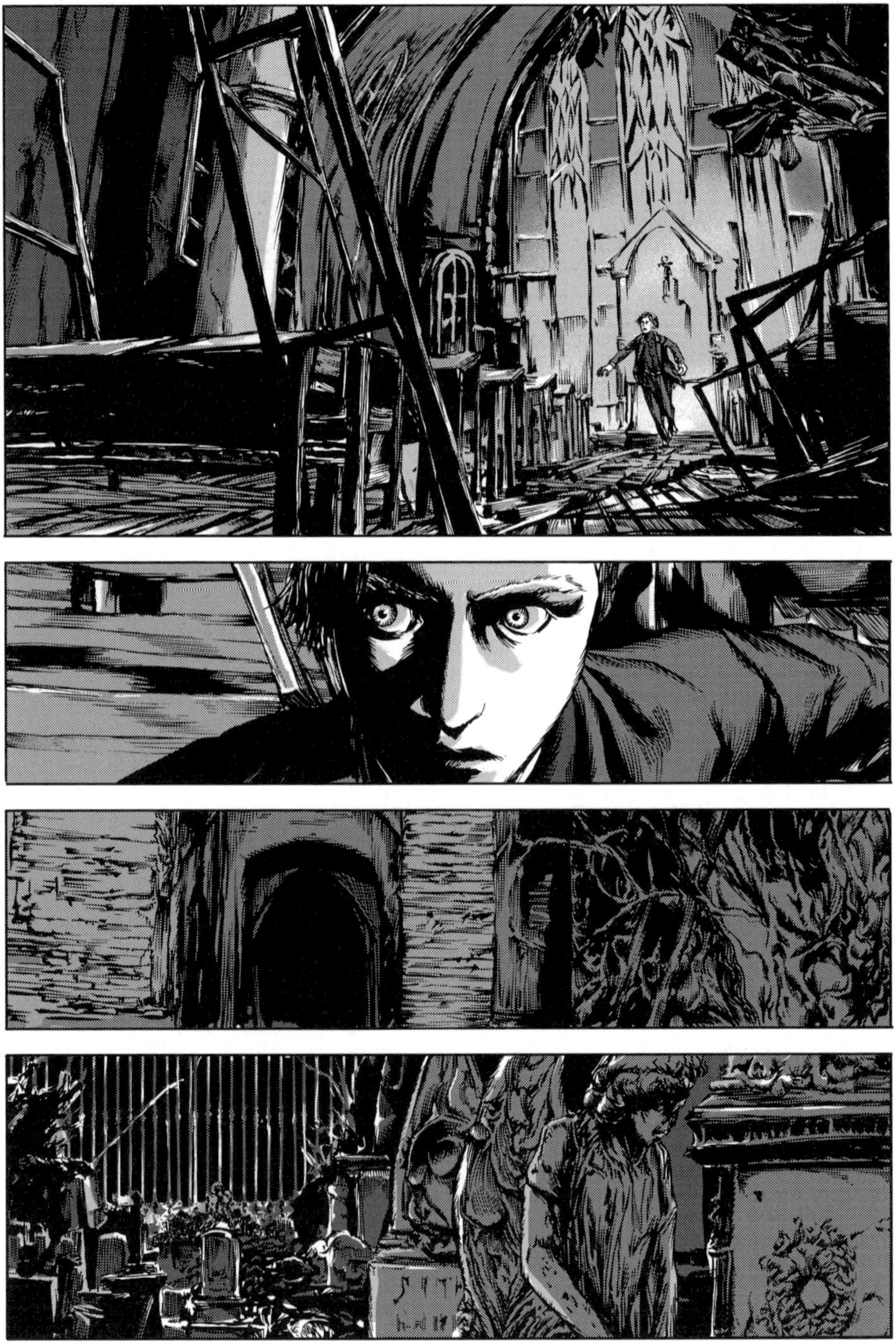

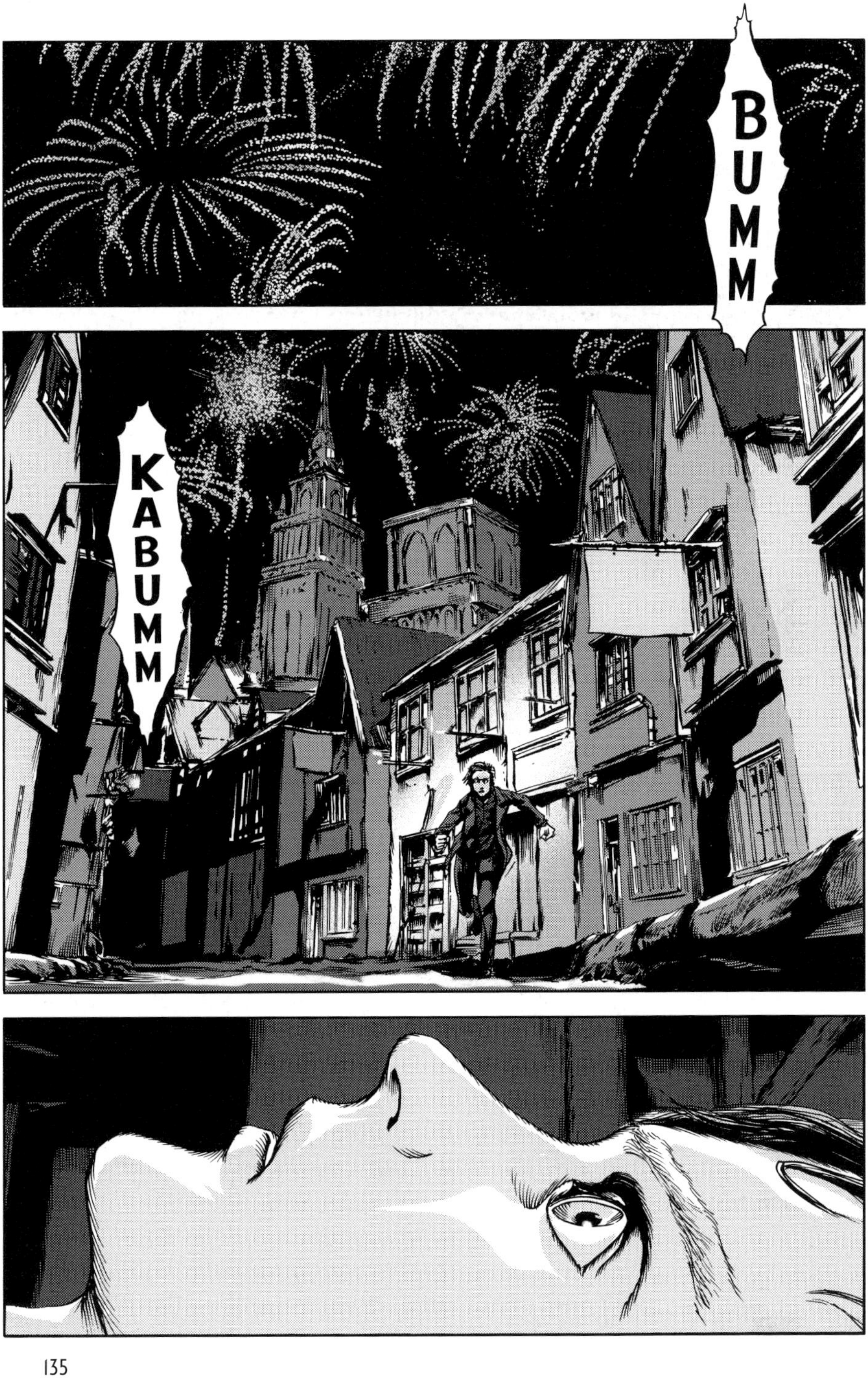
BUMM
KABUMM

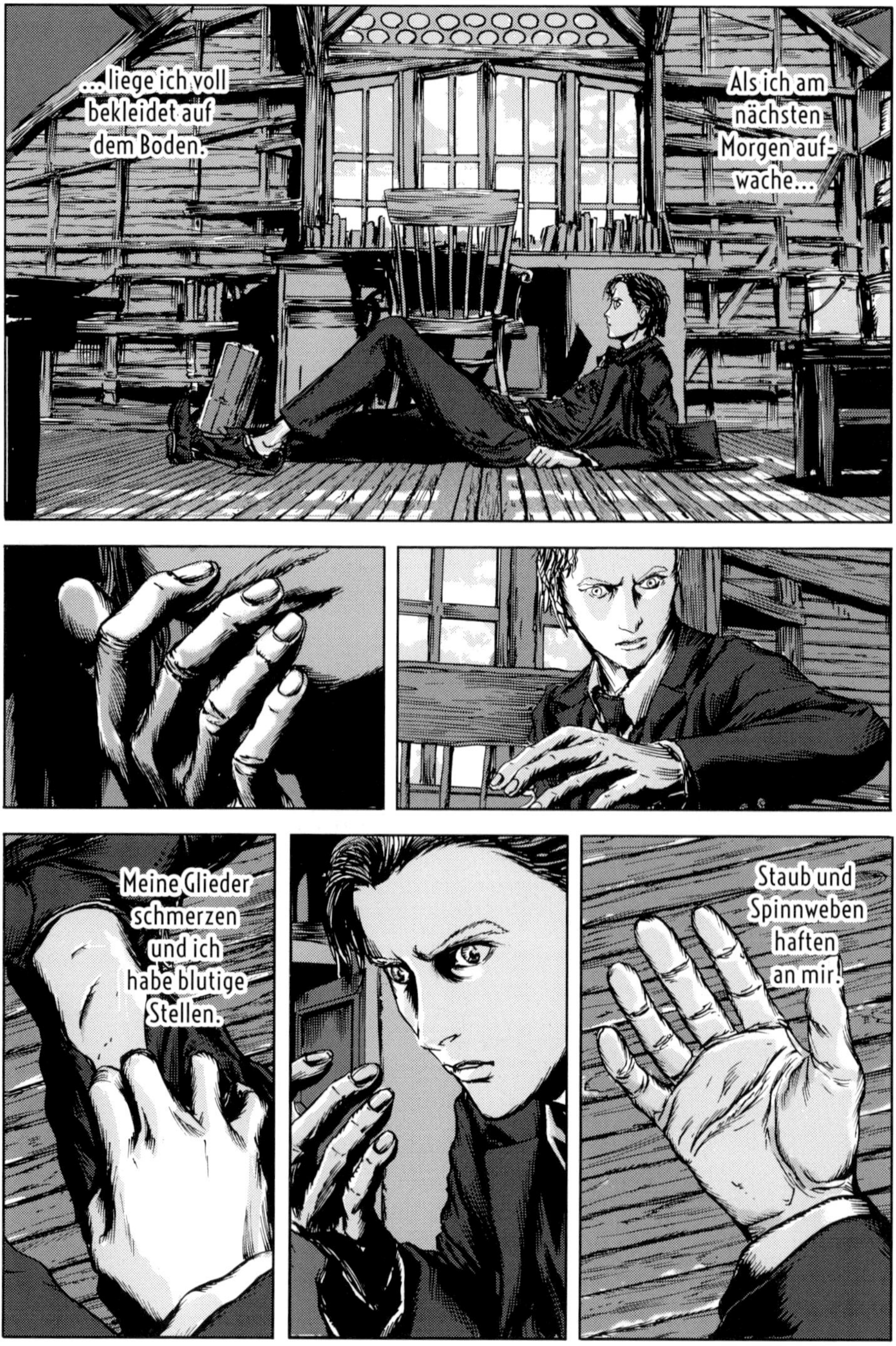
Als ich am nächsten Morgen auf- wache...
... liege ich voll bekleidet auf dem Boden.
Staub und Spinnweben haften an mir!
Meine Glieder schmerzen und ich habe blutige Stellen.

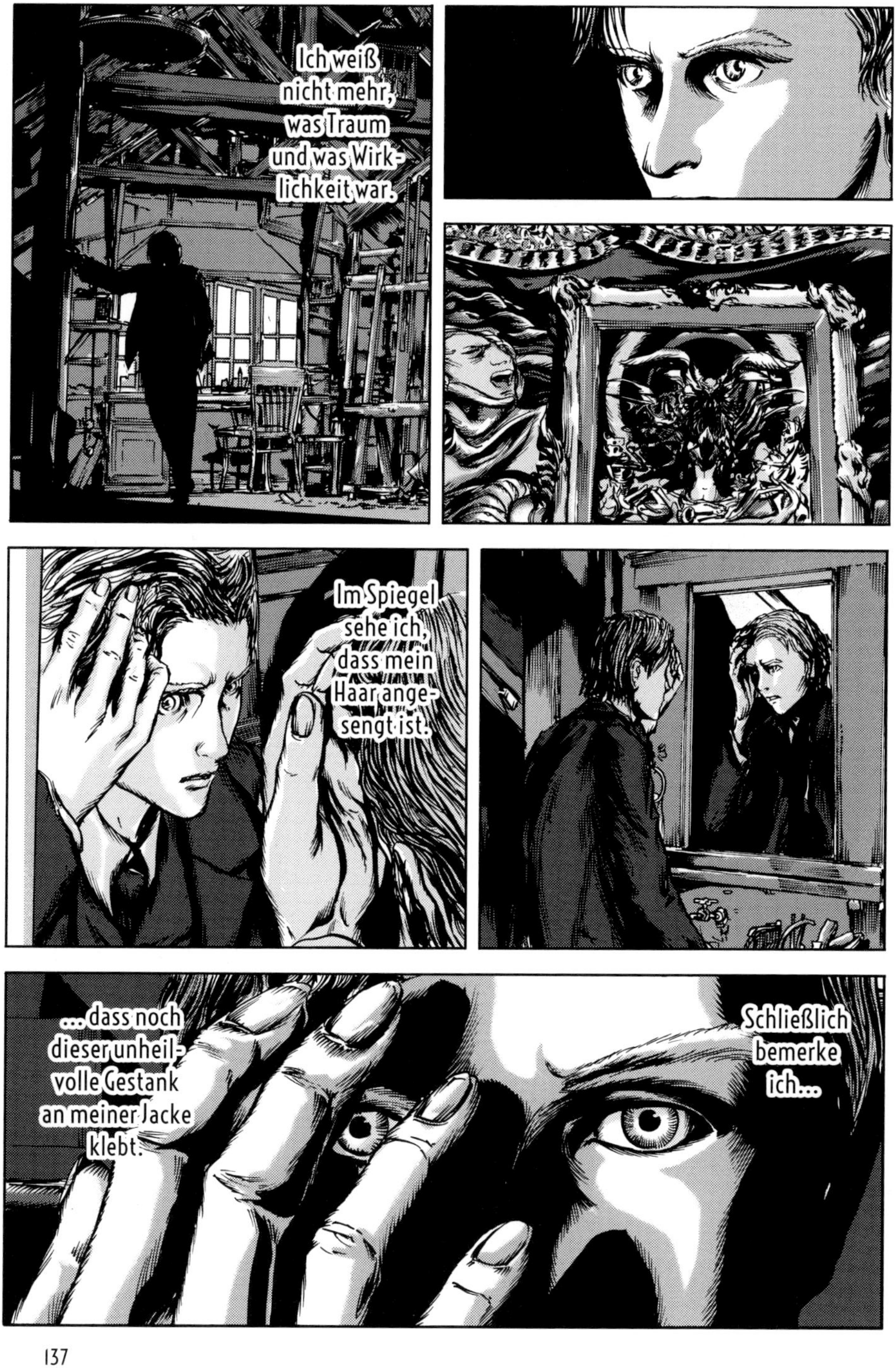
Ich weiß nicht mehr, was Traum und was Wirklichkeit war.
Im Spiegel sehe ich, dass mein Haar angesengt ist.
Schließlich bemerke ich...
... dass noch dieser unheilvolle Gestank an meiner Jacke klebt.

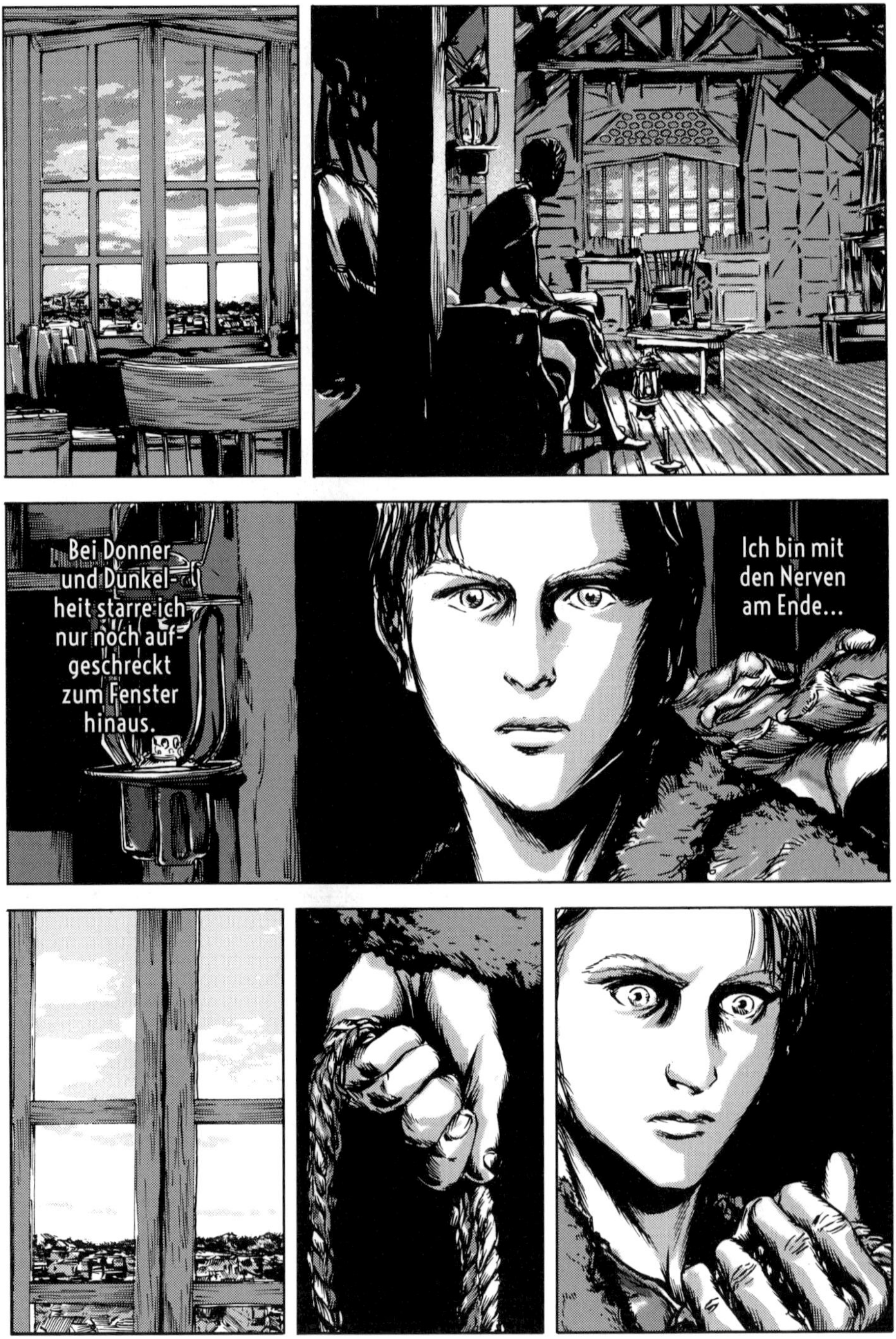
Bei Donner und Dunkelheit starre ich nur noch aufgeschreckt zum Fenster hinaus.
Ich bin mit den Nerven am Ende...

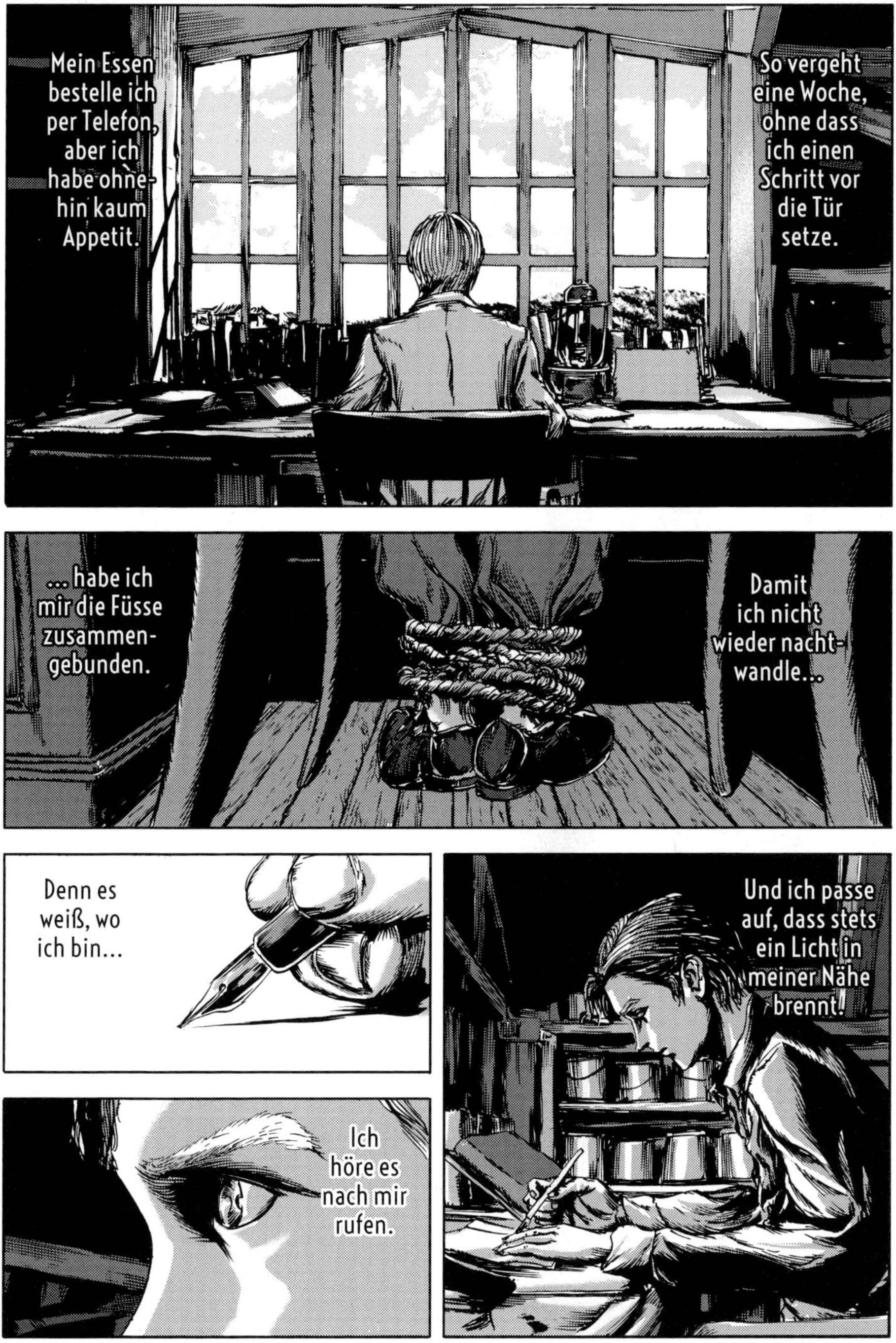
So vergeht eine Woche, ohne dass ich einen Schritt vor die Tür setze.
Mein Essen bestelle ich per Telefon, aber ich habe ohnehin kaum Appetit.
Damit ich nicht wieder nachtwandle...
... habe ich mir die Füsse zusammengebunden.
Und ich passe auf, dass stets ein Licht in meiner Nähe brennt.
Denn es weiß, wo ich bin...
Ich höre es nach mir rufen.

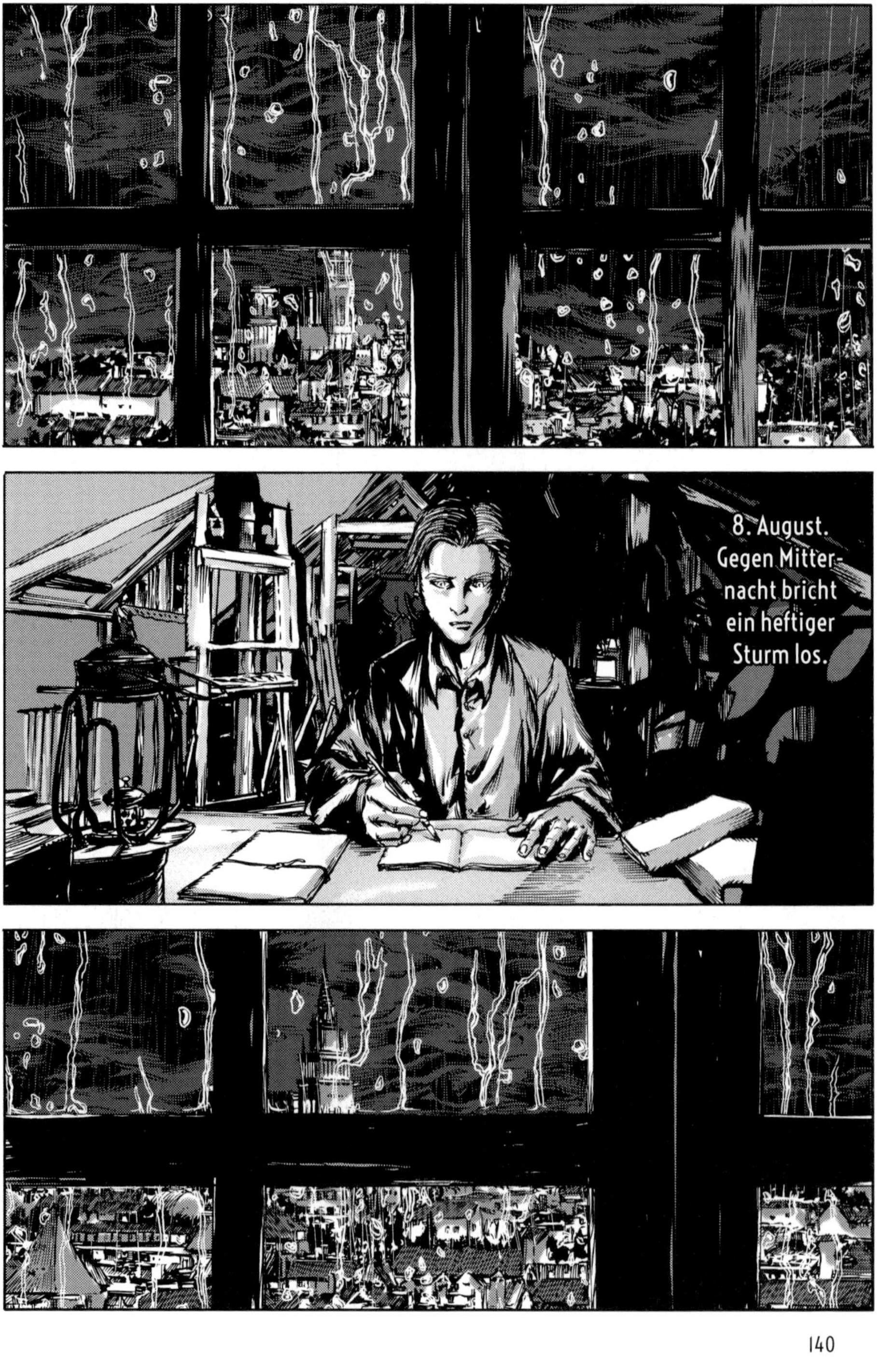
8. August. Gegen Mitter-nacht bricht ein heftiger Sturm los.

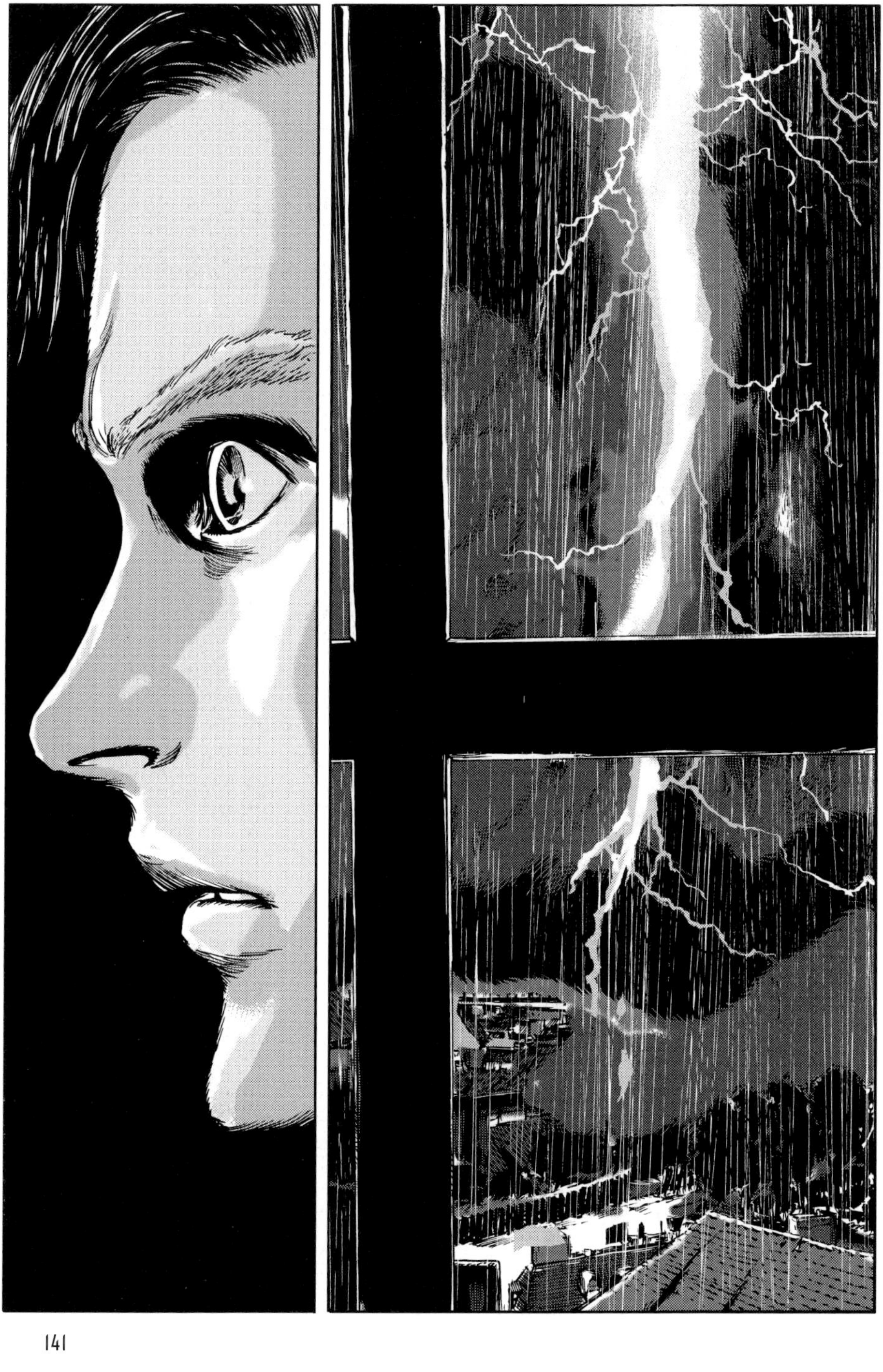

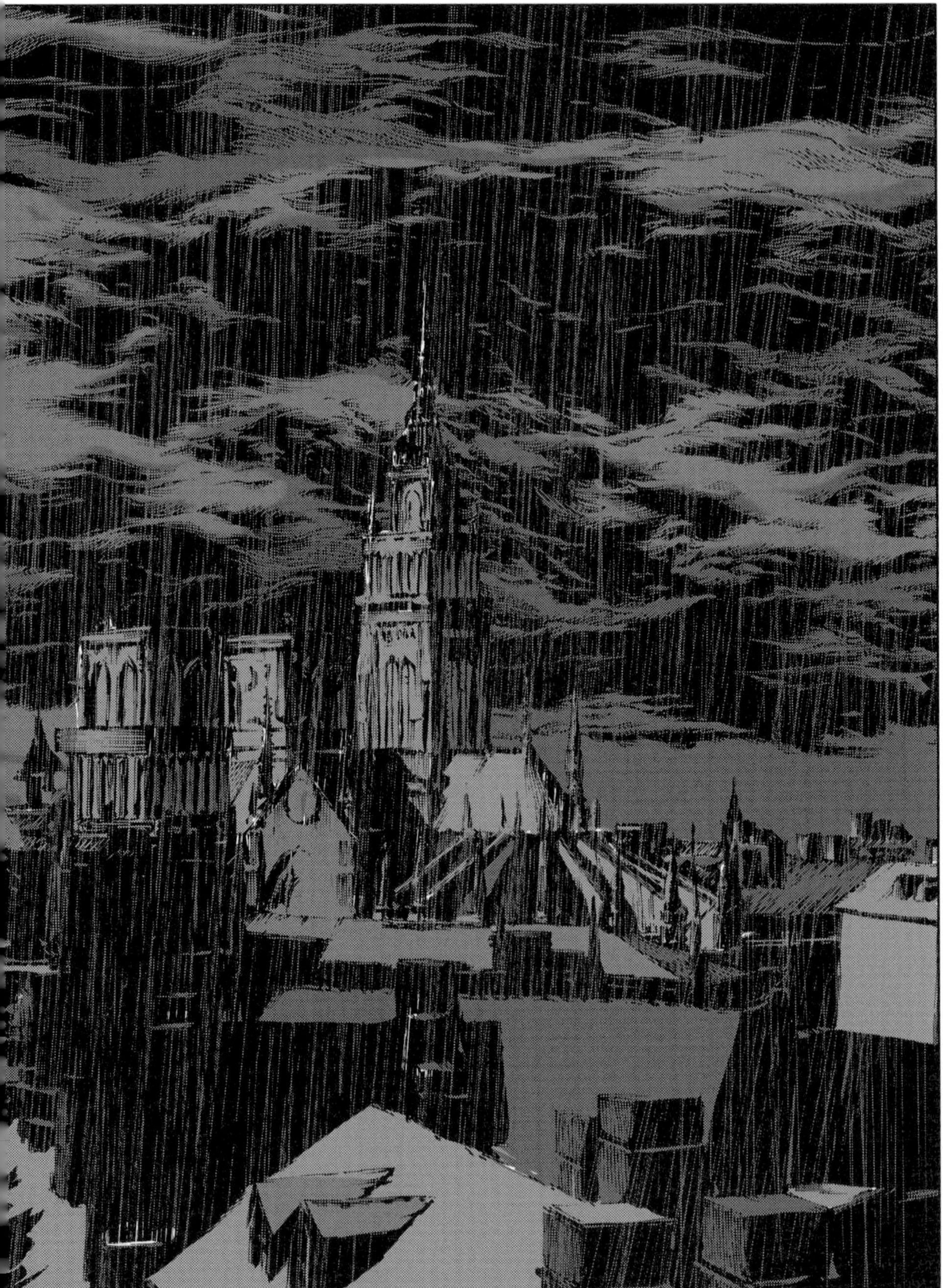

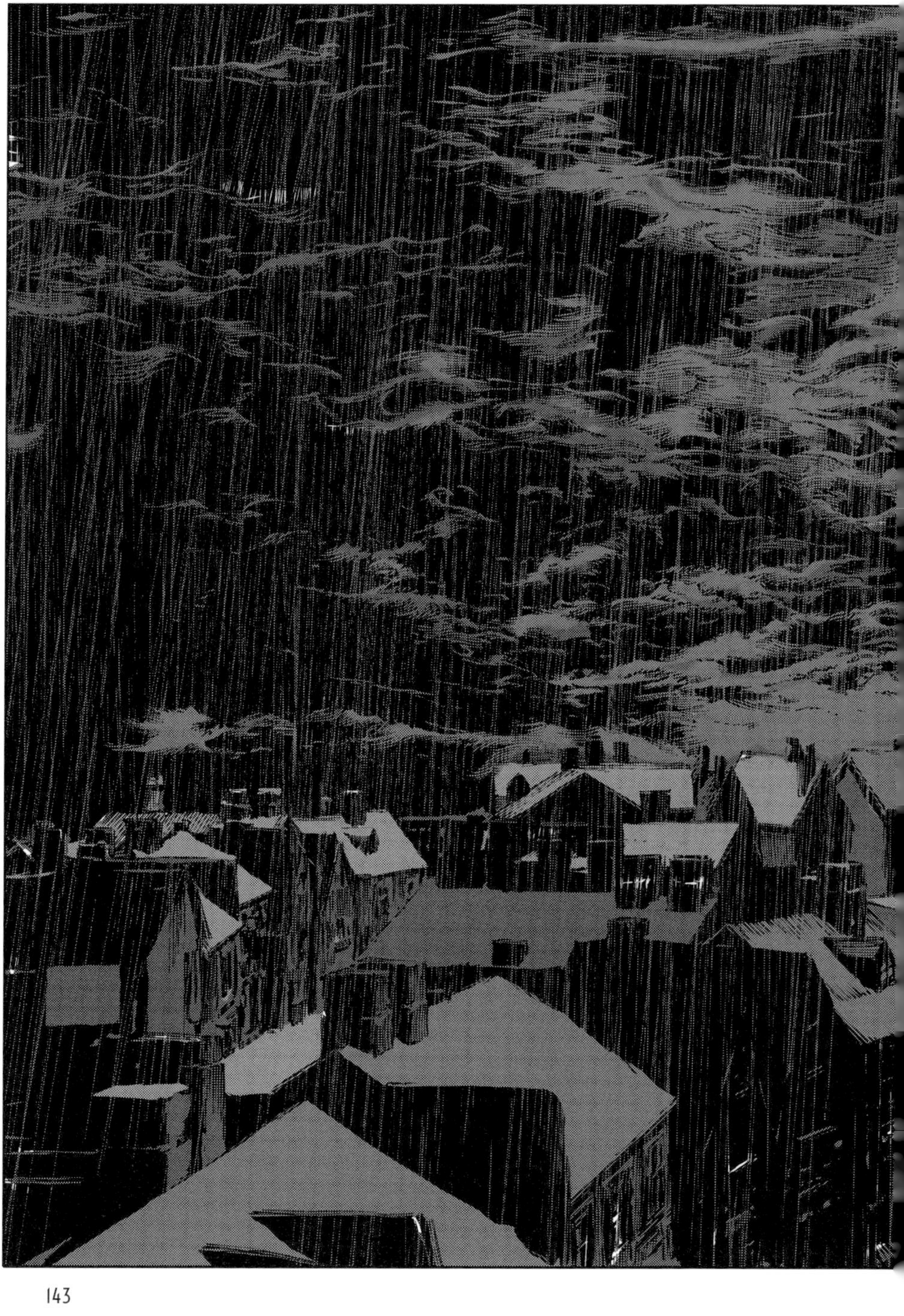

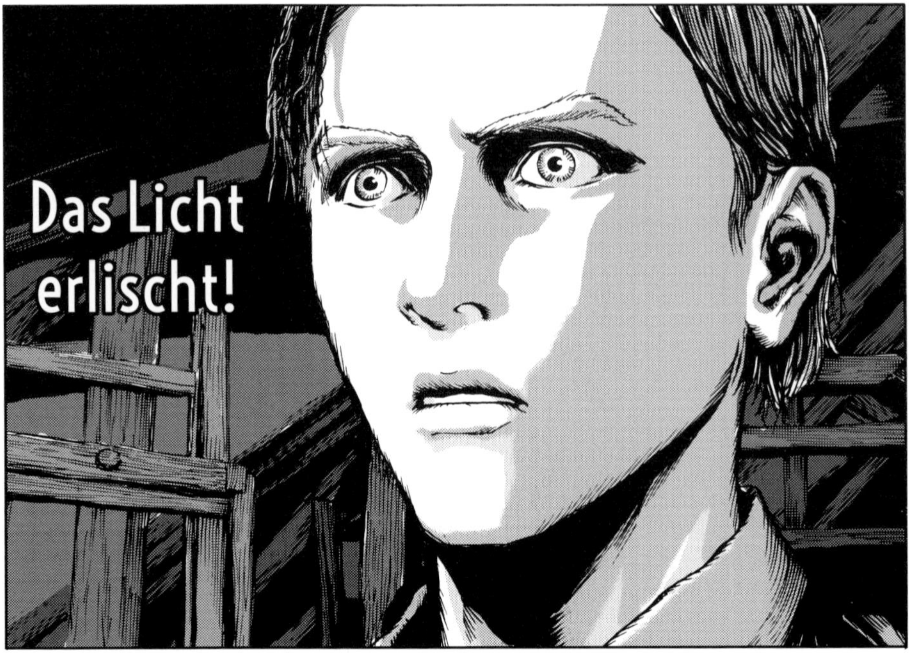
Das Licht
erlischt!

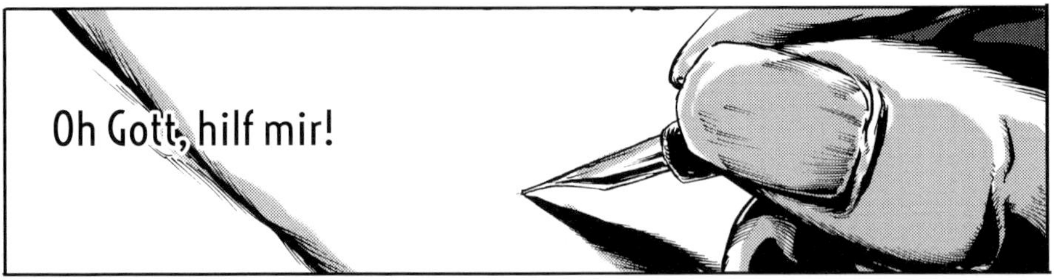
Oh Gott, hilf mir!

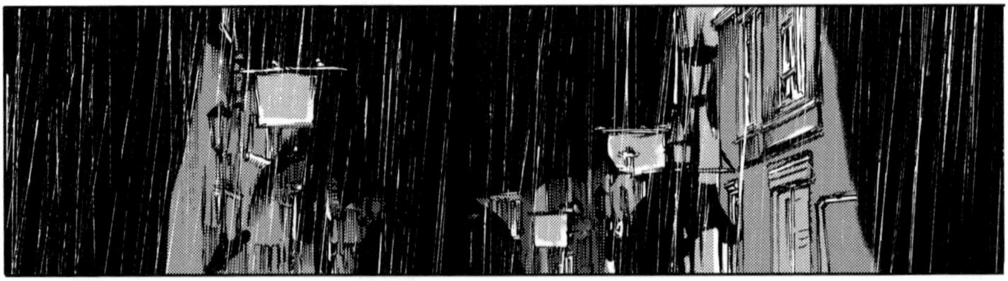

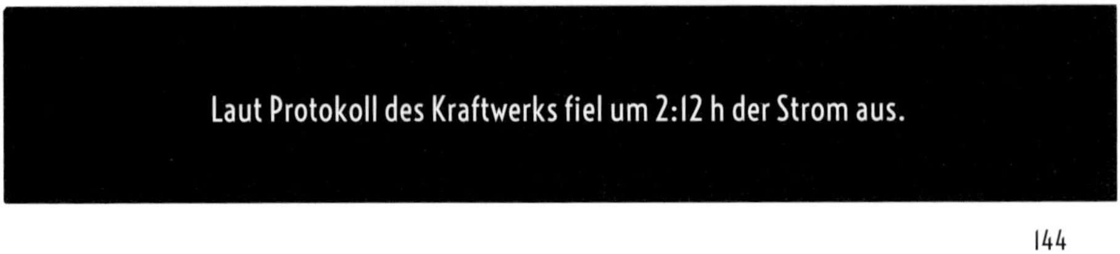
Laut Protokoll des Kraftwerks fiel um 2:12 h der Strom aus.

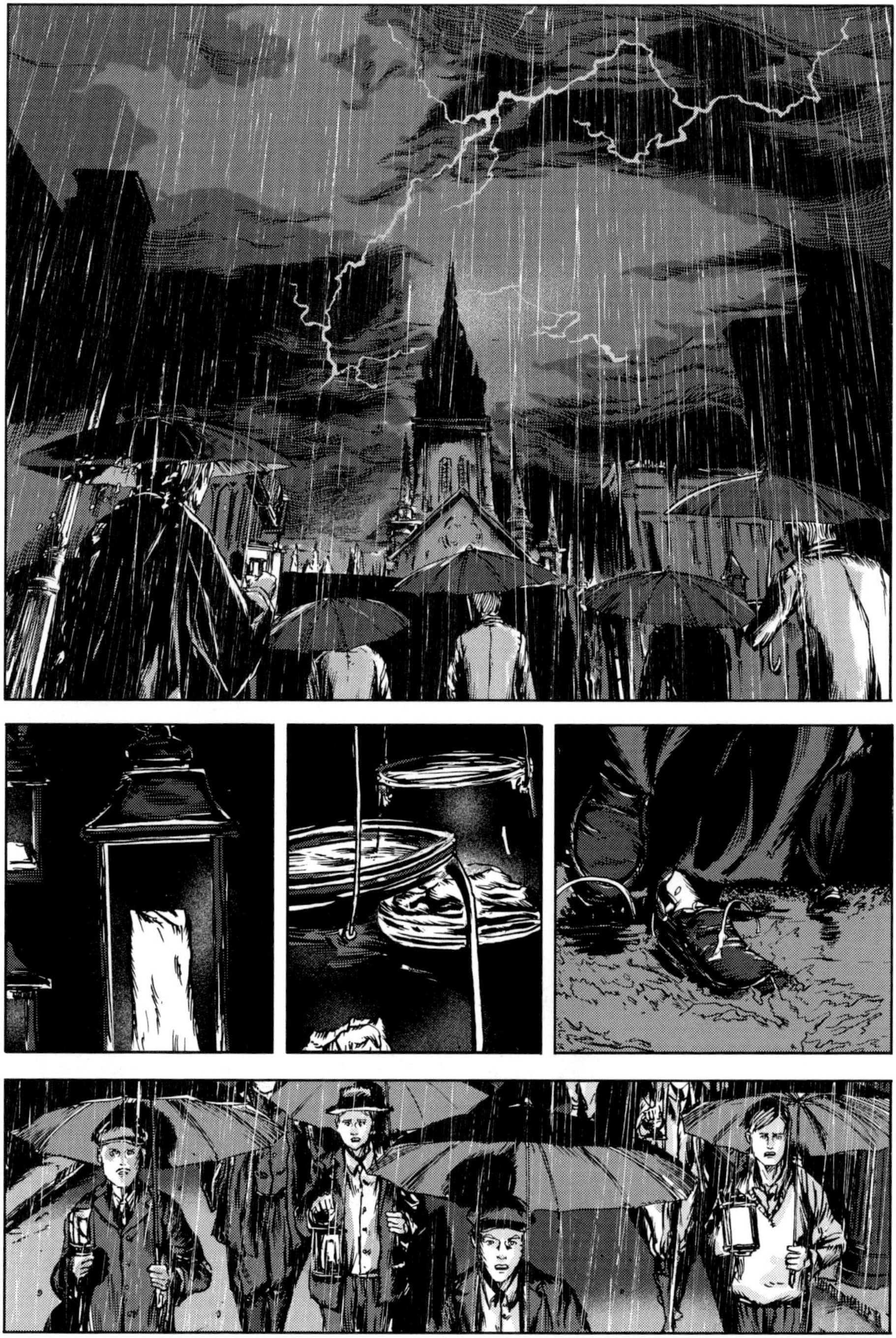

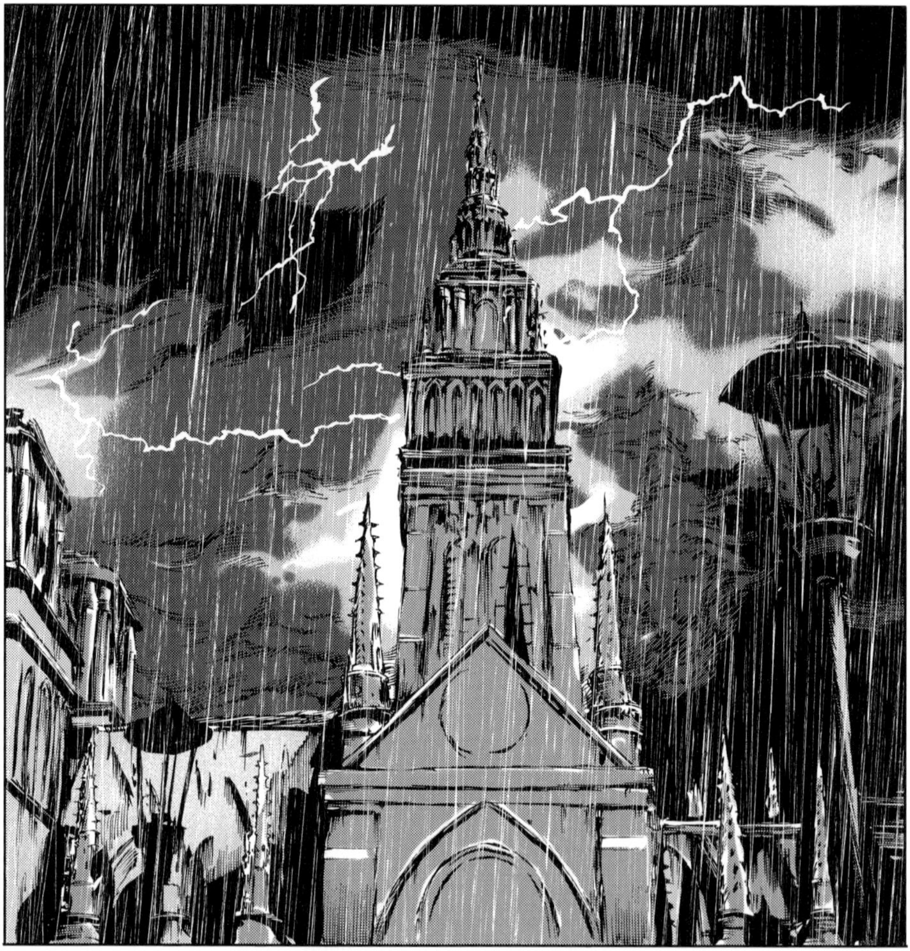

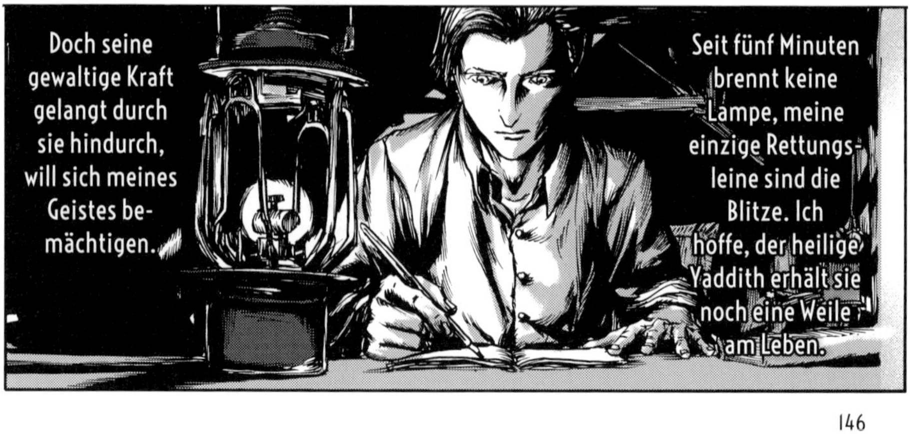
Doch seine gewaltige Kraft gelangt durch sie hindurch, will sich meines Geistes bemächtigen.
Seit fünf Minuten brennt keine Lampe, meine einzige Rettungsleine sind die Blitze. Ich hoffe, der heilige Yaddith erhält sie noch eine Weile am Leben.

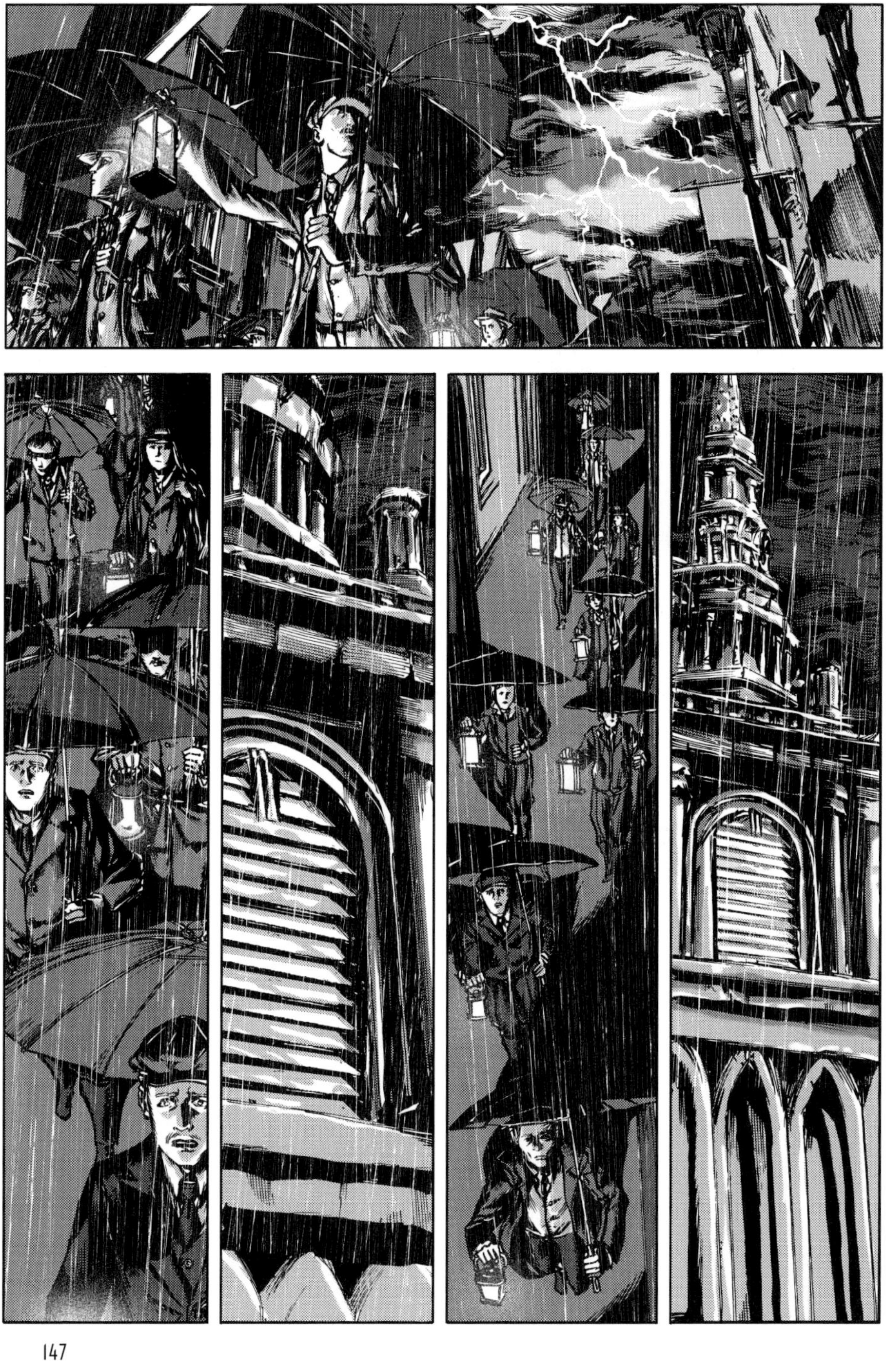

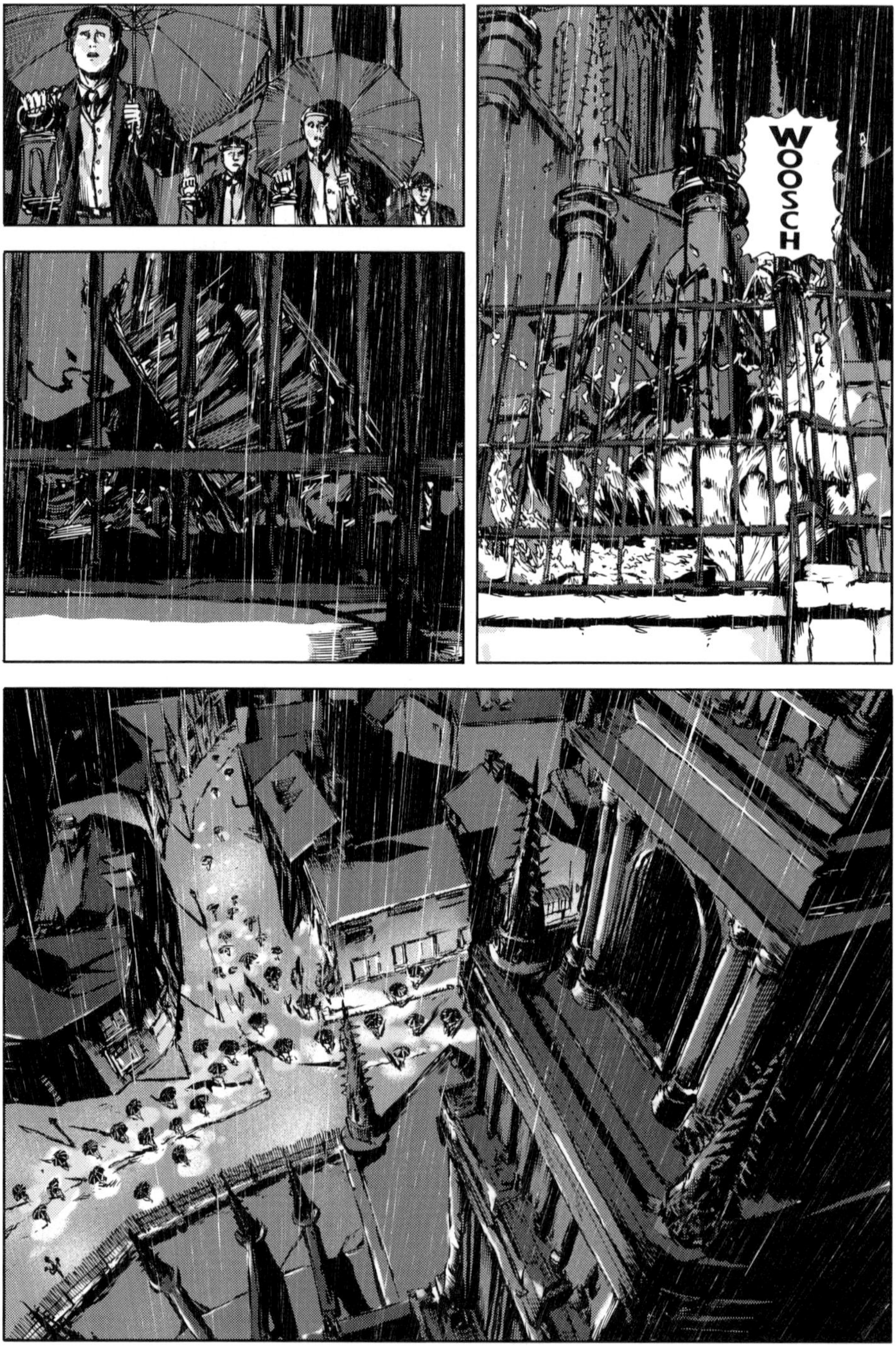
WOOSCH

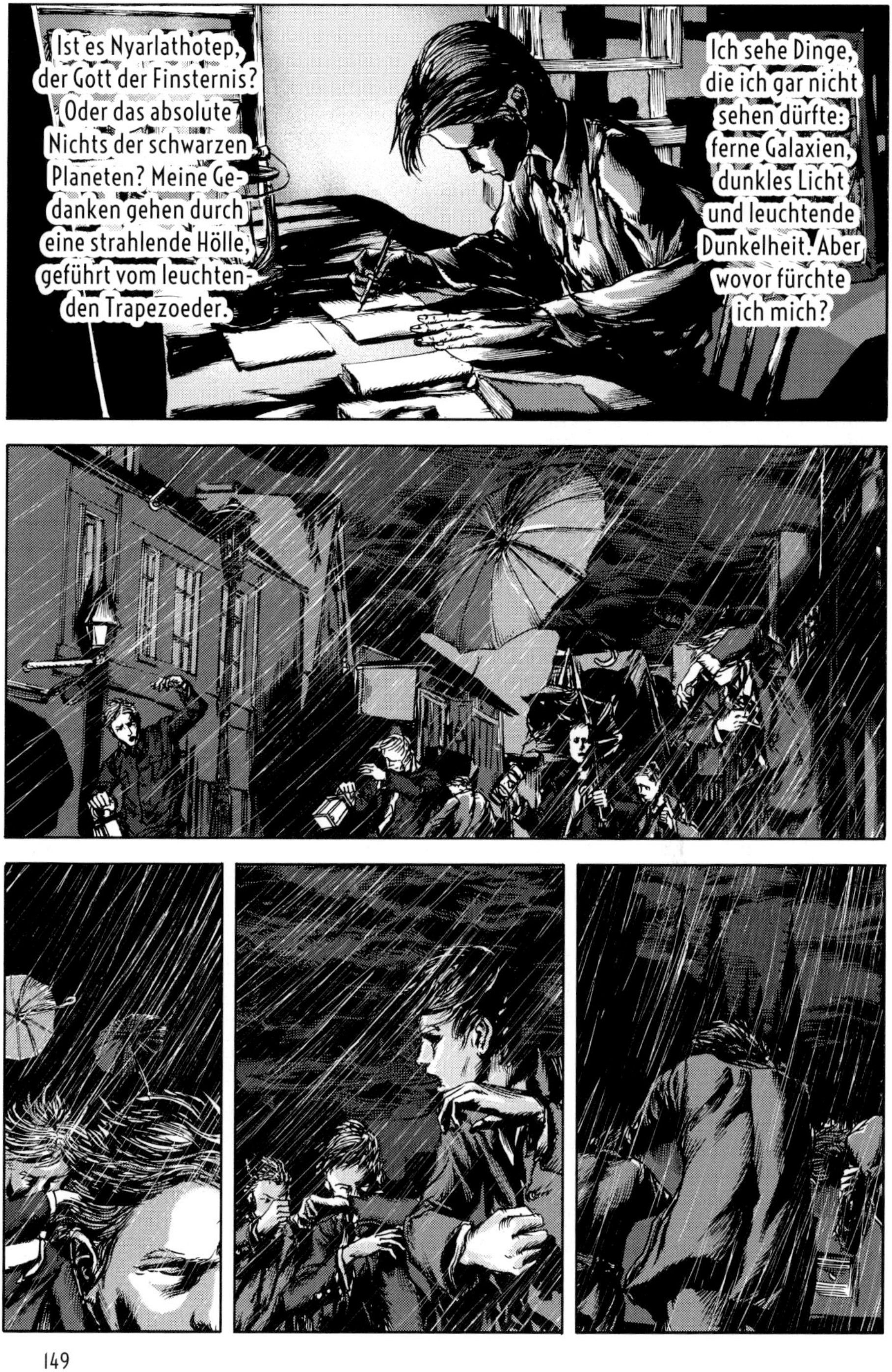
Ist es Nyarlathotep, der Gott der Finsternis? Oder das absolute Nichts der schwarzen Planeten? Meine Gedanken gehen durch eine strahlende Hölle, geführt vom leuchtenden Trapezoeder.
Ich sehe Dinge, die ich gar nicht sehen dürfte: ferne Galaxien, dunkles Licht und leuchtende Dunkelheit. Aber wovor fürchte ich mich?

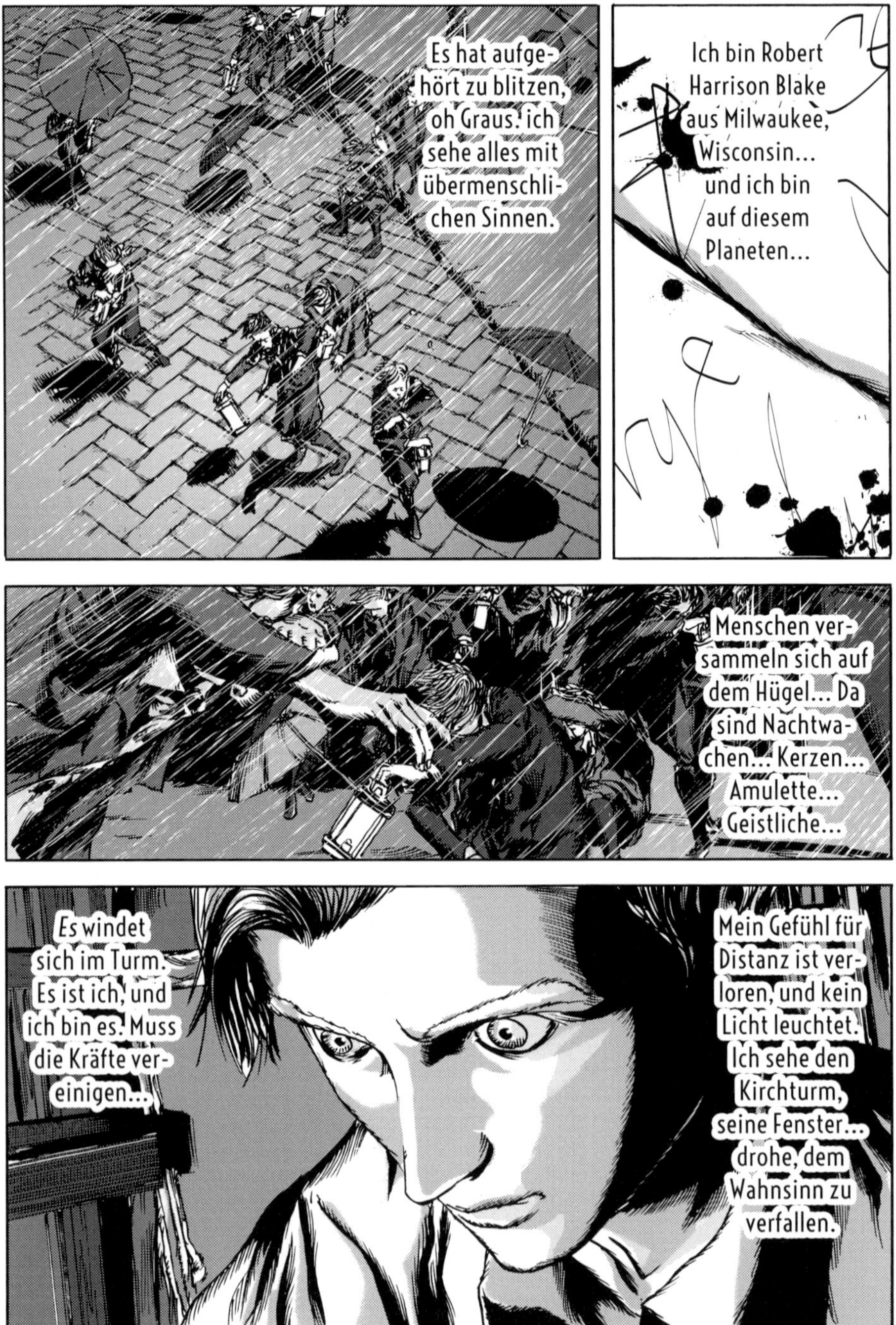
Es hat aufgehört zu blitzen, oh Graus. ich sehe alles mit übermenschlichen Sinnen.
Ich bin Robert Harrison Blake aus Milwaukee, Wisconsin… und ich bin auf diesem Planeten…
Menschen versammeln sich auf dem Hügel… Da sind Nachtwachen… Kerzen… Amulette… Geistliche…
Es windet sich im Turm. Es ist ich, und ich bin es. Muss die Kräfte vereinigen…
Mein Gefühl für Distanz ist verloren, und kein Licht leuchtet. Ich sehe den Kirchturm, seine Fenster… drohe, dem Wahnsinn zu verfallen.

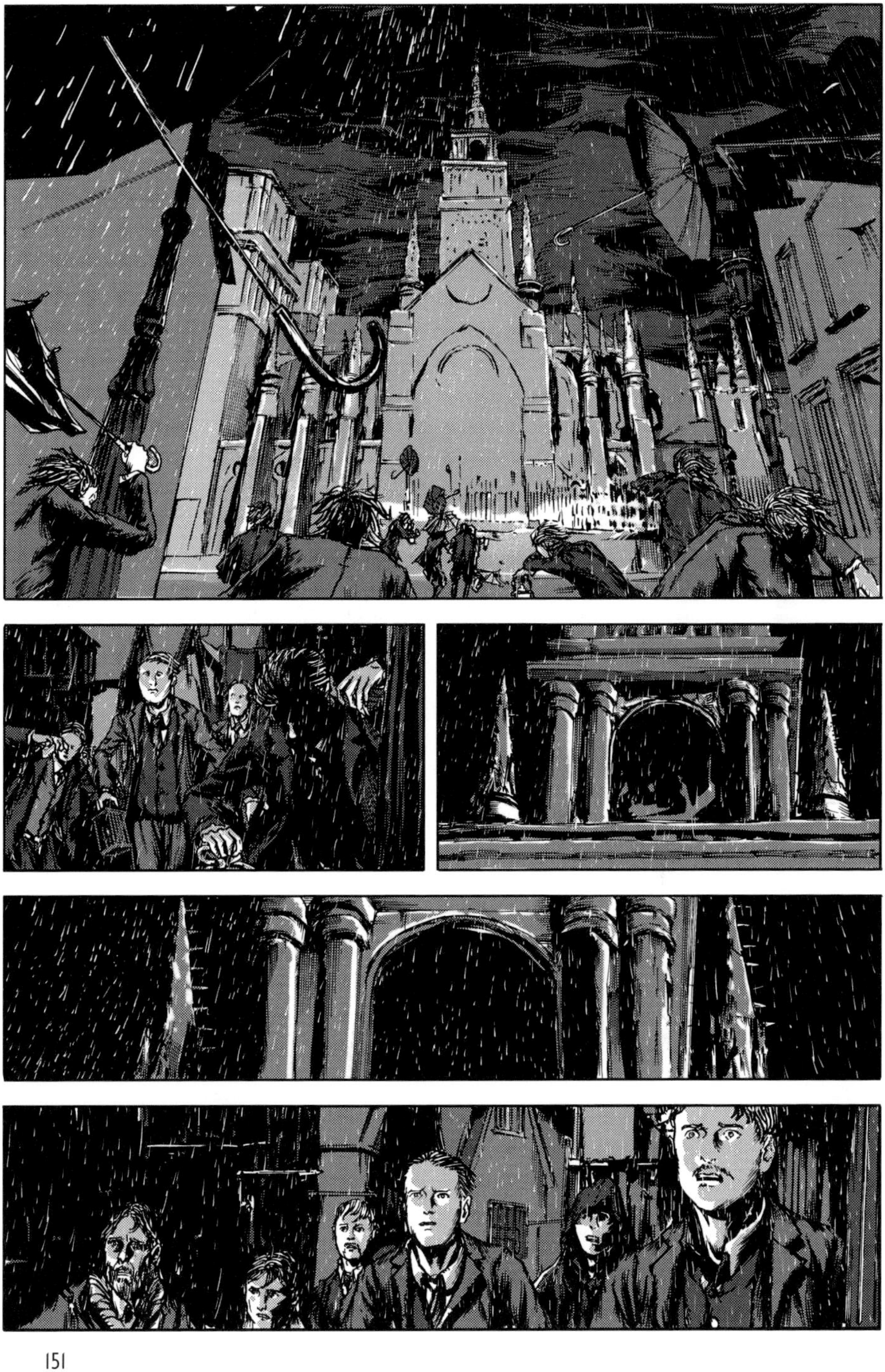

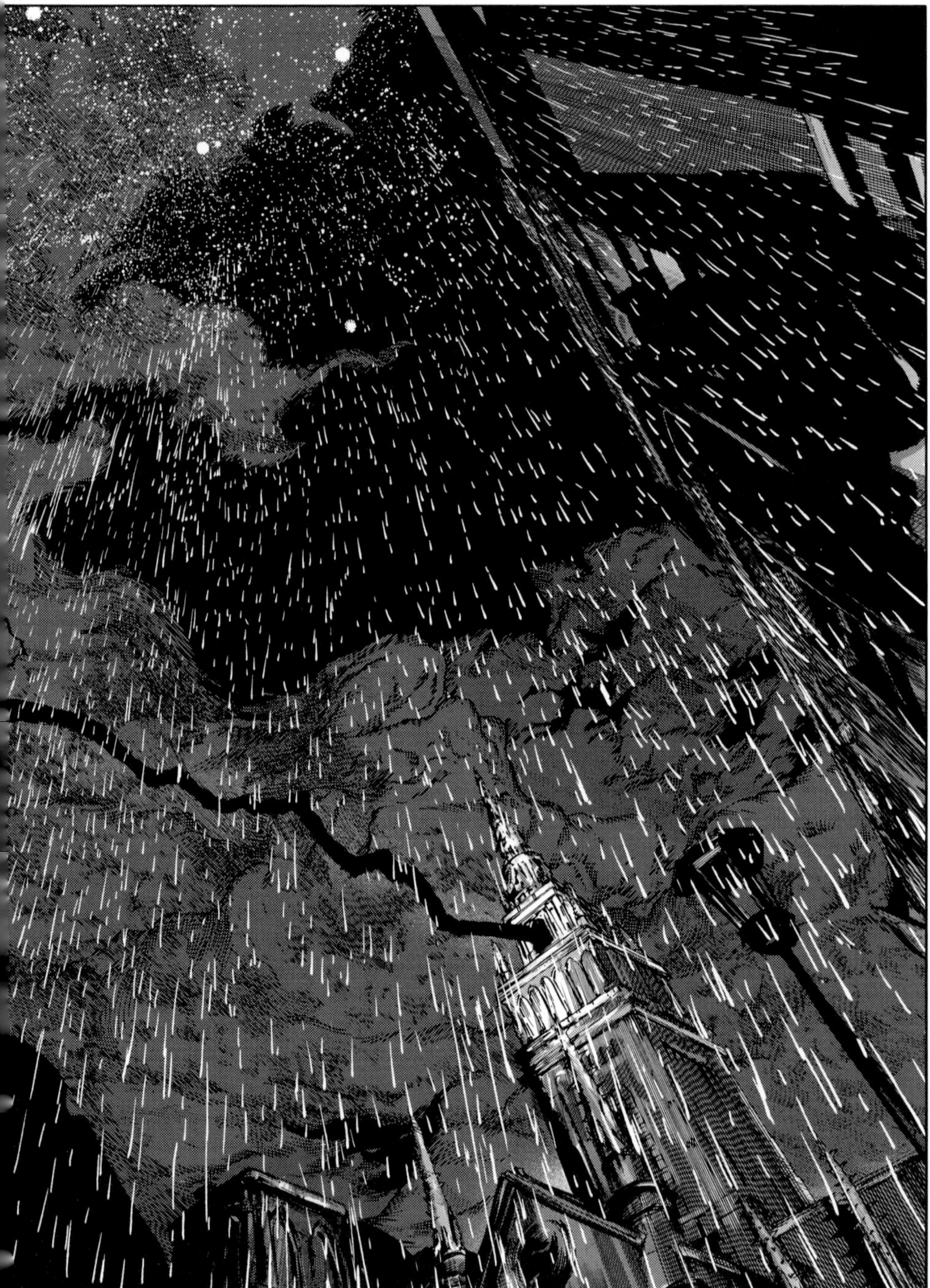

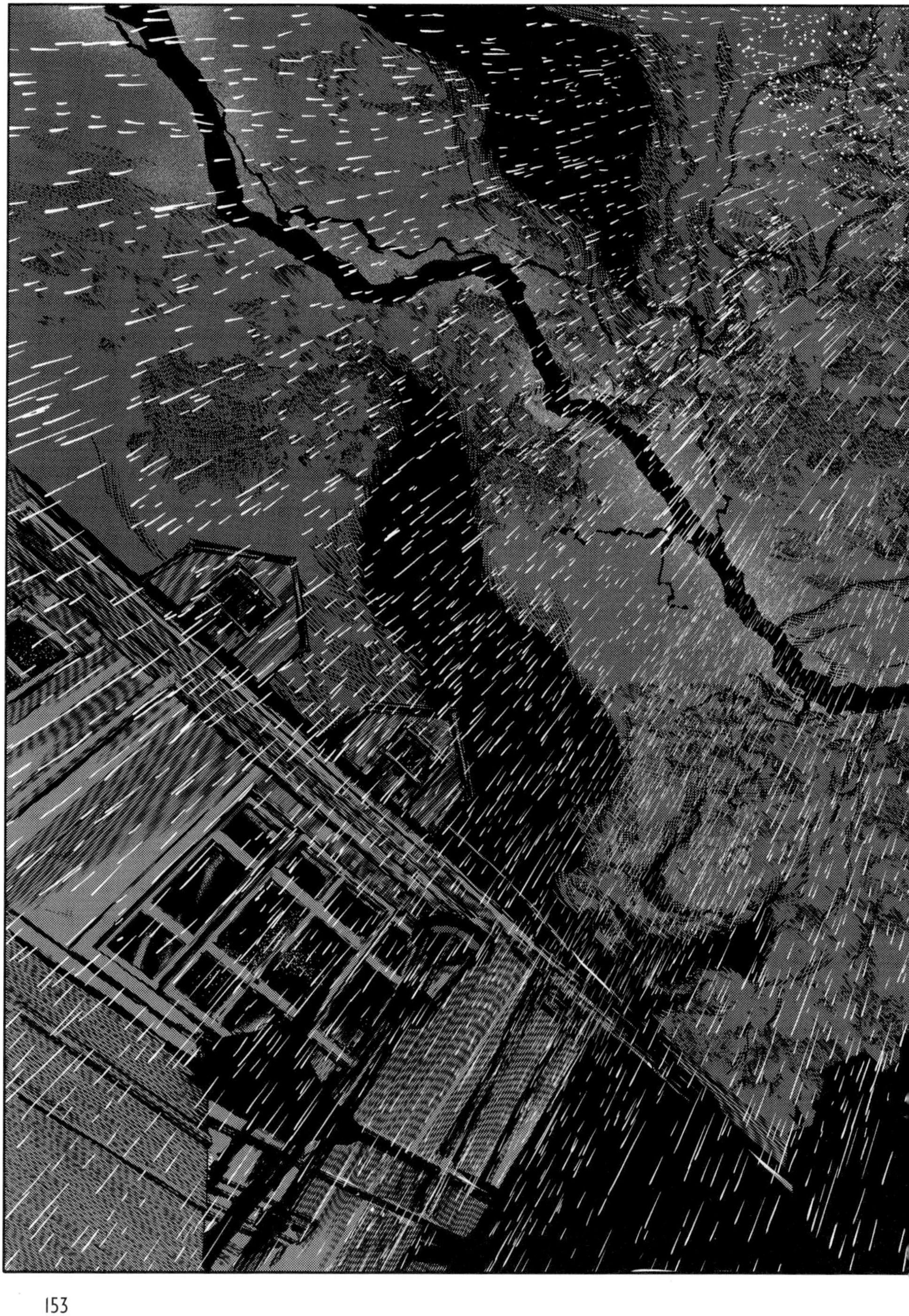

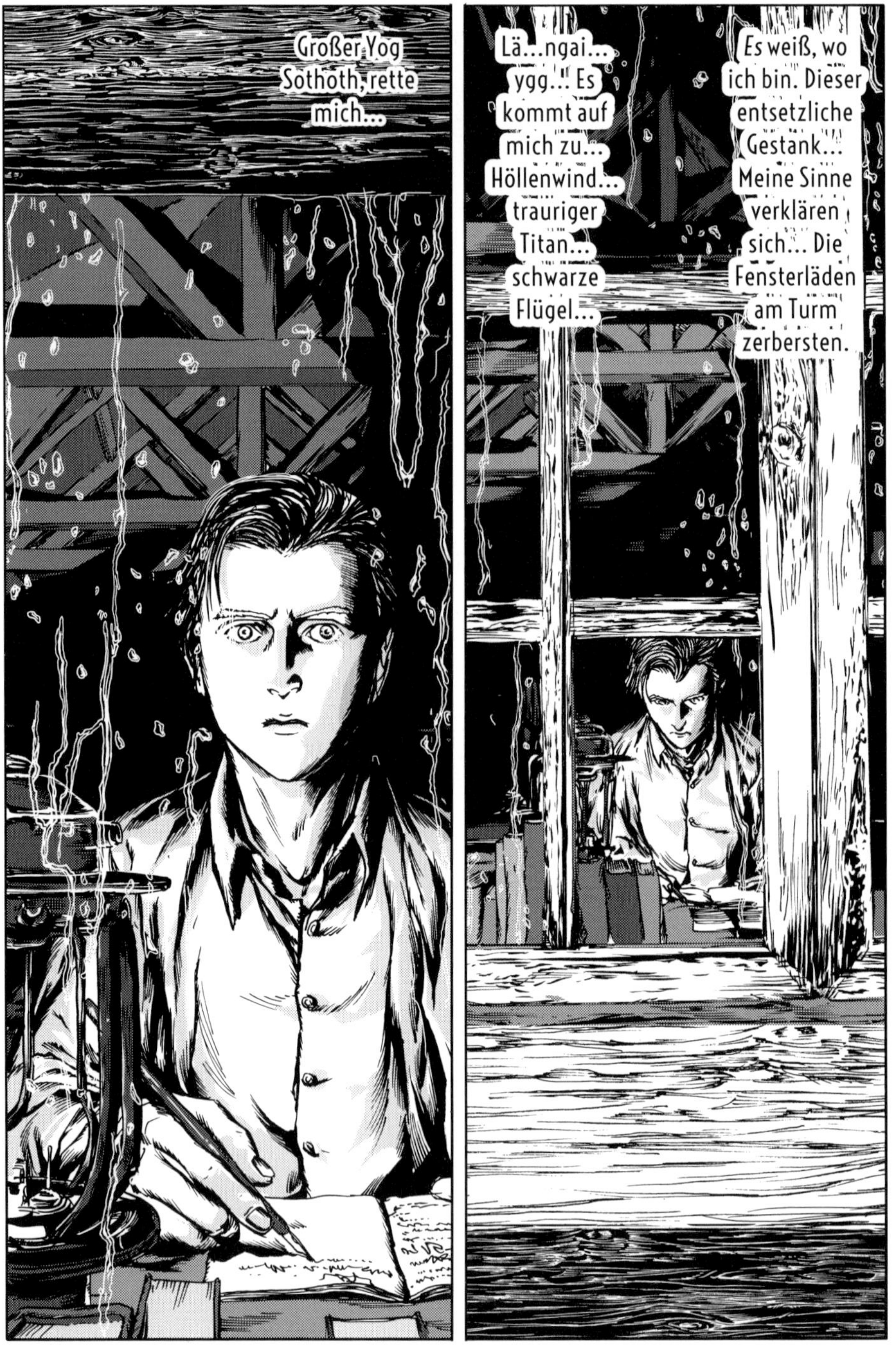
Großer Yog Sothoth, rette mich…
Lä…ngai… ygg… Es kommt auf mich zu… Höllenwind… trauriger Titan… schwarze Flügel…
Es weiß, wo ich bin. Dieser entsetzliche Gestank… Meine Sinne verklären sich… Die Fensterläden am Turm zerbersten.

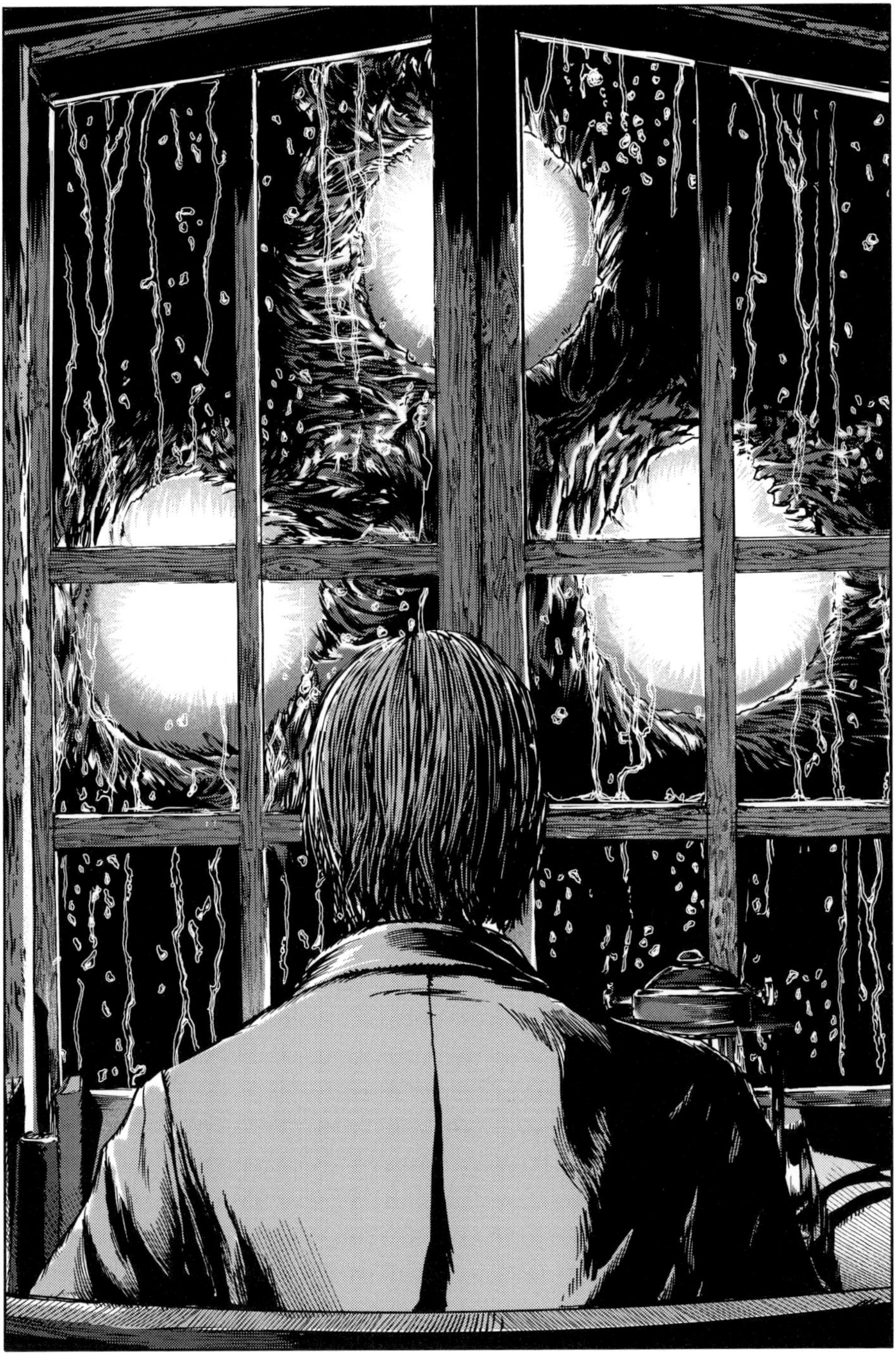

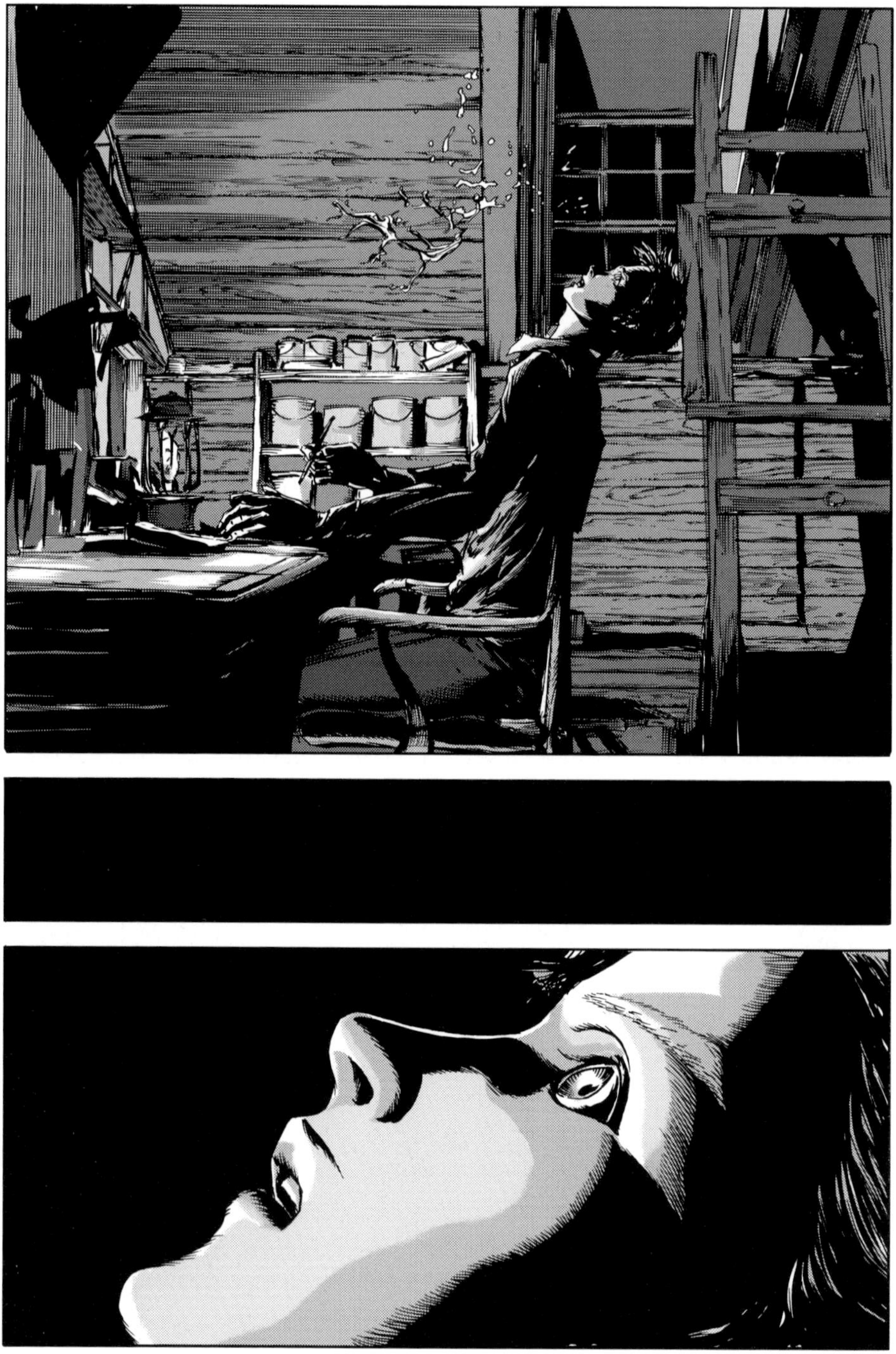

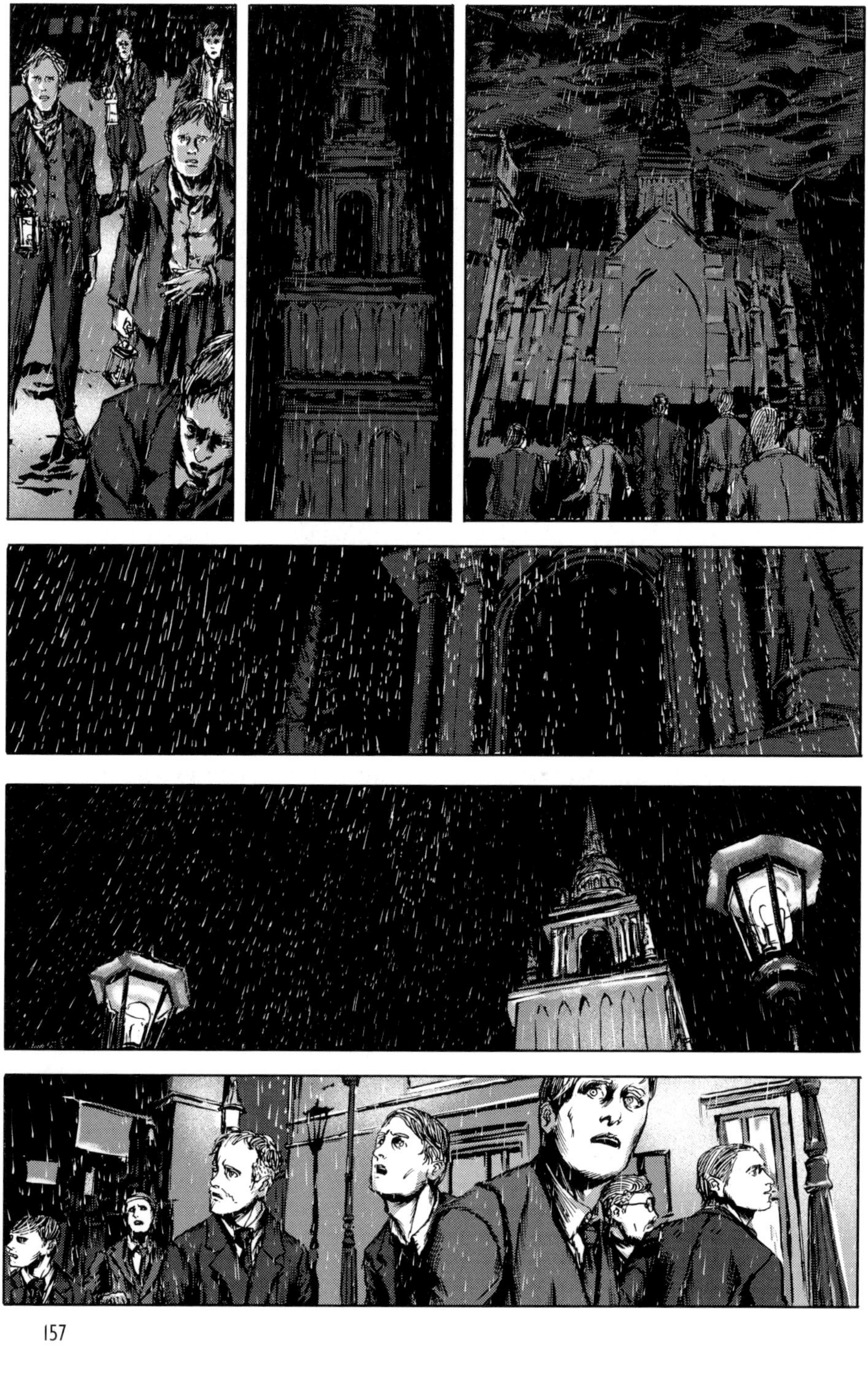

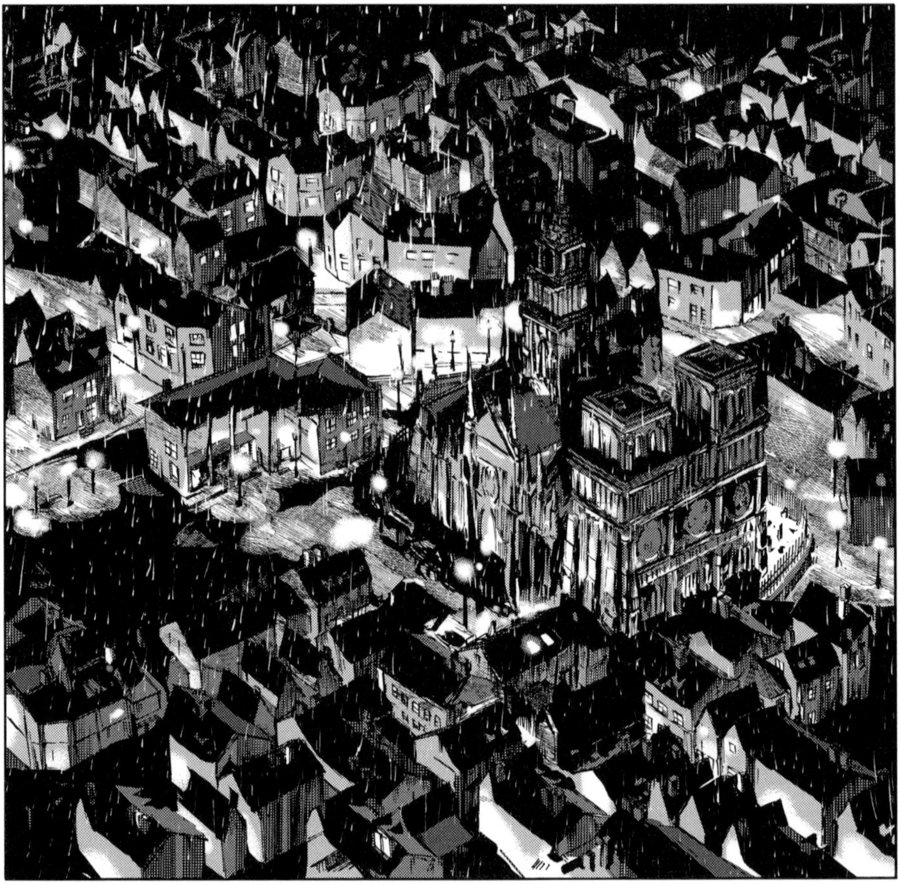

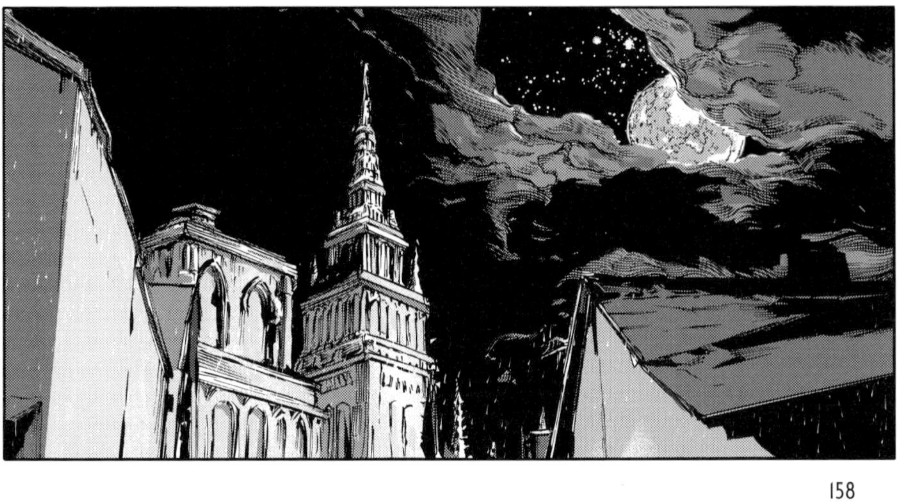

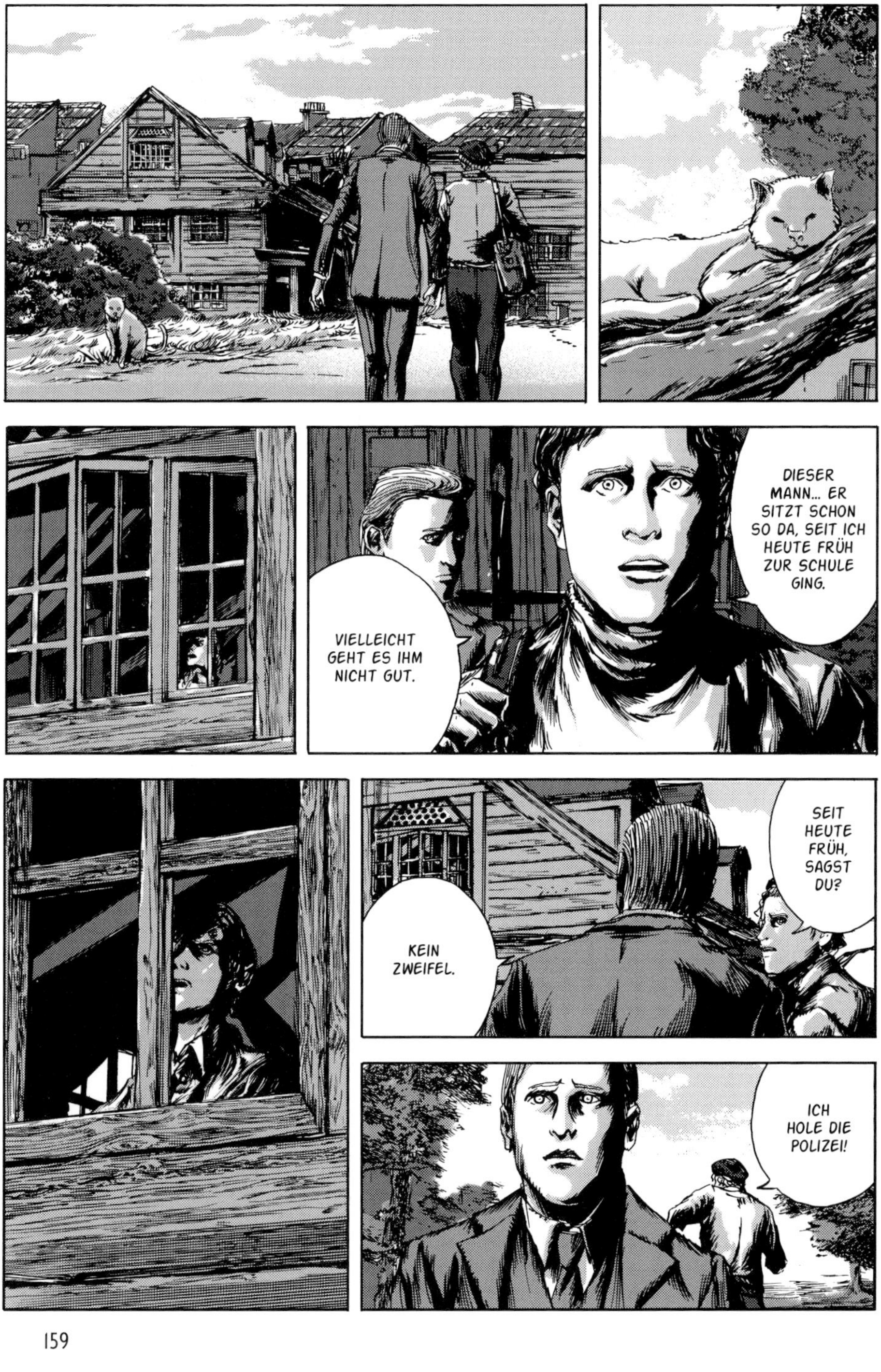
DIESER MANN... ER SITZT SCHON SO DA, SEIT ICH HEUTE FRÜH ZUR SCHULE GING.
VIELLEICHT GEHT ES IHM NICHT GUT.
SEIT HEUTE FRÜH, SAGST DU?
KEIN ZWEIFEL.
ICH HOLE DIE POLIZEI!

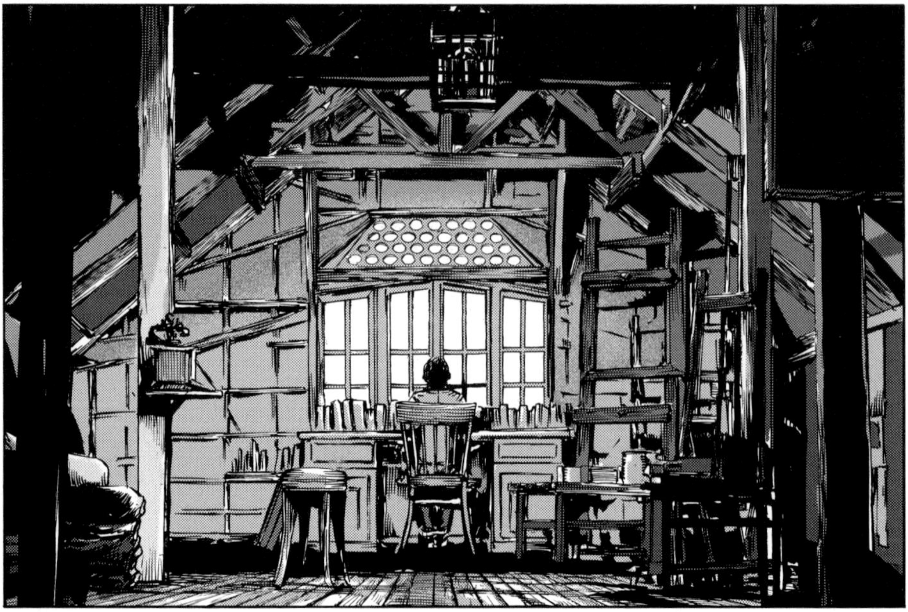

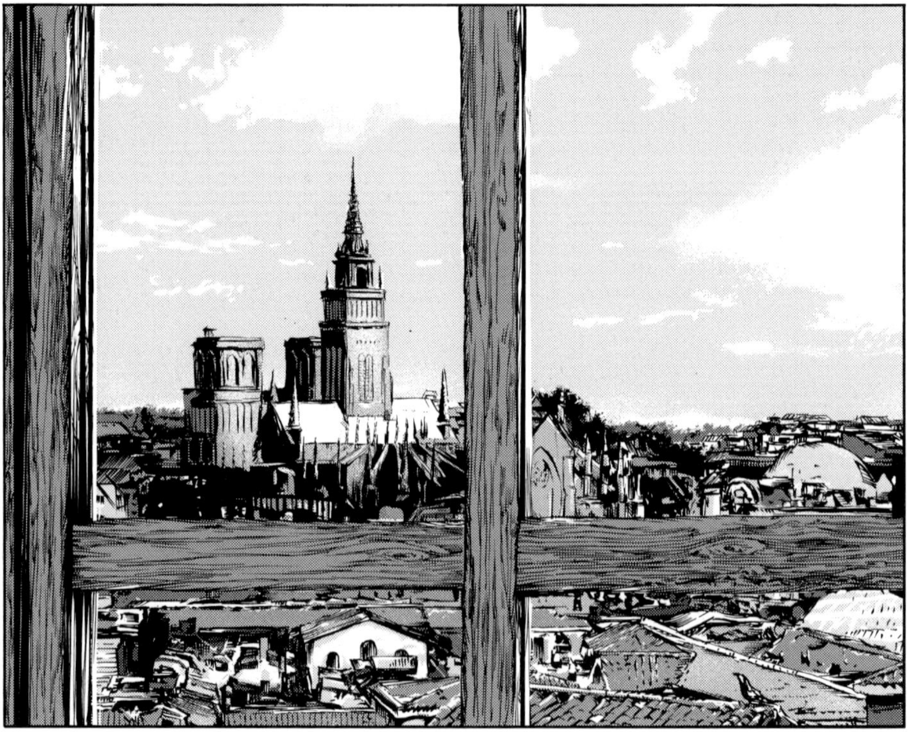

ENDE

Der leuchtende Trapezoeder

The Haunter of the Dark

von H. P. Lovecraft

Ich wollte »Dagon« und »Der leuchtende Trapezoeder« so unvoreingenommen zeichnen, wie Antoni Gaudí die Sagrada Família entworfen hat. In diesem Sinne meine Hochachtung an Lovecraft sowie alle Lovecraft-Fans und meinen Dank an die Leser dieses Bands.

GOU TANABE im März 2016

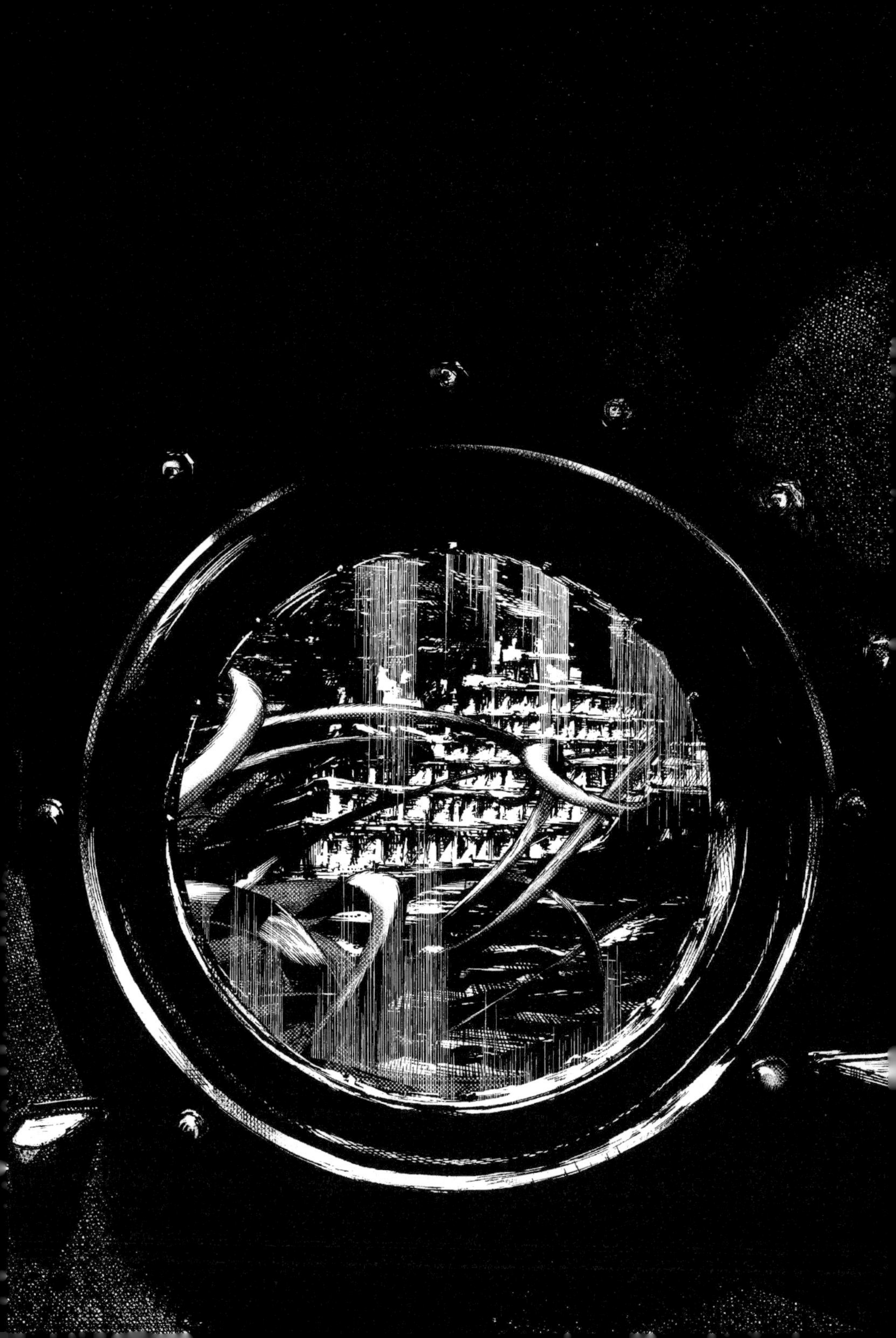

Carlsen Manga! News –
jeden Monat neu per E-Mail!
www.carlsenmanga.de
www.carlsen.de

Mit Fragen zur Produktsicherheit wenden Sie sich bitte an: carlsen.de/kontakt

CARLSEN MANGA

Aus dem Japanischen von Jens Ossa
YAMI NI HAU MONO LOVECRAFT KESSAKUSHU

First published in Japan in 2016 by
KADOKAWA CORPORATION, Tokyo.
German translation rights arranged with
KADOKAWA CORPORATION, Tokyo
through TOHAN CORPORATION, Tokyo
Redaktion: Petra Lohmann
Herstellung: Karen Kollmetz/Maria Niemann

ISBN 978-3-551-72829-6

PRODUZIERT MIT VERANTWORTUNG

FSC www.fsc.org MIX Papier | Fördert gute Waldnutzung FSC® C002795

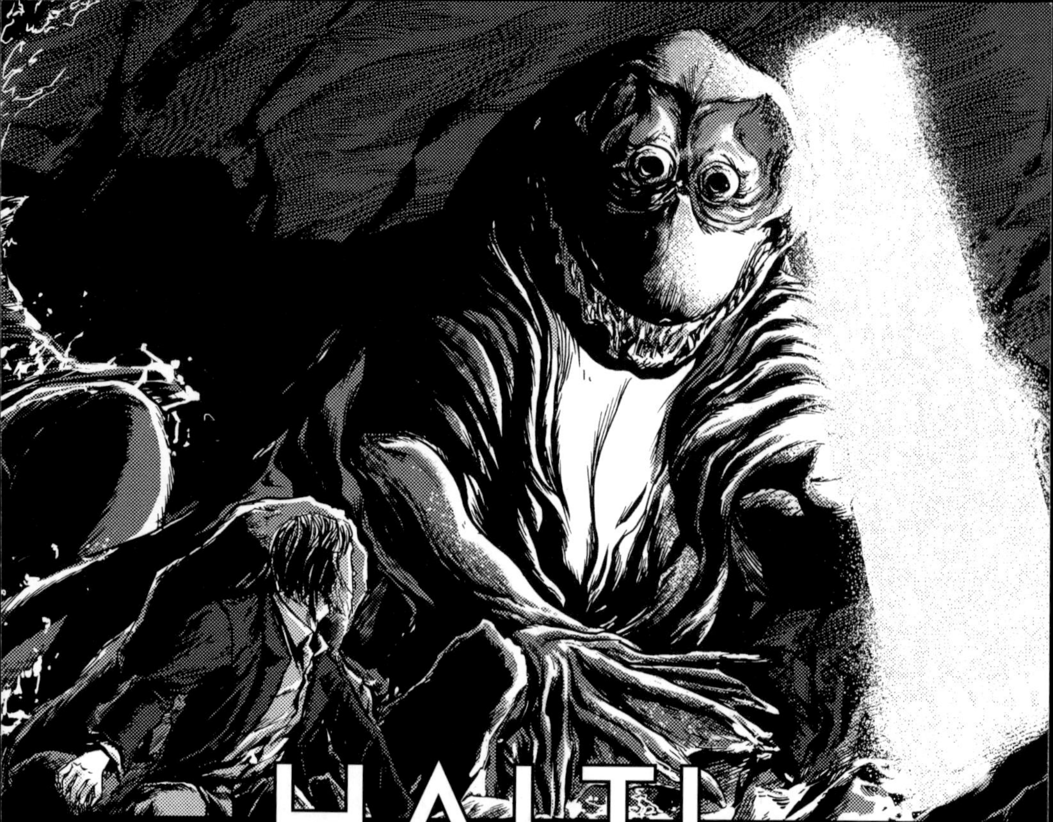

HALT!

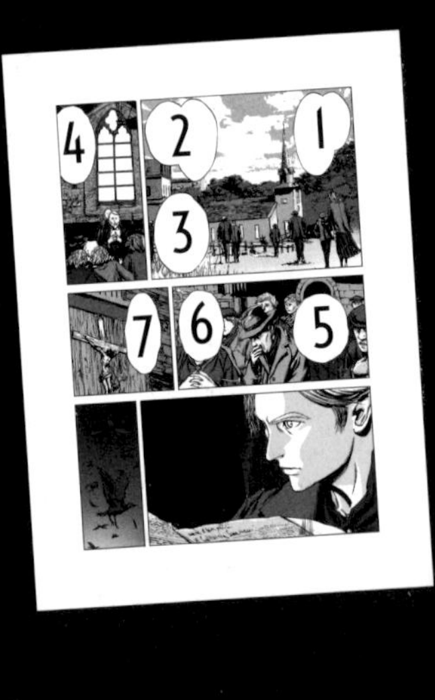

DER LEUCHTENDE TRAPEZOEDER

ist eine japanische Serie, und in Japan wird von hinten nach vorn und von rechts nach links gelesen. Man schlägt diesen Manga also hinten auf und blättert ihn nach vorn durch. Auch die Bilderfolgen und der Erzähl- bzw. Lesefluss funktionieren auf den Seiten von rechts oben nach links unten – wie in der kleinen Grafik hier gezeigt.

Wir wünschen unheimlich gute Unterhaltung mit H. P. Lovecraft!